D1663129

Porträts retuschieren mit Photoshop CS5

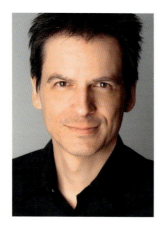

Matthias Matthai ist in Berlin geboren und beschäftigt sich seit dem zwölften Lebensjahr mit Fotografie und Film. Beruflich verschlug es ihn aber zuerst in den technischen Bereich, später studierte er an der Fachhochschule in Flensburg Medieninformatik mit dem Schwerpunkt digitale Bildbearbeitung. Berufliche Erfahrungen sammelte er unter anderem bei der heutigen Fujicolor Photofinishing GmbH & Co. KG sowie bei dem Scannersoftware-Hersteller Lasersoft AG. Die letzten Jahre bis zu seinem Umzug nach Stuttgart im Sommer 2007 arbeitete er beim Photo- und Medienforum Kiel als Dozent und Projektleiter im Bereich der Aus- und Weiterbildung für Fotografen und den Fotofachhandel. Inzwischen arbeitet er als Fotograf im Familienbetrieb und übt seine Dozententätigkeit freiberuflich aus. Durch seine Seminartätigkeit und die tägliche Porträtfotografie hat er ein gutes Gefühl für die Fragestellungen und Probleme der Anwender.

Matthias Matthai

Porträts retuschieren mit Photoshop CS5

Haut, Figur, Effekte

2., aktualisierte und überarbeitete Auflage

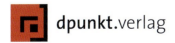

Lektorat: Barbara Lauer
Copy-Editing: Alexander Reischert (Redaktion AULAN, Köln)
Herstellung: Frank Heidt
Umschlagmotiv: Fotohaus Kerstin Sänger, Matthias Matthai
Autorenbild: Fotohaus Kerstin Sänger, Ellen Sänger
Umschlaggestaltung: Helmut Kraus, www.exclam.de
Druck und Bindung: L.E.G.O., S.p.a., Vicenza, Italien

Bibliografische Information der Deutschen Nationalbibliothek
Die Deutsche Nationalbibliothek verzeichnet diese Publikation in der Deutschen
Nationalbibliografie; detaillierte bibliografische Daten sind im Internet über
http://dnb.d-nb.de abrufbar.

ISBN 978-3-89864-681-9

2. Auflage 2011
Copyright © 2011 dpunkt.verlag GmbH
Ringstraße 19B
69115 Heidelberg

5 4 3 2 1 0

Inhaltsverzeichnis

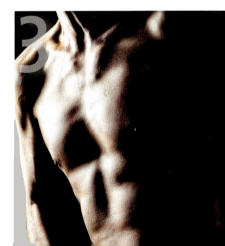

10   Effekte   233

Einleitung

Diese zweite Auflage wurde von mir umfassend überarbeitet. Hierbei lag der Fokus darauf, Anregungen und Kritik zur ersten Auflage einfließen zu lassen. Daneben galt es natürlich, die Vorgehensweise auf die aktuelle Photoshop-Version CS5 anzupassen, soweit dies für die Porträtretusche relevant ist.

Geblieben ist mein Ziel, Ihnen ein Arbeitsmittel an die Hand zu geben, das Sie bei der täglichen Retusche von Porträts begleitet. Ein Arbeitsmittel, welches nicht ein Sammelsurium aus Klickanleitung ist, sondern Ihnen fundierte, tiefer gehende Informationen liefert. Wie bereits in der ersten Auflage wird der Begriff Porträt in seiner Ganzheitlichkeit behandelt. Dementsprechend verwendete ich sehr unterschiedliche Porträtaufnahmen in diesem Buch, angefangen beim Brustbild über das Kopfbild bis hin zur Ganzaufnahme.

Zu einer erfolgreichen und überzeugenden Porträtretusche gehören neben dem Beherrschen der Photoshop-Werkzeuge auch Kenntnisse über deren Funktionsweise, die vielfältigen Kombinationsmöglichkeiten, den richtigen Arbeitsablauf und auch das Wissen um das digitale Bild im Allgemeinen

Stellen Sie sich vor, Sie lernen eine neue Sprache und dafür hunderte von Vokabeln. Diese können Sie auch rezitieren, lernen jedoch nie ihre eigenständige Anwendung. In diesem Fall werden Sie auch nach Jahren des Lernens die Sprache nicht beherrschen. Wenn Sie nach diesem Prinzip Photoshop lernen, werden Sie mit der Zeit zwar eine Reihe von Techniken beherrschen, aber nie in der Lage sein, eigene Wege zu beschreiten oder Techniken selbständig zu kombinieren. Versuchen Sie daher, die Arbeitsweise von Photoshop zu verstehen und nicht nur einen Workshop nach dem anderen nachzuklicken.

Ebenfalls von Vorteil für den Lernprozess ist die Verwendung von eigenem Bildmaterial, da die eine oder andere Technik dann ganz andere Parameter benötigt als bei den gezeigten Beispielbildern. Auch zeigt meine Erfahrung aus Seminaren und Lehrgängen, dass die Motivation der Teilnehmer mit eigenem Bildmaterial wesentlich höher ist, als wenn ich Material verteile und an einem Bild alles vorklicke und die Teilnehmer einfach nachklicken. Aus diesem Grund bitte ich die Teilnehmer immer im Vorfeld, eigenes Bildmaterial mitzubringen. Zugeben, manchmal gibt es Themen, bei denen auch ich Bildmaterial verteile, ich versuche dies aber wirklich auf ein Minimum zu beschränken.

Für die eigentliche Porträtretusche gilt: Beachten Sie unbedingt den späteren Verwendungszweck. Das Bild für das Familienalbum wird anders retuschiert als Aufnahmen für die Firmenwebseite oder das Magazincover. Setzen Sie sich daher mit der Persönlichkeit der abgebildeten Person, ihren Wünschen und dem Verwendungszweck auseinander.

Bildmaterial

Einen Teil des Bildmaterials, welches in dem Buch verwendet wird, können Sie auf der Webseite des dpunkt.verlages unter *www.dpunkt.de/retusche2* herunterladen. Bitte haben Sie Verständnis dafür, dass nur ein Teil dort angeboten werden kann, da nicht alle abgebildeten Personen die Erlaubnis zur Veröffentlichung im Web gegeben haben. Umso mehr freue ich mich, dass es trotzdem möglich war, die Bilder in diesem Buch verwenden zu dürfen. Den Retuscheworkflow können Sie ebenfalls separat als PDF-Datei herunterladen.

Was es noch zu sagen gibt

Auch wenn das Buch auf der Basis von Photoshop CS5 geschrieben wurde, habe ich versucht, viele Vorgehensweisen versionsübergreifend zu gestalten. Wenn Sie mit diesem Buch arbeiten, bereits Vorkenntnisse haben oder parallel andere Werke zu Rate ziehen, werden Sie feststellen, dass bei mir einige Dinge erwähnt werden, die in anderen Büchern nicht oder nicht so ausführlich behandelt sind. Umgekehrt werden Sie natürlich in anderen Büchern Dinge entdecken, die bei mir nicht behandelt werden – und das ist auch gut so. Jedes Buch setzt seinen Schwerpunkt, und ein so umfassendes Programm wie Photoshop kann nicht in allen Facetten in einem Buch abgedeckt werden.

Ich hoffe, dass Ihnen dieses Buch nicht nur als Lerngrundlage dient, sondern Sie auch zum Experimentieren und Forschen mit Photoshop anregt und Sie die für sich besten Vorgehensweisen entdecken – möglicherweise auch andere, als hier vorgestellt. Sofern Sie mir etwas zu dem Buch mitteilen möchten, Ihnen etwas überhaupt nicht oder besonders gut gefällt, würde ich mich über eine Zuschrift an *matthias@matthai.de* freuen.

Sofern Sie wie ich Seminare halten oder Unterricht erteilen, wissen Sie, wie viel Aufwand hinter dem Erstellen eines solchen Buches steckt. Ich hoffe, dass Ihnen das Buch Anregungen und Ideen für Ihre eigenen Veranstaltungen liefern kann. Gleichzeitig aber bitte ich Sie darum, meine Arbeit zu respektieren, indem Sie ohne meine Erlaubnis keine Seiten aus dem Buch vervielfältigen und/oder Bilder von der Webseite an Dritte weitergeben. Bitte wenden Sie sich an mich, wenn Sie diesbezüglich Fragen oder Wünsche haben.

Danksagungen

Auch diese zweite Auflage wäre ohne die Hilfe einer Reihe von Personen nicht möglich gewesen. Um diesen Abschnitt nicht zu lang werden zu lassen, möchte ich mich vor allem bei den im Buch abgebildeten Personen für die Genehmigung zur Veröffentlichung bedanken. Ebenso bei meinen befreundeten Fotografinnen für die Bereitstellung weiteren Bildmaterials.

Wie bereits bei der ersten Auflage musste der dpunkt.verlag und meine Lektorin Frau Lauer ein Höchstmaß an Geduld aufbringen, dafür vielen Dank, ich werde versuchen, mich zu bessern. An Frau Lauer vor allem auch wieder vielen Dank für ihr wachsames Auge und dafür, dass sie eine große Hilfe ist.

Wie immer bei solchen Projekten ist das direkte Umfeld besonders betroffen. Daher an alle, die dies zu spüren bekommen haben, ebenfalls ein dickes Dankeschön. Ganz besonders gilt dies für meine Freundin Ellen, die auch die zweite Auflage tapfer ertragen, wie immer alle Höhen und Tiefen mitgemacht hat und für mich da ist.

1 Das Maß der Schönheit

1.1 Was ist Schönheit?

Warum werden manche Menschen durchweg als attraktiv empfunden und andere wiederum nicht? Gibt es einheitliche Merkmale, die Menschen attraktiv erscheinen lassen? Neben diesen beiden Fragen, die für eine Beautyretusche von großem Interesse sind, gibt es eine Reihe weiterer Fragestellungen. Wie stark soll die Retusche durchgeführt werden und wie lässt sich der zeitliche Umfang für die Retusche abschätzen? Darf man dem Bild ansehen, dass es retuschiert wurde? Wie können die Spuren, die das Alter im Gesicht eines Menschen hinterlässt, teilweise oder komplett rückgängig gemacht werden?

Was ist perfekte Schönheit? Ihre spontane Antwort wird wahrscheinlich lauten: Ist doch reine Ansichtssache. Doch Hand aufs Herz: Wer von Ihnen hat überhaupt schon einmal versucht, sich ganz sachlich mit dem Thema Schönheit auseinanderzusetzen? Schönheit ist etwas Emotionales, etwas, was wir unbewusst empfinden, mit dem wir uns nur sehr schwer sachlich auseinandersetzen können. Es existieren wissenschaftliche Untersuchungen zu diesem Thema, die versuchen, mit Hilfe möglichst vieler Daten am Ende doch ein objektives Ergebnis zu erzielen. Dank dieser Bemühungen gibt es mittlerweile sehr viele interessante Erkenntnisse und Einblicke, welche uns bei der Arbeit mit Photoshop weiterhelfen können.

Grund genug, sich in diesem Kapitel mit einigen dieser Ergebnisse zu befassen, die in vielen Punkten eine Übereinstimmung aufweisen und belegen, dass Schönheit eben doch keine reine Ansichtssache ist. Schönheit unterliegt festen Prinzipien und Gesetzmäßigkeiten. Wer diese kennt, ist besser in der Lage zu beurteilen, an welchen Stellen eine Beautyretusche ansetzen muss, um mit zum Teil nur sehr geringen Veränderungen eine höhere Attraktivität der abgebildeten Person zu erreichen.

Das Buch »Schönheit« von Ulrich Renz bietet einen sehr guten Einblick in den aktuellen Stand der Schönheitsforschung. Es geht sehr differenziert auf die einzelnen Aspekte ein und schafft den Spagat zwischen der Vermittlung wissenschaftlicher Informationen und unterhaltsamem Lesestoff.

Tagtäglich wird uns das aktuelle Schönheitsideal in Zeitschriften, dem Kino und auf dem Laufsteg vorgelebt. Da wundert es nicht, dass die Kunden eines Fotostudios mittlerweile bei fast jeder Fotoserie einfordern, was ihnen die Medien präsentieren.

Die Retusche selber ist jedoch kein Phänomen unserer Zeit. Retusche und Verschönerung wurden in allen Epochen von den Menschen praktiziert – natürlich immer mit den jeweiligen Möglichkeiten und nach anderen Maßstäben, aber zu allen Zeiten wurde ein Schönheitsideal angestrebt.

1.2   Erkenntnisse der Attraktivitätsforschung

Die hier zusammengetragenen Erkenntnisse basieren auf unterschiedlichen Untersuchungen. Die für mich persönlich beste und interessanteste Seite im Internet zu diesem Thema wird von Dr. Martin Gründl, Diplom-Psychologe am Lehrstuhl für Experimentelle und Angewandte Psychologie an der Universität Regensburg, unterhalten. Unter *www.beautycheck.de* gibt es umfangreiche und sehr gut aufbereitete Informationen zum Thema Schönheit.

Das Wichtigste zuerst: die Haut!

Geht es darum, ab wann ein Gesicht als attraktiv eingestuft wird, dann steht eine makellose Haut bei allen Forschungsergebnissen ganz oben auf der Liste und ist somit der vielleicht einzige Punkt, an dem sich alle einig sind. Im Klartext heißt das: Je glatter und ebenmäßiger die Haut einer Person ist, desto höher wird ihre Attraktivität eingestuft. Dass hier natürlich gewisse Grenzen bezüglich der Haut und dem Alter eingehalten werden sollten, versteht sich von selbst.

Zusammenfassend lassen sich in Bezug auf den Faktor Haut folgende Aussagen treffen:

❑ Gesichter erfahren durch eine braunere Haut eine Attraktivitätssteigerung, blasse Gesichter wirken weniger attraktiv.
❑ Für beide Geschlechter gilt, dass eine makellose Haut die Attraktivität steigert.

Beide Aussagen treffen auf jede Altersgruppe und jede Gesichtsform zu. Es ist somit völlig egal, ob eine Person 20 oder 60 Jahre alt ist oder ob sie ohnehin ein ansprechendes Gesicht besitzt.

Weitere Faktoren für ein schönes Gesicht

Sehr lange Zeit galt die Meinung, dass eine perfekte Symmetrie ein Gesicht besonders hervorhebt – eine Meinung, die in der aktuellen Literatur durchaus kritisch hinterfragt wird. Einhelligkeit besteht jedoch dahingehend, dass ein durchschnittliches Gesicht, gepaart mit einer symmetrischen Gesichtsform, sich aus der Masse hervorhebt, das heißt positiv auffällt. Umgekehrt gilt, dass fehlende Symmetrie ein Durchschnittsgesicht weniger attraktiv macht.

Abb. 1–1

Die Wirkung einer Hautretusche zeigen die Abbildungen 1–1 und 1–2. Hier ist das Original zu sehen, in Abbildung 1–2 die retuschierte Version.

Abb. 1–2

Hier die retuschierte Fassung des in Abbildung 1–1 gezeigten Bildes

Der intimste Teil eines Gesichtes sind die Augen. Leuchtende Augen strahlen Lebensfreude aus. Matte Augen hingegen verringern die Attraktivität und haben meistens etwas Melancholisches. Nicht selten werden die Pupillen als das Fenster zur Seele bezeichnet und sollten daher auf keinen Fall bei einer Beautyretusche vergessen werden. Wie wir noch sehen werden, ist es ein Leichtes, Augen mit Photoshop zum Strahlen zu bringen.

Ein weiterer oft erwähnter Faktor ist das Kindchenschema, welches den Umstand beschreibt, dass Frauengesichter anziehender wirken, wenn sie zu einem bestimmten Anteil kindliche Gesichtszüge enthalten. Gesichtszüge, denen wir unbewusst Kindlichkeit zuordnen, sind unter anderem ein großer Kopf, eine kleine Nase und große runde Augen.

Geht es um die Schönheit von Männergesichtern, hält sich die Forschung mit konkreten Angaben zurück. Was jedoch allgemein durchaus als konsensfähig betrachtet werden darf, sind die zuvor genannten Faktoren Haut, Durchschnittlichkeit, Symmetrie und Augen.

Im Rahmen ihrer Forschung ermittelten die Betreiber von Beautycheck.de aus einer Vielzahl von Gesichtern die vier attraktivsten beziehungsweise vier unattraktivsten. Diese Abbildungen können auf der Internetseite von Beautycheck.de angesehen werden. Auf Basis der so erzielten Erkenntnisse entstand eine Liste mit den Merkmalen schöner Gesichter für Männer und Frauen.

Abb. 1–3

In Abbildung 1–1 und 1–2 waren der retuschierte bzw. unretuschierte bzw. retuschierte Ausschnitt eines Bildes zu sehen. An dieser Stelle nun das fertig retuschierte Bild im Vergleich zum Original in der Gesamtansicht.

Attraktivitätsmerkmale *weiblicher* Gesichter:

- ❑ Braunere Haut
- ❑ Schmaleres Gesicht
- ❑ Weniger Fettansatz
- ❑ Vollere, gepflegtere Lippen
- ❑ Weiterer Augenabstand
- ❑ Dunklere, schmalere Augenbrauen
- ❑ Mehr, längere und dunklere Wimpern
- ❑ Höhere Wangenknochen
- ❑ Schmalere Nase
- ❑ Keine Augenringe
- ❑ Dünnere Augenlider

Attraktivitätsmerkmale *männlicher* Gesichter:

- ❑ Braunere Haut
- ❑ Schmaleres Gesicht
- ❑ Weniger Fettansatz
- ❑ Vollere Lippen
- ❑ Symmetrischer Mund
- ❑ Dunklere Augenbrauen
- ❑ Vollere und dunklere Wimpern
- ❑ Obere Gesichtshälfte im Verhältnis zur unteren breiter
- ❑ Höhere Wangenknochen
- ❑ Markanter Unterkiefer
- ❑ Markanteres Kinn
- ❑ Keine Geheimratsecken
- ❑ Dünnere Augenlider
- ❑ Keine Falten zwischen Nase und Mundwinkel

1.3   Der Alterungsprozess

Einen erstklassigen Artikel zum Altern des Gesichtes hat Prof. Dr. med. Volker Faust verfasst. In dem Report »Das Gesicht: der ›Spiegel‹ der Seele – und wie es sich im Laufe des Alterns verändert« beschreibt er sehr anschaulich, was mit unserer Haut und unserem Gewebe geschieht. Der Artikel kann als PDF-Datei unter folgendem Link aus dem Internet geladen werden: http://psychosoziale-gesundheit. net/seele/gesicht.html

Sollen bei der Retusche die Auswirkungen des Alterns gemildert werden, ist es hilfreich, sich vorab mit Auswirkungen des Alterungsprozesses auf das Aussehen auseinanderzusetzen.

Das Gesicht eines Menschen unterliegt im Rahmen seines Alterungsprozesses bestimmten Abläufen, sodass sich der Alterungsprozess in bestimmten Grenzen verallgemeinern lässt.

Werden die aktuellen Erkenntnisse der Forschung zusammengenommen, lassen sich die Kennzeichen des Alterungsprozess, insbesondere der Haut, wie folgt zusammenfassen:

❏ Im Laufe der Zeit kommt es zu einer immer trockeneren Haut. Ursachen sind der Flüssigkeitsverlust und der Schwund des Bindegewebsgerüsts.

❏ Die Faltenbildung nimmt kontinuierlich zu. Dies gilt insbesondere für die quer verlaufenden Stirnfalten und die an der Nasenwurzel längs verlaufenden Zornesfalten.

❏ Die Gesichtsmuskulatur erschlafft und einzelne Hautpartien sacken ab.

❏ Bei den Augenbrauen kommt es ebenfalls zu einem Absacken. Die Folge: Die als besonders attraktiv geltenden großen Augen verengen sich immer mehr.

❏ Es kommt zu den bekannten »Tränensäcken«. Diese haben mit Tränen aber rein gar nichts zu tun. Sie entstehen durch die Erschlaffung der Augen-Ring-Muskulatur. Parallel hierzu kommt es zu einer Erschlaffung des darunter liegenden Fettkörpers, was den Effekt verstärkt.

❏ Augen verlieren ihren Glanz und der Augapfel sinkt tiefer in die Augenhöhle.

❏ Das Bindegewebe der Nase erschlafft und die Nase wird größer. Die Falte zwischen den Nasenflügeln und dem Mundwinkel tritt deutlich hervor.

❏ Die Lippen verlieren an Farbe, die Oberlippe wird schmaler und die Mundwinkel zeigen nach unten. In manchen Fällen stellen sich noch senkrechte Falten über der Oberlippe ein.

❏ Der Wangenbereich verschiebt sich nach unten und gelangt so mehr neben das Kinn.

❏ An den Händen und im Gesicht können sich bereits ab dem vierzigsten Lebensjahr harmlose bräunliche »Altersflecken« bilden. Altersflecken sind Pigmentansammlungen, welche durch die jahrzehntelange UV-Strahlung entstehen und die Aufgabe haben, die Haut vor UVB-Strahlen zu schützen.

Soll eine Person auf Bildern verjüngt werden, müssen die nun bekannten äußeren Erscheinungen des Alterns rückgängig gemacht werden. Abbildung 1–4 zeigt, wie effektiv dies möglich ist. Vor allem im Bereich der Augen kann durch Vergrößern eine deutliche Verjüngung erreicht werden. Um die damit bereits erreichte Wirkung zu verstärken, wurde mehr Glanz in die Augen gebracht, parallel wurden die Augenlider und die Augenbrauen angehoben. Danach folgte eine Hautstraffung unter dem Kinn, das Anheben der Mundwinkel, und der Hautbereich zwischen Oberlippe und Nase wurde abgeflacht. Graue Bereiche in Haaren, Koteletten und Augenbrauen wurden geschwärzt. Ein weiterer Ansatz zur Verjüngung wäre das Verkleinern der Nase. Dieser Arbeitsschritt wurde hier aber nicht ausgeführt, damit die Verjüngung nicht zu stark ausfällt. Die gezeigte Beispielretusche ist keine Arbeit, welche ich ungefragt bei einem Kundenporträt durchführen würde. Trotzdem bin ich immer wieder erstaunt, welche Ergebnisse sich bei der Arbeit mit Photoshop erzielen lassen.

© Carmen Steiner – www.fotolia.de

Abb. 1–4

Bei diesem Bild wurden folgende Kennzeichen des Alterungsprozesses reduziert oder zurückgenommen:
tief liegende Augen, kleine Pupillen, Haarfarbe, Doppelkinn, Augenbrauen und natürlich wurde auch die
Stärke der Falten verringert.

1.4   Wie viel Retusche ist richtig?

Wie viel Retusche ein Bild verträgt, ist so individuell wie wir selbst. Untersuchen wir als Erstes den Alterungsprozess. Bei der Retusche älterer Menschen wird es normalerweise nicht darum gehen, die Person wieder wie zwanzig aussehen zu lassen, sondern die Retusche zur Attraktivitätssteigerung einzusetzen. Dies lässt sich durch leichtes Rückgängigmachen der Altersspuren gut erreichen. Das heißt, Falten abzuschwächen ist erlaubt, aber nur so weit, dass die Persönlichkeit nicht verändert wird. Dabei entsteht parallel auch eine Verjüngung, aber eine, welche dem Betrachter nicht sofort auffällt. Sofern die Augen nicht mehr glänzen, sollte diesen auf jeden Fall der Glanz wiedergegeben werden. Dieselben Aspekte gelten bei der Retusche jüngerer Personen.

Soll darüber hinaus die Attraktivität gesteigert werden, müssen bewusst die entsprechenden Merkmale herausgearbeitet werden. Wie stark dies geschieht, hängt ebenfalls von dem Ziel und dem Verwendungszweck ab. Bei dem Modell auf der Titelseite interessiert es niemanden, wie es in Wirklichkeit aussieht. Werden stattdessen Bewerbungsbilder angefertigt, muss die Seriosität im Vordergrund stehen. Hier darf nur eine unterstützende Retusche zum Einsatz kommen. Anders ist es wieder, wenn eine Bilderserie als Geschenk dienen soll. In diesem Fall ist es selbstverständlich, dass die fotografierte Person sich von ihrer Schokoladenseite zeigen möchte. Wie stark in solchen Fällen retuschiert werden darf, hängt von jedem Einzelfall und den individuellen Vorstellungen ab.

Im ersten Moment mag sich das fast schon nach »zu viel« Retusche anhören, allerdings hat die Erfahrung gezeigt, dass die Selbstwahrnehmung fotografierter Personen fast immer dem retuschierten Ergebnis entspricht und nicht dem Originalbild.

1.5   Retuschekategorien und Zeitansatz

© Verena Scabell

Was Sie nach Möglichkeit nie außer Acht lassen sollten: Investieren Sie nur die Zeit und Mühe in eine Retusche, die Ihnen auch bezahlt wird. Wenn Sie Ihrem Kunden nur den Preis für die Retusche nennen, werden Sie oftmals ungläubige Blicke ernten. Leider existiert oftmals die Meinung, dass der Computer ja alles auf Knopfdruck von allein macht. Besprechen Sie daher mit Ihrem Kunden, was Sie für die Retusche planen und wo der veranschlagte Zeitaufwand verborgen ist. Vergleichen Sie sich ruhig mit einem Handwerker. Der Beruf des Fotografen ist letztlich nun einmal ein Handwerksberuf – und für einen Kfz-Mechaniker müssen auch so zwischen 50 und 70 Euro und manchmal auch mehr pro Arbeitsstunde entrichtet werden. Versuchen Sie daher immer, sich und Ihre Arbeit nicht unter Preis zu verkaufen. Bei einem Beratungsgespräch werden Sie schnell feststellen, was Ihr Kunde wünscht, und entsprechende Vorschläge machen können. Hierbei ist es sehr hilfreich, wenn Sie eine Beratungsmappe mit verschiedenen Retuschearbeiten zur Verfügung haben. So können Sie schnell und einfach die verschiedenen Arbeitsstufen und die daraus resultierenden Kosten erläutern.

Eine Retusche kann zwei Minuten oder zwei Tage dauern.

Die Unterteilung in verschiedene Kategorien ist mittlerweile eine gängige Praxis und die genannten Zeitansätze sind als Richtlinie zu verstehen. In den späteren Kapiteln werden wir sehen, dass es Methoden gibt, um die Zeitsätze recht gut einhalten zu können, während andere Methoden sehr gründlich, dafür aber deutlich zeitaufwendiger sind.

> Für jede Retusche gilt, dass zuvor die eigentliche Bildoptimierung für eine saubere Tonwertverteilung und die gewünschte Farbdarstellung durchgeführt werden muss (vgl. Kapitel 2).

Basic

Die Retuschekategorie Basic gilt eigentlich für jedes Bild und sollte im Aufnahmepreis enthalten sein. Kein Bild sollte Ihr Studio ohne diese Bearbeitungsstufe verlassen, es sei denn, Ihr Kunde wünscht ausdrücklich etwas anderes. Natürlich kann die Basic-Retusche auch bei einer Bildnachbestellung durchgeführt werden.

Bei der Kategorie Basic werden nach der Bildoptimierung nur die offensichtlichen Störungen wie Hautunreinheiten und Pickel entfernt. Falten können gegebenenfalls abgeschwächt oder wegretuschiert und unschön abstehende oder störende Haare sollten entfernt werden. Diese Arbeitsschritte werden in Kapitel 5 erläutert.

Sofern es die Zeit zulässt, können auch noch Augenringe aufgehellt oder entfernt und größere Glanzstellen in ihrer Wirkung reduziert werden. Sind keine Glanzstellen zu beseitigen, sollten bei Gesichtsporträts inklusive der Bildoptimierung sechs bis acht Minuten Zeit bis zur Fertigstellung nötig sein. In Ausnahmefällen sind zehn bis zwölf Minuten noch vertretbar. Bei Aufnahmen, die komplette Personen zeigen, die Hautflächen also dementsprechend kleiner ausfallen (außer bei Aktaufnahmen), sollte der benötigte Zeitansatz deutlich darunter liegen. Das klassische Beispiel hierfür sind Hochzeitfotos.

Ein verständlicher Kundenwunsch ist, das eine oder andere Bild in Schwarzweiß oder Sepia erhalten zu können. In der Kategorie Basic ist die Zeit für eine aufwendige Umwandlung nicht eingeplant. Es spricht aber nichts dagegen, eine Standard-Schwarzweiß- oder Sepia-Umwandlung auszuführen. Diese kann mit separaten Werkzeugen, vorgefertigten Aktionen oder der Schwarzweiß-Funktion von Photoshop erfolgen.

Abb. 1–5

Retuschekategorie Basic

Advanced

Die Retuschekategorie Advanced sollte dem Kunden bereits eine saubere, glatte und makellose Haut liefern. Spätestens jetzt werden unerwünschte Glanzstellen auf der Haut und in den Haaren retuschiert. Wie wir am Anfang dieses Kapitels gesehen haben, stellt die Haut das vielleicht wichtigste Kriterium für attraktives Aussehen dar. Daher gilt es hier äußerste Sorgfalt walten zu lassen.

Vor der Hautretusche müsste gemäß dem Workflow für die Beautyretusche (vgl. Kapitel 2) das Bodyforming und das Anpassen der Gesichtsform erfolgen. Vom Zeitansatz her betrachtet sind diese beiden Arbeitsschritte in der Retuschekategorie Advanced nicht vorgesehen. Tritt nun der Sonderfall ein, dass ein so bearbeitetes Bild später, zum Beispiel für eine Retusche der Kategorie Supreme, doch ein Bodyforming erhalten soll, kann zusätzlicher Arbeitsaufwand nötig sein. Das ist etwa der Fall, wenn nach dem Bodyforming die bereits fertig retuschierte Haut zu starke Verzerrungen aufweist und nachgebessert werden muss.

Abb. 1–6
Retuschekategorie Advanced

Sie werden merken, eine perfekte Haut ist nicht mal eben so machbar und auch so manche Glanzstelle wird Ihr Können auf die Probe stellen. Schnell werden Sie mindestens weitere 15 Minuten mit dem Bild verbracht haben. Zusammen mit der Kategorie Basic sind Sie jetzt im besten Fall bereits bei einem zu kalkulierenden Zeitansatz von 20 Minuten. Sofern es Ihre Preiskalkulation zulässt, sollten Sie für Advanced zur Sicherheit von einer halben Stunde Bearbeitungszeit ausgehen. Für Bilder in Schwarzweiß und Sepia gilt dasselbe wie bei der Kategorie Basic.

Supreme

Die Kategorie Supreme enthält die komplette Retuschepalette. Bearbeiten Sie das Bild anhand der Merkmale zur Attraktivitätssteigerung. Betonen Sie die Augen, zupfen Sie, wenn nötig, die Augenbrauen, passen Sie die Gesichtsform an, optimieren Sie Lippen und bräunen Sie die Haut. Die Grenzen, die hier für Sie gelten, sind lediglich der Kundenwunsch und das, was Sie als Bildbearbeiter vertreten können. Sollten die Haare noch nicht perfekt sitzen, so ist jetzt der Zeitpunkt gekommen, auch hier letzte Hand anzulegen. Zusätzlich können Sie Akzente in der Beleuchtung setzen und so bestimmte Bildstellen zusätzlich betonen. Schnell sind für die Kategorie Supreme 30 Minuten Zeit vergangen. Mit den vorherigen Bearbeitungsschritten liegen Sie jetzt bei gut einer Arbeitsstunde. Je nach Erfahrung werden Sie die Bearbeitung immer öfter etwas schneller abschließen können. Aber bitte beachten Sie: Hetzen Sie nicht durch Ihre Retuschearbeit. Das menschliche Auge ist sehr empfindsam gegenüber unnatürlichen Störungen, und das vor allem im Gesicht. Für gewünschte Aufnahmen können Sie, sofern zeitlich möglich, eine individuelle Schwarzweiß- und Sepia-Umwandlung vornehmen. Anderenfalls verfahren Sie wie bei Basic und Advanced.

Effects

Abb. 1–7

Retuschekategorie Supreme

Die letzte Kategorie ist Ihre Spielwiese. Hier können Sie experimentieren und einzigartige Bildeffekte erzeugen. Sie können Ihren eigenen unverwechselbaren Stil kreieren. Dabei sind Sie nicht nur auf Photoshop angewiesen, sondern können auch verschiedene Plug-ins verwenden.

Wie und was auch immer Sie an Effekten hinzufügen möchten, versuchen Sie erst gar nicht, einen Zeitansatz zu ermitteln. Sie werden merken, wie schnell die Zeit beim Experimentieren vergeht. Manchmal sind Sie nach fünf Minuten fertig und manchmal reichen fünf Stunden nicht aus. Für das abgedruckte Supreme-Beispiel wurde das Bild mehrmals durch den RAW-Konverter von Photoshop geschickt und die daraus entstandenen Dateien als HDR-Bild entwickelt.

Abb. 1–8

Für einen direkten Vergleich mit dem Original noch einmal die Kategorien Basic, Advanced und Supreme in der Gegenüberstellung

Abb. 1–9 ▶

Retuschekategorie Effects

2 Arbeitsablauf einer erfolgreichen Retusche

2.1 Die Reihenfolge bestimmt das Ergebnis

Wie stark eine Retusche gewünscht und letztlich ausgeführt wird, ist eine Frage des Kundenwunsches oder der eigenen persönlichen Erfahrung. Wir können hier sehr gut den Vergleich zu einer geschminkten Frau ziehen. Diese praktiziert schließlich auch Beautyretusche, und ebenfalls individuell nach ihrem persönlichen Geschmack.

Egal wie stark eine Retusche ausgeführt werden soll: In jedem Fall empfiehlt es sich, einen bestimmten Workflow einzuhalten. Dieser Arbeitsablauf einer Beautyretusche variiert an bestimmten Stellen, je nachdem, welches Ergebnis oder welche Retuscheintensität gewünscht wird (vgl. Kapitel 1). Bei bestimmten Arbeitsschritten allerdings, vor allem bei der Bildoptimierung, muss der Workflow für ein optimales Ergebnis sauber eingehalten werden. In diesem Kapitel wird der gesamte Arbeitsablauf bis zur fertigen Retusche vorgestellt. Wie die Arbeitsschritte im Einzelnen mit Photoshop umgesetzt werden, wird in den Kapiteln 4 bis 10 erläutert.

2.2 Jedes Bild muss optimiert werden

Oftmals ernte ich ungläubige Blicke, wenn ich erzähle, dass jedes digitale Bild nach der Aufnahme zuerst optimiert werden muss – eine Tatsache, die vielen nicht bewusst ist, da die Kameraelektronik bei allen Aufnahmearten (außer beim RAW-Format) automatisch eine Bildoptimierung durchführt und uns nur das fertige Ergebnis präsentiert.

Einer der Gründe für eine notwendige Optimierung der digital erfassten Bilddaten ist der Antialiasing-Filter. Dieser Filter wird bei digitalen Kompakt- und Spiegelreflexkameras vor dem Sensor angebracht und sorgt dafür, dass durch das Objektiv einfallendes Licht auf mehrere Sensorelemente verteilt wird. Durch diese gesteuerte Lichtverteilung wird der Moiré-Effekt wirkungsvoll unterdrückt.

Diese Vorteile werden jedoch durch eine entstehende leichte Unschärfe des späteren Bildes erkauft, welche nachträglich wieder ausgeglichen wer-

Während Kompaktkameras und auch Einstiegsmodelle der digitalen Spiegelreflexkameras die komplette Optimierung kameraintern durchführen, wird mit steigender Professionalität des Kamerasystems auch der Eingriff der Elektronik in die Bildoptimierung verringert. Immer wieder kommen Kunden zu uns, die zum Beispiel JPEG-Bilder aus ihren Kameras als zu dunkel empfinden. Dies ist jedoch kein Fehler der Kamerahersteller, sondern zielt direkt auf die spätere Optimierung durch den Fotografen ab. Ein leicht unterbelichtetes Bild enthält immer noch alle Bildinformationen. Kommt es jedoch zu Überbelichtungen und damit zu ausgefressenen Lichtern, kann keine Bildoptimierung der Welt die verlorenen Informationen zurückholen.

den muss. Solange Sie mit dem Aufnahmeformat JPEG arbeiten, findet diese Korrektur bereits in der Kamera statt. Werden die Aufnahmen stattdessen im RAW-Format erstellt, wirkt das Bild meistens etwas unscharf, da die durch den Antialiasing-Filter entstandene leichte Unschärfe noch nicht korrigiert wurde (es sei denn durch die Standardeinstellung des RAW-Konverters).

Neben der Schärfekorrektur bei Aufnahmen im JPEG-Format werden im Rahmen der kcamerainternen Bildentwicklung weitere Optimierungsschritte ausgeführt. Hierzu gehören unter anderem der Weißabgleich, der Farbton, die Sättigung und das Bereitstellen der fertigen Bilddatei. Bei Aufnahmen im RAW-Format können alle Parameter der Bildentwicklung selber beeinflusst und mit Hilfe des genutzten RAW-Konverters (bei Photoshop das mitgelieferte Adobe Camera Raw) individuell eingestellt werden.

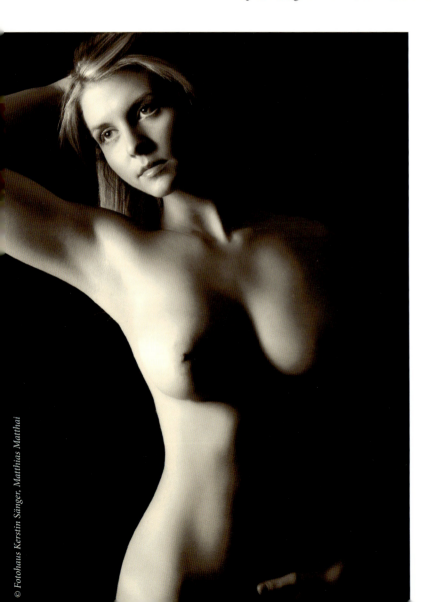

2.3 Am Anfang steht die Bildoptimierung

Die Bildoptimierung steht immer vor der Retusche! Sie können kein Bild vernünftig retuschieren, wenn nicht zuvor die für das jeweilige Bild gewünschte oder optimale Verteilung der Tonwerte erreicht wurde. Oftmals zeigt sich hier bereits zusätzlicher Retuscheaufwand oder es wird erkennbar, dass ein Bild nicht die gewünschte Qualität liefert und nach Möglichkeit durch ein anderes ausgetauscht werden sollte. Eine detaillierte Darstellung der Bildoptimierung finden Sie in Kapitel 4. Bei Aufnahmen im RAW-Format findet die gesamte Bildoptimierung im RAW-Konverter statt.

Das Bild der jungen Frau, welches uns bei den einzelnen, in diesem Kapitel aufgezeigten Arbeitsschritten begleiten wird, wurde als RAW-Datei mit der Nikon D700 bei 14 Bit Farbtiefe aufgenommen. Besonders bei Aktaufnahmen sollte die maximal mögliche Farbtiefe verwendet werden, um eine gleichmäßige Verteilung der Schattenverläufe sicherzustellen.

Bildausschnitt, Tonwertkorrektur und Gradationskurve

Nach dem Öffnen einer Bilddatei sollte als Erstes der Bildausschnitt überprüft und gegebenenfalls verändert werden. Beim Festlegen des Ausschnitts muss darauf geachtet werden, diesen nicht zu eng zu begrenzen. Sie wissen in den seltensten Fällen, ob Sie Ihr Bild später als Abzug der Größe 13 × 18 cm, 20 × 30 cm oder 40 × 50 cm benötigen.

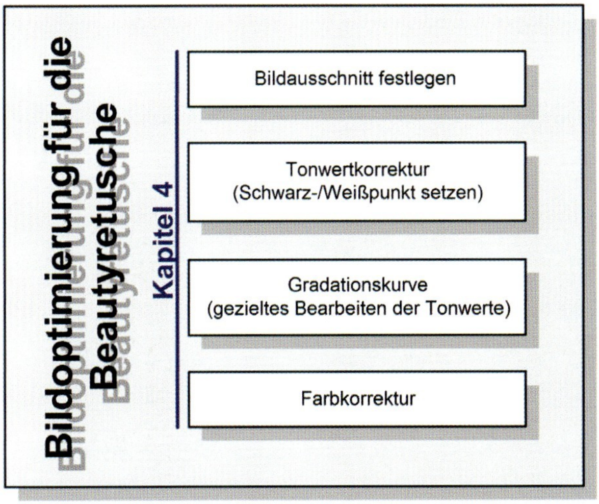

Abb. 2–1

Arbeitsschritte der Bildoptimierung. Die Arbeitsschritte Tonwertkorrektur und Gradationskurve können auch gemeinsam mit der Gradationskurve ausgeführt werden.

Für ein grundsätzliches Verständnis der kommenden Arbeitsschritte reicht die bisherige Beschreibung völlig aus. Wer sich intensiver mit dem Gebiet der digitalen Kameratechnik auseinandersetzen möchte, findet weiterführende Informationen in der Buchreihe »digital Photokollegium« von Jost J. Marchesi (Verlag Photographie) oder in dem Buch »Digitale Highend-Fotografie: Grundlagen und Werkzeuge der professionellen Digitalfotografie« von Helmut Kraus und Romano Padeste (dpunkt.verlag). Beide Werke sind bereits länger auf dem Markt und können daher neueste Entwicklungen nicht berücksichtigen, geben aber einen sehr guten Einblick in die Funktion der verschiedenen Techniken.

Bei Aufnahmen im JPEG-Format kommt es gegenüber Aufnahmen im RAW-Format wesentlich früher zu Tonwertabrissen. Diese sind als Lücken im Histogramm erkennbar, müssen motivabhängig aber nicht zwangsläufig zu sichtbaren Störungen führen. Begünstigt werden diese Störungen durch eine starke Kontraststeigerung oder bei einer verlustbehafteten Bildkomprimierung (wie beim Speichern im JPEG-Format).

Werden Tonwertabrisse im Bild erkennbar, dann vor allem bei Farbverläufen, die nicht mehr gleichmäßig sind, sondern harte treppenförmige Abstufungen aufweisen. Bei Porträts und Aktaufnahmen ist dies vor allem bei größeren Hautbereichen wie der Stirn, den Armen und Beinen sowie bei Hintergrundverläufen ein Problem.

Ein Schwarzweiß-Bild mit 8 Bit Farbtiefe (JPEG-Format) kann maximal 256 Graustufen darstellen (die Angabe der Werte erfolgt von 0 bis 255). Anders ausgedrückt: Der maximale Tonwertumfang des Bildes beträgt 256 Graustufen. Bei einem Farbbild können pro Farbkanal 256 Tonwertstufen dargestellt werden. Werden die möglichen Tonwertstufen der einzelnen Farbkanäle miteinander multipliziert, ergibt sich daraus die maximale Menge darstellbarer Farben von rund 16,7 Millionen. Aufnahmen im RAW-Format verfügen je nach Kamera über 12/14/16 Bit Farbtiefe pro Farbkanal. Daraus resultieren 4096/16384/65536 Tonwerte pro Farbkanal.

Auch bei Bildern mit mehr als 8 Bit Farbtiefe erfolgt die Anzeige in Photoshop auf der Basis der Werte von 0 bis 255. Intern wird jedoch die volle Farbtiefe verwendet.

Die **Tonwertkorrektur** ist der erste Arbeitsschritt, welcher direkt das erzielbare Ergebnis beeinflusst. Bei einer Tonwertkorrektur werden der so genannte Schwarzpunkt und der Weißpunkt gesetzt. Der Schwarzpunkt (RGB-Wert = 0) ist der dunkelste bildwichtige Bildteil, der gerade noch Zeichnung aufweist. Entsprechend ist der Weißpunkt (RGB-Wert = 255) der hellste bildwichtige Teil, der gerade noch Zeichnung enthält.

Werden die zur Verfügung stehenden Tonwerte nicht optimal ausgenutzt, wirken Aufnahmen oftmals flau und matschig. Aus diesem Grund wird mit der Definition des Schwarz- und des Weißpunktes sichergestellt, dass der maximal zur Verfügung stehende Tonwertumfang optimal ausgenutzt wird. Das führt zu brillanten und kontrastreichen Bildern, ohne dass Lichter ausfressen oder Schatten zulaufen.

Nach dem Setzen des Schwarz- und Weißpunktes müssen noch die übrigen Tonwerte im Bild angepasst werden. In einem begrenzten Umfang ist dies zwar auch mit der Tonwertkorrektur möglich, allerdings dort nur ausgehend von den Mitteltönen. Mit der Gradationskurve können ganz gezielt einzelne Bereiche des Bildes aufgehellt oder abgedunkelt werden. Die Gradationskurve ist ein ideales Werkzeug zur schnellen und dabei sehr kontrollierten Tonwert- und Farbkorrektur. Erfahrene Anwender überspringen den Arbeitsschritt der Tonwertkorrektur und setzen auch den Schwarz- und Weißpunkt mit der Gradationskurve.

Abb. 2–2

Das Original ist etwas zu flau. Die Optimierung der Tonwerte erfolgte mit Einstellungsebenen vom Typ Tonwertkorrektur und Gradationskurve.

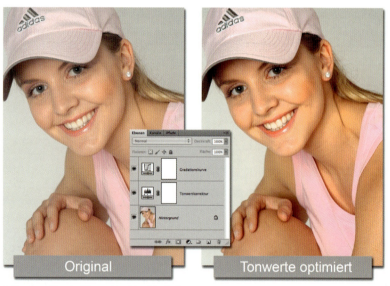

© *Fotohaus Kerstin Sänger, Matthias Matthai*

Farbkorrektur

Sofern in dem Bild ein Farbstich existiert oder bewusst eine andere Tönung erzielt werden soll, ist der nächste Schritt die Farbkorrektur. Richtig angewendet wird in vielen Fällen bereits mit der Tonwertkorrektur eine nahezu neutrale Farbstimmung erreicht, sodass eine weitere Farbkorrektur nicht nötig ist. Besteht trotzdem noch ein Farbstich, kann die Gradationskurve oder die Funktion *Farbbalance* schnell Abhilfe schaffen. Sollte auch das nicht reichen, gibt es noch eine Reihe weiterer Werkzeuge wie die Selektive Farbkorrektur, Farbton/Sättigung oder den Kanalmixer. Seit Photoshop CS4 gibt es den Dynamik-Regler. Vor allem im Porträtbereich, wo es uns um die Hauttöne geht, kann der Regler *Dynamik* eine große Hilfe sein.

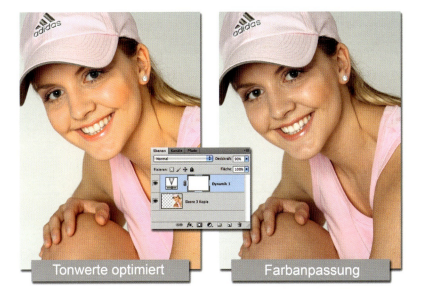

Abb. 2–3

Mit Hilfe verschiedener Werkzeuge wird der gewünschte Farbton erreicht. Vor allem bei Personenaufnahmen muss das nicht immer eine neutrale Farbgebung sein. Was zählt, ist der erzielte Hautton oder der gewünschte Look, in diesem Beispiel mit einer Einstellungsebene Dynamik.

2.4   Die Retusche

Nachdem die Tonwerte und Farben eines Bildes angepasst wurden, folgt die eigentliche Retusche des Bildes. Auch hier gibt es eine Reihenfolge der Bearbeitungsschritte, die sich – auch in meiner Praxis – besonders bewährt hat. Das heißt aber nicht, dass wirklich alle Schritte bei jeder Retusche durchlaufen werden müssen. Sie werden Porträts haben, bei denen keine Pickel entfernt oder Falten abgeschwächt werden müssen. Kein Problem, lassen Sie die entsprechenden Arbeitsschritte einfach weg. Wenn Sie jedoch einen Arbeitsschritt ausführen, dann mit vollem Einsatz, und das gilt ganz besonders für die Hautretusche. Eine perfekte Haut ist einer »der« Aspekte, welcher uns faszíniert und unseren Blick fesselt. Ein Arbeitsschritt, der oft unterschätzt wird, ist das Betonen der bildgebenden Elemente. Sie werden erstaunt sein, wie viel stärker ein Bild wirkt, wenn die Augen mehr strahlen oder kleine Accessoires wie Ringe oder Uhren besser zur Geltung kommen.

Abb. 2–4
Arbeitsschritte einer
Beautyretusche

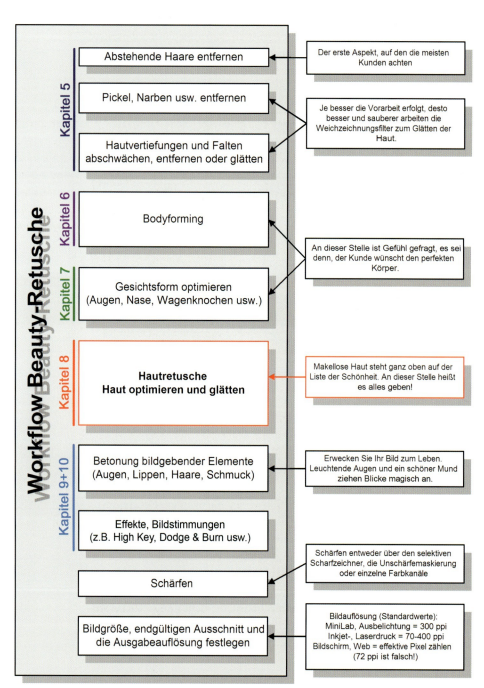

Abstehende Haare entfernen

Der erste Retuscheschritt ist optional und widmet sich den Haaren. Hier gilt es zu entscheiden, ob gegebenenfalls einzelne Haare nicht harmonisch in das Gesamtbild passen und wegretuschiert werden sollen. Auch gilt es darauf zu achten, dass vor allem bei dunklen Haaren, trotz der vorherigen Bildoptimierung, eventuell zu wenig Zeichnung vorhanden ist. Ist dies der Fall, können zu dunkle Bereiche aufgehellt und umgekehrt zu helle Bereiche etwas abgedunkelt werden.

Abb. 2–5

Wenn in den Haaren mehr Zeichnung gewünscht ist, kann mit verschiedenen Methoden für mehr Zeichnung gesorgt werden. Eine Möglichkeit ist die Funktion Tiefen/Lichter (Menüpunkt Bild → Korrekturen, vor CS5 Bild → Anpassen).

Pickel und Narben

Pickel sind zwar in erster Linie eine Plage der Pubertät, aber auch bei Erwachsenen sind sie häufig anzutreffen. Da Pickel nur eine zeitweilige Erscheinung sind, dürfen diese schnell und kompromisslos mit den Werkzeugen Kopierstempel, (Bereichs-)Reparaturpinsel und dem Ausbessern-Werkzeug beseitigt werden.

Pickel sind aber nicht die einzigen Störungen, die in einem Beautyporträt unerwünscht sind. An dieser Stelle wird ebenfalls den Leberflecken, Narben und sonstigen Hautunreinheiten zu Leibe gerückt, die nicht erwünscht sind. Je nach verwendeter Methode werden bereits unerwünschte Glanzstellen abgeschwächt. Wichtig ist: Es müssen zum jetzigen Zeitpunkt noch nicht alle Hautunreinheiten beseitigt werden. Je nach Hauttyp ist dies an dieser Stelle auch nicht möglich und oftmals gar nicht nötig. Kleine Stellen werden später den verschiedenen Methoden der weiteren Hautretusche zum Opfer fallen.

Hautvertiefungen, Glanzstellen und Falten

Mit besonders vielen Falten kann unser Modell zwar noch nicht aufwarten, aber unter den Augenringen befindet sich ein Bereich, der abgeschwächt werden kann. Trotz Abpuderns und Schminkens kann es immer wieder zu unerwünschten Glanzstellen kommen. Letztlich geht es hier darum, den Gesamteindruck deutlich zu verbessern. Das Ergebnis hängt immer von der Zeit und der Geduld ab, welche in diesen Arbeitsschritt investiert werden. In jeden Fall wird die nachfolgende Retusche erleichtert – und bei der Retuschekategorie Basic endet spätestens hier bereits die Retuschearbeit.

Abb. 2–6

Die Bildausschnitte aus der komplett fertig retuschierten Aufnahme zeigen die Originalhaut und die Haut nach dem Entfernen der Pickel, der Hautunreinheiten und der Falten unter dem Auge. Das einzelne Haar, welches über das Auge hing, wurde entfernt.

Gesichts- und Bodyforming

Was jetzt folgt, hängt genauso wie die gesamte Beautyretusche entscheidend vom Verwendungszweck und dem eigenen Feingefühl ab. Falsch sitzende Kleidung kann korrigiert, aus einer attraktiven Frau ein Supermodel werden.

Beim Gesichts- und Bodyforming ist besonders zu beachten, dass es durch das Verformen von Gesichts- und Körperteilen häufig zu Verschiebungen an den betroffenen Hautoberflächen kommen kann, selbst dann, wenn diese bei sehr geringen Korrekturen nicht sofort sichtbar sind. Aus diesem Grund sollte das Gesichts- und Bodyforming immer vor der Hautretusche erfolgen. Wird dies nicht beachtet, kann es sein, dass die Hautretusche nachgebessert werden muss und sich der Zeitaufwand dadurch erhöht.

Zum Optimieren der Gesichtsform gehört nicht nur das Anpassen der offensichtlichen Äußerlichkeiten, zum Beispiel eine große Nase zu verkleinern oder die Zähne zu richten. Oftmals sind auch durch eine ungünstige Kopfhaltung das Kinn, die Nase oder die Wangenknochen unvorteilhaft abgebildet. Weitere Änderungen können im Verjüngen einer Person durch das Vergrößern der Augen oder das Anheben der Mundwinkel bestehen. Zu welchem Zeitpunkt diese und andere Optimierungsschritte durchgeführt werden, kann wie immer in Grenzen variiert werden. Ich habe die besten Erfahrungen damit gemacht, diese Art der Optimierung ebenso wie die sonstiger Körperregionen zum jetzigen Zeitpunkt auszuführen. Es spricht aber auch nichts dagegen, das Gesichts- und Bodyforming nach der eigentlichen Bildoptimierung vor dem Entfernen von Pickeln und Narben vorzunehmen.

Abb. 2–7

Das Bodyforming wurde mit den Werkzeugen Formgitter und Verflüssigen durchgeführt. Ob und wie viel Körper- und Gesichtsformen verändert werden, muss von Fall zu Fall entschieden werden.

Haut optimieren und glätten

Wie in der Übersicht zum Arbeitsablauf der Beautyretusche bereits ange-
merkt, verlangt die Optimierung der Haut die volle Aufmerksamkeit. Wer
einfach nur einen Gaußschen Weichzeichner für die Hautretusche verwendet, kann kein optimales Ergebnis erwarten. Je nach Hauttyp muss die passende Kombination gefunden werden. Eine Hautretusche kann fünf Minuten oder Stunden dauern – alles eine Frage der zur Verfügung stehenden
Zeit und des Budgets.

Betonung bildgebender Elemente und Schärfen

Hier stehen die Augen selbstverständlich an erster Stelle. Das Weiße in den
Augen wird aufgehellt, aber nicht zu stark, und die Pupillen werden richtig
glänzend gemacht. Zu viele Reflexe in den Lippen können abgeschwächt
und die Lippenfarbe kann umgefärbt oder aber zumindest hervorgehoben
werden. Schmuck kann durch gezieltes Überschärfen oder den Hochpassfilter betont werden.

Abb. 2–8

*Das bereits aus Abbildung 2–2 und 2–3 bekannte
Bild wurde hier weiterbearbeitet. Neben dem
Original zeigen die Ausschnittsvergrößerungen
den Bildeindruck nach dem Beseitigen der Hautunreinheiten und Glanzstellen sowie nach der sich
anschließenden Hautretusche.*

Bei dem letzten Arbeitsschritt, dem Schärfen, sollte sich die Stärke an der Ausgabeart orientieren. Für ein natürliches Schärfen ist ein Überschärfen zu vermeiden. Ebenfalls gilt, dass im Rahmen einer Beautyretusche die mühsam geglättete Haut nicht oder nur gering scharfgezeichnet werden soll und vom Schärfungsprozess ausgenommen wird. Etwas anderes ist es, wenn der Schärfungsprozess gleichzeitig einen Effekt oder Look unterstützen soll. In Abbildung 2–10 wurde die seit Photoshop CS5 verfügbare Funktion *HDR-Tonung* eingesetzt, um aus dem Porträt ein Pseudo-HDR zu erstellen.

Abb. 2–9

Die Augen und Wimpern wurden betont, der Reflex auf der Lippe gemildert und der Ohrring betont.

Abb. 2–10

Das Porträt nach dem Anwenden der Funktion HDR-Tonung

3 Mehr als nur Grundlagen

3.1 Werkzeuge und Techniken

Photoshop ist ein Programm, bei dessen Nutzung es selten den einen bzw. einzig richtigen Weg gibt. Allerdings werden oft Wege genommen, die sehr viel Zeit beanspruchen und so die Effektivität verringern – ein Aspekt, der vor allem bei der kommerziellen Photoshop-Nutzung nicht unterschätzt werden darf. Aber nicht nur der Weg entscheidet, sondern auch die Bildqualität, die am Ende der Bearbeitungskette steht. Die Bildqualität wird meistens allein über Auflösung definiert, doch ganz so einfach ist es nicht. Daher möchte ich in diesem Kapitel Werkzeuge und Techniken vorstellen, die eine hochwertige Retusche überhaupt erst ermöglichen, die Effizienz steigern und vor allem eine nichtdestruktive Form der Bildbearbeitung repräsentieren. Vorab gibt es ein paar Infos zum Stichwort hochauflösende Bilder. Für das Verständnis der folgenden Inhalte ist es wichtig, dass Sie bereits grundlegende Kenntnisse über Ebenen in Photoshop besitzen. Wenn das nicht der Fall ist, können Sie eine gute Einführung über die Photoshop-Hilfe erhalten.

Neben den Ebenentechniken geht es in diesem Kapitel auch um das Arbeiten mit den Kanälen, und dort darf eine Erklärung zum Stichwort Alphakanäle natürlich nicht fehlen. Den Abschluss dieses Kapitels bilden ein paar Tipps, wie Sie dem Problem von Tonwertabrissen besser begegnen können.

Abb. 3–1

Unter dem Suchbegriff Ebenen zur Bilderstellung bietet die Photoshop-Hilfe eine Einführung in die Ebenentechnik.

3.2 Hochauflösende Bilder

Was sind hochauflösende Bilder? Auf diese Frage erhalte ich meistens die Antwort: Bilder mit einer Auflösung von 300 ppi. Doch ist ein Bild mit 300 ppi immer von guter Qualität? Was heißt 300 ppi überhaupt? Das Problem ist der weit verbreitete Irrglaube, dass ein Bild, welches über eine Auflösung von 300 ppi verfügt, auch in jeder Bildgröße eine hohe Auflösung besitze.

300 ppi heißt einfach nur, dass 300 Pixel auf die Strecke von einem inch verteilt werden (1 inch entspricht 2,54 cm). Was bei dieser Angabe fehlt, ist die Information über die verfügbare Gesamtmenge an Pixeln in dem jewei-

ligen Bild und somit eine zuverlässige Aussage über die erzielbare Ausgabegröße. Ein Bild mit 300 × 300 Pixel kann durchaus mit 300 ppi gedruckt werden. Vielleicht ist es je nach Betrachtung hochauflösend, aber dafür gerade einmal 2,54 × 2,54 cm groß.

Eine andere Überlegung: Sie erhalten das Bild einer digitalen Kompaktkamera mit einer Auflösung von 2 Megapixeln. In dem Menüpunkt von Photoshop steht unter dem Eintrag *Auflösung* auch 300 ppi.

Abb. 3–2

In dem Menüpunkt Bildgröße finden sich bei Photoshop alle relevanten Informationen zum Bild.

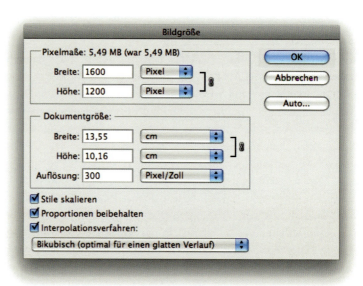

Nicht selten geben Fotografen ihren Kunden anstelle eines Kontaktbogens eine CD mit den Bildern in niedriger Auflösung. Diese dient nur zum Aussuchen und dem späteren Bestellen der Bilder in hochwertiger Qualität. Leider verstehen das viele Kunden nicht und denken, sie besäßen nun alle Bilder. Anschließend wollen sie diese über unser Labor entwickeln lassen. Wir müssen den Kunden dann erklären, dass vernünftige Bilder gerade einmal in einer Größe von 4 x 6 cm möglich sind und sie sich bitte an den Fotografen wenden möchten, damit sie Bilder mit entsprechend höherer Auflösung erhalten. Das Verständnis für diese Aussage fällt erfahrungsgemäß sehr unterschiedlich aus.

Wir betrachten die anderen Einträge. Bei der Angabe der Pixelmaße steht 1600 × 1200 Pixel. Sehen Sie jetzt unter dem Eintrag *Dokumentgröße* nach, dann stellen Sie fest, dass Ihr Bild bei einem Druck mit 300 ppi nur ca. 10 × 13 cm groß ist. Wird ein Poster im Format 60 × 80 cm benötigt und soll dieses über 300 ppi verfügen, muss das Bild über 7086 × 9448 Pixel verfügen. Dies entspricht einer Kameraauflösung von gerundet 66 Megapixeln. Jeder, der bereits einmal ein Poster hat anfertigen lassen, weiß, dass es jetzt nicht nötig ist, eine Mittelformatkamera mit digitalem Rückteil zu kaufen, sondern dass Poster auch gut aussehen können, wenn die Auflösung der Kamera deutlich darunter liegt. Hier spielen viele Faktoren eine Rolle: der Betrachtungsabstand, das Motiv, das Rauschverhalten, die Belichtungsverhältnisse usw. Je nach Ausgabeverfahren müssen Bilder durchaus auf eine bestimmte Auflösung umgerechnet werden. Es gilt aber zu beachten, dass ein Bild, das von 100 ppi auf 300 ppi hochgerechnet wurde, deswegen nicht plötzlich von besserer Qualität oder hochauflösend ist, es benötigt nur mehr Speicherplatz.

3.3 Ebenenmasken, Schnittmasken und Einstellungsebenen

Das Wichtigste zuerst, denn ohne Ebenenmasken ist keine hochwertige Retusche machbar. Daher möchte ich mit einer Routineaufgabe der Beautyretusche beginnen, bei der ich am Anfang von Seminaren immer wieder erlebe, dass in Unkenntnis von Ebenenmasken der Radiergummi eingesetzt wird.

Sie möchten bei einem Porträt zum Beispiel mit einem Weichzeichner die Haut glatter wirken lassen. Die Weichzeichnung soll sich nur auf die Haut beschränken; Augen, Haare etc. sollen ausgespart werden. Sie erzeugen von Ihrer Hintergrundebene eine Kopie und wenden auf dieser einen Weichzeichner an. In diesem Fall kam der Weichzeichner *Matter machen* zum Einsatz (wird in Kapitel 8 ausführlich vorgestellt).

Eine Kopie der Hintergrundebene lässt sich sehr schnell erzeugen, wenn Sie die Hintergrundebene im Ebenenbedienfeld mit der Maus anwählen und dann auf das Symbol Neue Ebene erstellen im Ebenenbedienfeld ziehen. Eine andere Möglichkeit ist, mit der Maus ebenfalls auf die Hintergrundebene im Ebenenbedienfeld zu zeigen, jetzt aber über die rechte Maustaste das Kontextmenü aufzurufen, aus dem Sie dann Ebene duplizieren auswählen. Die so erzeugte Kopie der Hintergrundebene wird von Photoshop automatisch als aktive Ebene gekennzeichnet.

Ebene duplizieren: Strg/⌘+J

Abb. 3–3
Erfolgt die Weichzeichnung auf einer Ebenenkopie, bleibt die eine Ebene unverändert und die andere besitzt die gewünschte Weichzeichnung.

Nun müssen aber die Bereiche ausgespart werden, auf welche der Weichzeichner nicht wirken soll. Bedient man sich hierfür des Radiergummis, ergibt sich eine nicht reversible Änderung der Bildinformation. Sobald Sie die Datei geschlossen haben oder der Eintrag *Radiergummi* nicht mehr im Protokollbedienfeld verfügbar ist, besteht für Sie keine Möglichkeit mehr, wegradierte Bereiche ohne größeren Aufwand zurückzuholen. Sie haben zwar noch Ihre originale Hintergrundebene, doch diese ist nicht weichgezeichnet. Haben Sie also zu viel wegradiert, müssen Sie auf jeden Fall eine weitere Kopie der Hintergrundebene anfertigen, den Weichzeichner erneut mit denselben Einstellungen anwenden und noch einmal die nicht gewünschten Stellen wegradieren. Sie können auch versuchen, die versehentlich gelöschten Bildbereiche von der einen in die andere Ebene zu kopieren. So oder so ist es nicht sehr komfortabel. Doch es geht auch anders, und zwar mit einer Ebenenmaske: Diese blendet nicht gewünschte Bereiche lediglich aus und kann jederzeit modifiziert werden.

In Abbildung 3–4 wird der Unterschied zwischen dem Löschen und dem Ausblenden verdeutlicht. Zur besseren Erkennbarkeit wird im Ebenenstapel die Sichtbarkeit der Ebene *Original* ausgeschaltet. Bereiche, die jetzt mit dem Radiergummi gelöscht oder per Ebenenmaske ausgeblendet werden, erscheinen hier als Karomuster. Das im Dokumentfenster angezeigte Ergebnis sieht sowohl für die Arbeit mit dem Radiergummi als auch für die Arbeit mit Ebenenmasken identisch aus (vgl. Abbildung 3–4). Erst ein Blick in das Ebenenbedienfeld zeigt, dass bei der Arbeit mit dem Radiergummi die entfernten Bereiche endgültig gelöscht sind. Anders bei dem Einsatz einer Ebenenmaske: Dort sind im Ebenenbedienfeld keine transparenten Bereiche anhand des Karomusters erkennbar, sondern es gibt parallel zur Ebenenminiatur eine weitere Miniaturabbildung. Die schwarzweiße Ebenenminiatur legt fest, welche Bereiche der Ebene im Dokumentfenster sichtbar sind beziehungsweise welche Bereiche der Ebene bei einem Ebenenstapel auf darunter liegende Ebenen wirken.

Abb. 3–4

Im Ebenenbedienfeld ist der Unterschied zwischen dem Löschen und dem Ausblenden von Bildbereichen gut erkennbar. Es wird nur die Ebene Weichgezeichnet dargestellt. Die Sichtbarkeit der Ebene Original ist ausgeschaltet (vgl. Abb. 3–3).

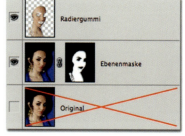

Zum weiteren Verständnis von Ebenenmasken

Wird eine Ebene von einer anderen Ebene mit 100 % Ebenendeckkraft überlagert, ist die darunter liegende Ebene vollständig verdeckt. Je geringer die Ebenendeckkraft eingestellt wird, desto mehr ist von der darunter liegenden Ebene sichtbar. Allerdings kann mit der Ebenendeckkraft immer nur die gesamte Ebene mehr oder weniger stark sichtbar gemacht werden. Ergänzend zu diesem Prinzip ist es möglich, mit Ebenenmasken Teilbereiche einer Ebene sichtbar oder unsichtbar zu machen.

Eine Ebenenmaske legen Sie am einfachsten durch einen Klick auf das Symbol Ebenenmaske hinzufügen im Ebenenbedienfeld an. Nach dem Klick erscheint eine zweite Ebenenminiatur im Ebenenbedienfeld, welche komplett weiß ist. Eine Ebenenmaske kann nicht für eine Hintergrundebene oder eine fixierte Ebene angelegt werden, solche müssen zuvor freigegeben beziehungsweise in eine normale Ebene umgewandelt werden. Wenn Sie möchten, dass Photoshop eine neue Ebenenmaske nicht in Weiß, sondern in Schwarz anlegt, halten Sie beim Klick auf das Symbol Ebenenmaske die Alt-Taste gedrückt. Photoshop legt jetzt eine schwarze Ebenenmaske an.

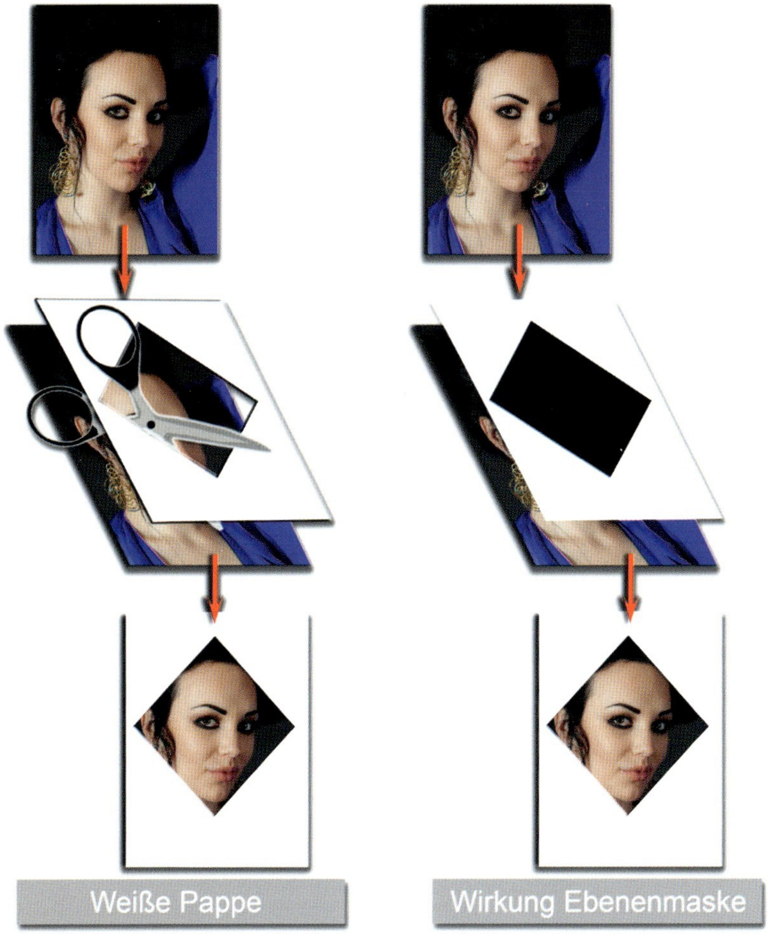

Abb. 3–5

Eine Ebenenmaske kann verglichen werden mit dem Ausschneiden eines Musters aus einem Stück weißer Pappe. Das, was die Schere ausschneidet, wird in einer Ebenenmaske als schwarzer Bereich dargestellt.

Stellen Sie sich eine weiße Pappe vor, aus der Sie mit einer Schere ein Muster schneiden. Diese Pappe legen Sie über ein Bild. Was Sie jetzt noch von dem Bild erkennen können, ist exakt das, was der Ausschnitt der Pappe zulässt. Nichts anderes macht eine Ebenenmaske, nur dass Sie hier Bereiche mit der Farbe Schwarz »ausschneiden« (vgl. Abbildung 3–5). Erscheint eine Ebenenmaske hingegen komplett weiß, ist der gesamte Ebeneninhalt sichtbar, so als wenn es gar keine Maske gäbe. Bei einer komplett schwarzen Füllung ist der Ebeneninhalt vollständig transparent und wirkt, als ob die Ebene überhaupt nicht existiert.

Wenn Sie mit verschiedenen Auswahlwerkzeugen auf Ihrer Ebene eine Auswahl erzeugt haben, können Sie die Auswahl durch einen Klick auf das Symbol *Ebenenmaske* direkt in eine Ebenenmaske überführen. Hierbei kommt es öfters vor, dass die Ebenenmaske genau verkehrt herum angelegt wird. Die Folge ist, dass Bereiche, die ausgeblendet werden sollen, eingeblendet bleiben und umgekehrt. Um die gewünschte Darstellung zu erreichen, invertieren Sie die Ebenenmaske mit Hilfe des Tastenkürzels *Strg/Befehlstaste+I*.

Invertieren: Strg/⌘+I

Das Tastenkürzel Strg/Befehlstaste+I sorgt auch in anderen Bereichen für eine Invertierung. Wenden Sie zum Beispiel das Tastenkürzel auf einer normalen Ebene an, wird aus der Positivdarstellung die Negativdarstellung.

Abb. 3–6

Umkehren einer Ebenenmaske

Beim Nachbearbeiten einer Ebenenmaske ist es wichtig, darauf zu achten, dass die Maskenminiatur eine Umrandung aufweist, nur dann ist die Ebenenmaske aktiv. Ist die Umrandung bei der Ebenenminiatur sichtbar, ist diese aktiv und Sie malen direkt in die Bildebene, auch wenn Sie vielleicht glauben, die Ebenenmaske nachzubearbeiten.

Ebenenmasken können jederzeit nachträglich bearbeitet werden. Oftmals ist es jedoch schwer zu erkennen, an welchen Bildstellen die Ebenenmaske bereits vorhanden ist und wo nicht. Neben der Möglichkeit, die Ebenenmaske im Maskenkanal (vgl. Unterkapitel *Maskenkanäle*) zu bearbeiten, gibt es auch in der Ebenenansicht die Möglichkeit einer besseren Darstellung.

Halten Sie die Alt-Taste gedrückt und klicken Sie auf die Ebenenmaskenminiatur. Jetzt wird die Ebenenmaske statt der Bildebene komplett im Dokumentenfenster angezeigt. Hier können Sie sehr gut beurteilen, ob noch unerwünschte Lücken in der Ebenenmaske vorhanden sind, und diese entsprechend nachbearbeiten.

Der Nachteil bei dieser Darstellung besteht darin, dass der Bildinhalt nicht mehr sichtbar ist und daher Lücken zwar ausgebessert werden können, ein detailliertes Nachbearbeiten aber nicht möglich ist. Halten Sie die Alt + Shift(Umschalt)-Taste gedrückt und klicken Sie auf die Ebenenmaskenminiatur. Die Anzeige in Ihrem Dokumentenfenster zeigt jetzt den Bildinhalt, der rötlich überlagert wird (die Darstellung sieht genauso aus wie bei der Arbeit im Maskierungsmodus). Je nach Bildmotiv kann es nötig sein, die Ebenenmaske in einer anderen Farbe anzeigen zu lassen. Hierfür gibt es die Maskenoptionen, welche mittels rechtem Mausklick auf der Ebenenmaskenminiatur zugänglich sind.

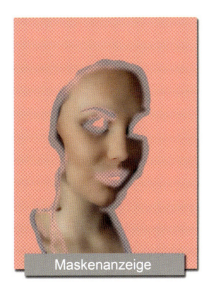
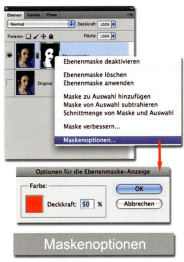

Abb. 3–7

Für das Nachbearbeiten der Ebenenmaske gibt es entsprechende Anzeigeoptionen.

Seit Photoshop CS4 gibt es eine weitere sehr wertvolle Hilfe zum Nachbearbeiten von Ebenenmasken: ein eigenes Fenster mit der Bezeichnung *Maske*. In diesem Fenster wird das Maskenbedienfeld angezeigt, welches ein separates Einstellen der Maskendichte und der Kantenhärte der Maske erlaubt. Ein praktisches Beispiel für die Arbeit mit dem Maskenbedienfeld folgt im nächsten Unterkapitel.

In CS5 wurde die Funktion *Kante verbessern* durch *Maske verbessern* ersetzt. Seither ist diese Option auch über das Kontextmenü der Ebenenmasken zugänglich (vgl. Abbildung 3–7). Viele Einstellungen können jetzt differenzierter eingestellt werden, und zusätzlich sind Hilfen für das Nachbearbeiten von Auswahlen hinzugekommen, welche unter anderem das Freistellen von Objekten unterstützen.

Neuer Look mit Ebenenmasken

Bei meinen Schulungen und Seminaren stelle ich häufig fest, dass es oftmals nicht ganz leicht ist, die Wirkungsweise von Ebenenmasken und die Arbeit mit ihnen zu verinnerlichen. Für hochwertige Bildergebnisse ist die Arbeit mit Ebenenmasken jedoch unerlässlich. Auch wenn es zu Beginn einige Schwierigkeiten bereitet, halten Sie durch und mit der Zeit wird die Arbeit mit Ebenenmasken zur Routine.

Ebenenmasken können mehr als nur Bereiche komplett ein- oder ausblenden. Sie können mit einer Ebenenmaske so arbeiten wie mit einer normalen Ebene, allerdings mit der Einschränkung, dass Ihnen nur Graustufen zur Verfügung stehen. Andere Werkzeuge wie Pinsel-, Stempel- oder Verlaufswerkzeug stehen Ihnen aber uneingeschränkt zur Verfügung. Wie sich das Ganze praktisch gestaltet, wird an dem folgenden Bild gezeigt.

Neben ein paar anderen Werkzeugen werden uns Ebenenmasken dabei helfen, einen neuen Mood (Look, Bildstimmung) zu kreieren. In unserem Fall soll eine sehr warme, abendliche Bildstimmung erzeugt werden. Die Abbildung 3–8 zeigt das fertige und die Abbildung 3–9 das Ausgangsbild.

© Fotohaus Kerstin Sänger, Matthias Matthai

Abb. 3–8
Bei diesem Bild wurde mit Ebenenmasken und ein paar anderen Werkzeugen eine neue Bildstimmung kreiert.

Abb. 3–9

Das Ausgangsbild

Abb. 3–10

Ansicht des Maskenbedienfeldes

Wenn die Sonne untergeht und das Licht seinen warmen Ton erhält, wird die Gesamthelligkeit geringer. Daher ist der erste Arbeitsschritt das Abdunkeln der Szenerie mit einer Gradationskurve. Diese wird als Einstellungsebene angelegt. Später in diesem Kapitel, im Abschnitt *Ebenenmasken und Einstellungsebenen*, wird auf die Vorteile von Einstellungsebenen näher eingegangen.

Abb. 3–11

Werden die Hautbereiche mit schwarzer Farbe bei 100 % Deckkraft maskiert, ergibt sich das hier gezeigte Ergebnis. Die Haut der Person wirkt durch die Abdunklung des Bildes jetzt eher etwas zu hell.

Durch das Abdunkeln wird die Haut der Braut jedoch zu stark abgedunkelt, was mit Hilfe der Ebenenmaske zu korrigieren ist. Wird allerdings mit dem Pinselwerkzeug und schwarzer Farbe der Abdunklungseffekt zu 100 % auf der Haut verhindert, erscheint die Haut im Vergleich zum restlichen Bild zu

Das Maskenbedienfeld wird einfach über den Menüpunkt Fenster *eingeblendet. Der Regler* Dichte *legt fest, mit welcher Deckkraft die Ebenenmaske (Pixelmaske) wirkt. Mit zunehmend geringerer Deckkraft wird aus den schwarzen Bereichen der Ebenenmaske ein immer helleres Grau. Der Regler* Weiche Kante *sorgt dafür, dass Randbereiche der Ebenenmaske weichgezeichnet werden. Unter dem Menüpunkt* Maskenkante *befindet sich das Bedienfeld* Maske verbessern, *welches ebenfalls im Auswahlmenü verfügbar ist. Hier sind weitere Optionen zur Kantenverbesserung verfügbar. Der Button* Farbbereich *entspricht der gleichnamigen Funktion im Auswahlmenü.* Umkehren *invertiert die Ebenenmaske.*

Ebenenmaske invertieren: Strg/⌘+I

hell, etwa so, als wäre ein zu starker Aufhellblitz eingesetzt worden. Um das zu verhindern, kann entweder die schwarze Farbe mit reduzierter Deckkraft oder graue Farbe auf die Ebenenmaske aufgetragen werden. Beide Varianten lassen später zwar Korrekturen innerhalb der Ebenenmaske zu, wesentlich komfortabler ist dies seit CS4 aber mit dem Maskenbedienfeld möglich. Wenn dieses bei Ihnen nicht sichtbar ist, kann es über den Menüpunkt *Fenster → Masken* aufgerufen werden. Hier stellt man mit dem Dichteregler einfach die Deckkraft nur für die Ebenenmaske (Pixelmaske) ein.

Wie in Abbildung 3–11 und 3–12 zu sehen ist, kann durch eine individuelle Anpassung der Maskendeckkraft eine exaktere Wirkungsweise erreicht werden.

Im nächsten Schritt wird die Basis für eine warme Bildstimmung gelegt. Diese soll sich nicht über das ganze Bild erstrecken, sondern sich mehr wie der Schein der untergehenden Sonne im Bild verteilen. Hierfür legen Sie mit Hilfe des Polygonwerkzeugs eine Auswahl in der gewünschten Form und anschließend eine Einstellungsebene vom Typ *Farbfläche* (vor CS5 *Volltonfarbe*) an. Diese wird mit einer passenden Farbe gefüllt, in unserem Beispiel mit einem Orangeton. Die angelegte Auswahl wird mit dem Anlegen der Einstellungsebene automatisch in eine Ebenenmaske übernommen. In Abbildung 3–13 ist der aktuelle Bearbeitungsstand zu sehen.

Abb. 3–12
Wird der Regler Dichte verringert, verändert sich die Deckkraft der Ebenenmaske und die Haut wird ebenfalls etwas abgedunkelt, was zu einem realistischeren Ergebnis führt.

Das Ergebnis entspricht natürlich noch nicht den Erwartungen. Im nächsten Schritt wird die Füllmethode für die Ebene von *Normal* auf *Weiches Licht* gesetzt.

Nach dem Ändern der Füllmethode wird im Maskenfenster der Wert für den Regler *Weiche Kante* so lange erhöht, bis die Kanten der Farbfläche sauber zerfließen. Da der Schein der untergehenden Sonne in unserem Fall nicht von vorne auf die Person trifft, wird mit dem Pinselwerkzeug bei verringerter Deckkraft der vordere Bereich der Braut ausgespart. Als Letztes

Ebenenfüllmethoden legen fest, wie die Pixel einer Ebene mit den Pixeln der darunter liegenden Ebenen verrechnet werden. Hierbei sind Ergebnisse erzielbar, die mit anderen Methoden nur schwer oder gar nicht erreicht werden können. In späteren Kapiteln werden weitere Füllmethoden eingesetzt.

wird die Deckkraft der Ebene etwas reduziert, was die Wirkungsweise weiter verbessert, wie in Abbildung 3–14 zu sehen ist.

Abb. 3–13

Nach dem Anlegen einer Farbfläche in der gewünschten Form ergibt sich der folgende Bearbeitungsstand.

Für eine Abendstimmung ist der Himmel zu farblos. Hier behelfen wir uns erneut mit einer Einstellungsebene vom Typ *Farbfläche*, diesmal mit einem Rotton. Nunmehr kommt als Füllmethode für die Ebene die Methode *Ineinanderkopieren* zum Einsatz. Die Rotfärbung soll sich in erster Linie auf den Himmel beschränken.

Abb. 3–14

Bereits durch den Einsatz zweier Einstellungsebenen mit Ebenenmasken ändert sich die Bildwirkung deutlich.

Um hier einen weichen Übergang zu erreichen, kann das Verlaufswerkzeug aus der Werkzeugleiste eingesetzt werden. Hiermit wird in die Ebenenmaske ein Schwarzweiß-Verlauf gelegt. Dabei werden auch Teile der Braut und der Bäume im linken Bildbereich mit eingeschlossen. Diese Bereiche werden einfach mit dem Pinselwerkzeug nachbearbeitet. In Abbildung 3–15 ist die dabei entstandene Ebenenmaske vergrößert dargestellt.

Abb. 3–15

In der vergrößerten Ebenenmaske ist der sanfte Übergang, der durch den Schwarzweiß-Verlauf entsteht, gut erkennbar.

Das Nachbearbeiten einer Ebenenmaske ist oftmals leichter, wenn diese gesondert im Dokumentfenster angezeigt wird. Hierfür drücken Sie die Alt-Taste, halten diese gedrückt und klicken dann auf das Ebenenmaskensymbol neben der Ebenenminiatur. Ihr Bild ist jetzt nicht mehr sichtbar, stattdessen wird die Ebenenmaske im Dokumentfenster angezeigt. Zur normalen Ansicht kehren Sie mit einem Klick auf die Ebenenminiatur zurück (vgl. Unterkapitel Zum weiteren Verständnis von Ebenenmasken*).*

Der letzte Arbeitsschritt betrifft den vorderen Bildbereich, der immer noch etwas zu hell wirkt. Hier wird eine weitere Einstellungsebene vom Typ *Gradationskurve* zum Abdunkeln verwendet. Die Maskierung innerhalb der Ebenenmaske erfolgt wieder mit dem Verlaufswerkzeug und einem Schwarzweiß-Verlauf. Der direkte Vergleich vorher und nachher kann anhand der Abbildungen 3–8 und 3–9 erfolgen.

Hat man sich erst einmal mit diesem Prinzip vertraut gemacht, eröffnen sich hier wesentlich exaktere Arbeitsweisen für alle Arten von Bildern. Das folgende Beispiel soll die Möglichkeiten der unterschiedlichen Transparenz anhand eines Kopfporträts aufzeigen.

Abb. 3–16

Am Ende reichen vier Einstellungsebenen, um dem Bild einen ganz anderen Look zu geben.

Ebenenmasken bei der Porträtretusche

Eine gute Porträtretusche ohne Ebenenmasken ist nicht denkbar. An dieser Stelle folgt daher auch ein Beispiel, wie mit Hilfe von Ebenenmasken das Ergebnis einer Porträtretusche deutlich verbessert werden kann.

Soll bei einer Porträtretusche ein überzeugendes Bildergebnis erzielt werden, ist das mit einer reinen Schwarzweiß-Maskierung innerhalb der Ebenenmaske kaum erreichbar und würde mühsame Arbeit bedeuten. Augen, Haare und Schmuck müssten ganz exakt maskiert werden, was sehr zeitintensiv sein kann.

Nachdem eine Weichzeichnung mit dem Filter *Matter machen* erfolgt ist, wird eine Ebenenmaske angelegt. Fällt die Maskierung der Ebenenmaske zu ungenau aus, wird nicht der gesamte Hautbereich weichgezeichnet, was zu sichtbaren Stellen auf der Haut führen kann. Wenn Sie, um das zu umgehen, die Ebenenmaske so weit vergrößern, dass auch die Randbereiche zu den Haaren, am Auge etc. mit in die Ebenenmaske eingeschlossen sind, werden zwangsläufig feine Details wie der Haaransatz in der Weichzeichnung verloren gehen. Selbst eine Reduzierung der Ebenendeckkraft und eine sehr weiche Pinselspitze reichen nicht, um die verlorenen Details wieder gut sichtbar zu machen.

In Abbildung 3–21 ist erkennbar, dass unterschiedliche Graustufen zum Einsatz gekommen sind, um unterschiedlich starke Maskierungen in der Ebenenmaske anzulegen. Es ist allerdings recht schwer, anhand eines Grauwertes abzuschätzen, wie stark die daraus resultierende Deckkraft der Ebenenmaske ist. Wählen Sie daher als Pinselfarbe Schwarz oder Weiß und ändern Sie die Deckkraft für das Pinselwerkzeug nach Ihren Wünschen.

In dem gezeigten Beispiel wird zur Veranschaulichung nur der Filter Matter machen *verwendet. Ausschließlich mit diesem einen Filter wird kaum ein perfektes Ergebnis bei der Hautretusche erzielt. In späteren Kapiteln wird ausführlich auf die verschiedenen Möglichkeiten der einzelnen Filter und deren Kombinationsmöglichkeiten eingegangen. In diesem Beispiel geht es um das Anlegen einer guten Ebenenmaske.*

© Fotohaus Kerstin Sänger, Matthias Matthai

Abb. 3–17

Bei diesem Porträt wurde für die Hautretusche eine Ebenenmaske mit unterschiedlichen Graustufen erstellt, um so alle Details (zum Beispiel im Haaransatz) zu erhalten und trotzdem gleichzeitig die gesamte Haut in den Retuschevorgang zu integrieren.

Beachten Sie bei der Arbeit mit dem Pinselwerkzeug, dass sich der Farbauftrag addiert und dadurch innerhalb der Ebenenmaske die Transparenz verändert wird. Je häufiger Sie einen Bereich der Maske bearbeiten, desto stärker wird die Deckkraft. Haben Sie zum Beispiel eine Deckkraft von 35 % eingestellt und ziehen eine Linie in der Ebenenmaske, ist diese hellgrau. Setzen Sie an derselben Stelle erneut an, verstärkt sich die Deckkraft, ähnlich dem Auftrag von Tuschefarbe auf einem Blatt Papier. Setzen Sie den Pinsel zwischendurch nicht ab, erhöht sich der Farbauftrag nicht.

Abb. 3–18

Ausschnitt aus Abbildung 3–17. Zu diesem Zeitpunkt wurde noch keine Hautretusche durchgeführt.

Abb. 3–19

Bei Bildern mit vielen Details hilft eine reine Schwarzweiß-Maskierung selbst bei weicher Pinselspitze und Verringerung der Ebenendeckkraft (in diesem Fall auf 60 %) nur begrenzt weiter.

Abb. 3–20

Ein besseres Ergebnis ist zu erreichen, wenn eine Ebenenmaske zum Einsatz kommt, bei der mit verschiedenen Graustufen (unterschiedlicher Pinseldeckkraft) gearbeitet wird, wie anhand des Haaransatzes innerhalb der roten Markierung zu erkennen ist.

Abb. 3–21

Die Ebenenmaske zu Abbildung 3–20. Bei dieser Ebenenmaske wurde mit unterschiedlichen Graustufen gearbeitet.

Vor allem wenn es um geplante Vergrößerungen von Bilddateien geht, sollten Methoden verwendet werden, die möglichst viele Details erhalten. Werden von den Aufnahmen nur Pass- oder Bewerbungsbilder angefertigt, rechnet sich der zusätzliche Aufwand nicht. Selbst bei einem Abzug in der Größe 10 x 15 cm werden diese feinen Unterschiede nur schwer wahrnehmbar sein.

Ebenenmasken und Einstellungsebenen

© Fotohaus Kerstin Sänger, Matthias Matthai

Egal ob Einstellungen wie die Tonwertkorrektur, Gradationskurve oder die Schwarzweiß-Funktion: Einmal auf die Ebene angewendet können die getätigten Einstellungen nicht mehr verändert werden. Die gewünschte Änderung wird komplett in die Ebene eingerechnet, was zur Folge hat, dass jeder einzelne Pixel einen neuen Wert erhält. Sollen jetzt noch Änderungen ausgeführt werden, bleibt lediglich Anlegen einer Ebenenkopie, wodurch sich zumindest die Möglichkeit eröffnet, nachträglich die Ebenendeckkraft zu variieren. Ein erneuter Aufruf, um getätigte Einstellungen nachträglich zu ändern, ist nicht möglich.

Diese Möglichkeit eröffnet sich erst durch den Einsatz von Einstellungsebenen, welche bereits seit Photoshop Version 4 (wirklich Version 4, nicht CS4) verfügbar sind. Bei den Einstellungsebenen handelt es sich um eine eigene Ebenenart, welche nur für bestimmte Funktionen (siehe Abbildung 3–22) verfügbar ist und eine zerstörungsfreie Bildbearbeitung (nichtdestruktiv) unterstützt. Eine normale Bildebene kann keine Einstellungsebene sein. Umgekehrt bieten Einstellungsebenen dieselben Optionen für Deckkraft und Verrechnungsmodi wie normale Ebenen.

Einstellungsebenen haben den enormen Vorteil, dass gewünschte Einstellungen hier nur vermerkt werden und keine dauerhafte Verrechnung mit den Pixeln der darunter liegenden Ebenen erfolgt. Die Wirkung kann man sich vorstellen wie ein zusätzlicher Filter über den Ebenen, der jederzeit ausgetauscht und verändert werden kann. Erst durch eine Ebenenreduzierung erfolgt das endgültige Verrechnen der einzelnen Pixel mit darunterliegenden Ebenen.

Einstellungsebenen ermöglichen viele Korrekturen und Effekte auf schnelle und einfache Weise. Im Besonderen können Farb- und Helligkeitskorrekturen sehr komfortabel vorgenommen werden. Nicht nur wenn Bilddaten an eine Druckerei geliefert werden müssen, sondern auch bei der Ausgabe über ein Minilab oder den Inkjet-Drucker kommt es immer wieder vor, dass der fertige Print nicht so wirkt, wie es die Bildschirmdarstellung vermuten ließ. Ist die Farbkorrektur mittels Einstellungsebenen erfolgt, kann hier schnell und vor allem verlustfrei eingegriffen werden. Sollen Einstellungen zwischen verschiedenen Bildern ausgetauscht werden, braucht die Einstellungsebene lediglich auf die gewünschte Bilddatei gezogen zu werden, genauso wie mit normalen Ebenen.

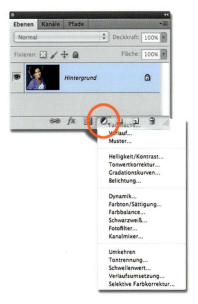

Abb. 3–22

Eine neue Einstellungsebene kann über den Menüpunkt Ebene und dann Neue Einstellungsebene oder einfacher durch einen Klick auf das Symbol im Ebenenbedienfeld angelegt werden. Halten Sie beim Klick auf die gewünschte Einstellungsebene die Alt-Taste gedrückt, erscheint automatisch das Dialogfeld Neue Ebene. Wurde vor dem Anlegen der Einstellungsebene eine Auswahl erstellt, wird diese, wie bei einer anderen Ebene auch, direkt in die Ebenenmaske übernommen.

Ein und dasselbe Bild wird oftmals über unterschiedliche Printmedien ausgegeben und jedes Medium hat eine eigene Farbdarstellung und zumeist eine andere Oberflächenstruktur, die für eine veränderte Bildwirkung sorgt. Zum Großteil können diese Unterschiede mit durchgehendem Colormanagement ausgeglichen werden, aber ganz ohne Korrekturen geht es bei einem Medienwechsel nur selten. Einstellungsebenen sorgen für eine verlustfreie Anpassung der Farbwerte.

Abb. 3–23

*Wird eine verfügbare Funktion – als Beispiel dient
hier Dynamik – als Einstellungsebene aufgerufen,
erscheint diese als separate Ebene im Ebenenbedienfeld und wird von Photoshop mit einer
Ebenenmaske versehen.*

Die Einstellungsebene *Dynamik* ist in Photoshop CS4 dazugekommen. Der Regler *Dynamik* ermöglicht es, solche Farben in ihrer Sättigung zu verstärken, die im Bild weniger gesättigt sind. Ein sehr großer Vorteil für die Porträtretusche besteht darin, dass der Regler *Dynamik* verhindert, dass Hauttöne übersättigt werden. In Verbindung mit einer Verringerung der Sättigung (vgl. Abbildung 3–23) und einer starken Erhöhung der Dynamik lassen sich sehr interessante Bildwirkungen erzielen.

Das gezeigte Beispiel soll einfach noch etwas weiter getrieben werden, um die Leistungsfähigkeit von Einstellungsebenen weiter zu verdeutlichen. Das Bild aus Abbildung 3–23 soll eine noch kühlere Stimmung erhalten und im Kontrast verstärkt werden. Hierfür kommt als Erstes eine Einstellungsebene vom Typ *Volltonfarbe* (Bezeichnung bis einschließlich CS4) bzw. *Farbfläche* (seit CS5) zum Einsatz.

*Füllebenen und Einstellungsebenen sind beide
über dasselbe Symbol im Ebenenbedienfeld
aufrufbar und von der Benutzung her
identisch. Füllmethoden enthalten jedoch
immer eine komplette Ebenenfüllung in Form
von Volltonfarben, einem Verlauf oder einem
Muster.*

Als Füllfarbe wird ein blaugrauer Farbton ausgewählt und die Füllmethode für die Einstellungsebene wird von *Normal* auf *Weiches Licht* gesetzt. Um den Kontrast etwas zu steigern und die Jacke wieder gesättigter erscheinen zu lassen, folgt eine Einstellungsebene vom Typ *Farbton/Sättigung*. Die gewünschte Kontraststeigerung, verbunden mit einer leichten Abdunklung, erreichen wir wieder durch die Ebenenfüllmethode *Weiches Licht*. Die erzielte Wirkung wird durch das Verringern der Ebenendeckkraft angepasst. Der so entstandene Effekt soll allerdings nicht auf das Gesicht wirken. Deshalb wird die bei der Einstellungsebene bereits vorhandene Ebenenmaske verwendet. Mit einem schwarzen Pinsel wird das Gesicht in der Ebenenmaske maskiert. Als Letztes wird noch eine Einstellungsebene vom Typ *Gradationskurve* hinzugefügt, um so den Gesamtkontrast einzustellen.

Abb. 3–24

Wie bereits im Unterkapitel Neuer Look mit Ebenenmasken ist durch den Einsatz von Einstellungsebenen, Füllmethoden und Ebenenmasken eine ganz andere Bildwirkung entstanden.

Abb. 3–25

Mit der Funktion Schwarzweiß können sehr schnell getönte Bilder erstellt werden.

Ein gänzlich anderer Effekt lässt sich durch eine weitere Einstellungsebene erreichen. Wir verwandeln unser Bild in ein monochromes getöntes Bild, indem wir eine Einstellungsebene vom Typ *Schwarzweiß* einsetzen. Das Tonen des Bildes wird durch das Anklicken der Checkbox *Farbton* aktiviert (rote Markierung in Abbildung 3–25). Der gewünschte Farbton kann dann mit dem kleinen Farbfeld neben der Checkbox eingestellt werden. Ein Doppelklick auf das Farbfeld öffnet den Farbwähler. Wird das Handsymbol (ebenfalls in der roten Markierung) angeklickt, können die Tonwerte bei gedrückter Maustaste direkt im Bild angepasst werden.

Durch das Kombinieren von Ebenen und Einstellungsebenen entsteht ein Stapel, in welchem sich, ausgehend von der obersten Ebene, die Einstellungen und Effekte bis auf die unterste Ebene auswirken. Ein willkürliches Umsortieren der Ebenen innerhalb eines solchen Stapels kann ein gänzlich anderes Bildergebnis produzieren. Welche Auswirkungen das Stapeln von Einstellungsebenen auf ein Bild hat, zeigen die Abbildungen 3–26 und 3–27.

Abb. 3–26

Durch die Ebenenmaskierung bei der Einstellungs-ebene Schwarzweiß bleibt die Jeans blau gefärbt, während der Rest in Schwarzweiß dargestellt wird. Die Einstellungsebene Gradationskurve steigert den Kontrast etwas und die Füllebene Fotofilter Sepia gibt dem Bild einen warmen Ton.

Abb. 3–27

Eine Änderung der Reihenfolge innerhalb der Einstellungsebenen hat direkten Einfluss auf das Bildergebnis. Liegt die Einstellungsebene Fotofilter Sepia nicht über der Einstellungsebene Schwarz-weiß, findet keine Einfärbung in Sepia mehr statt.

In Abbildung 3–27 wurde die Einstellungsebene *Fotofilter Sepia* von der obersten Position des Ebenenstapels unter die Einstellungsebene *Schwarzweiß* verschoben. Das Ergebnis ist, dass es keine Sepiawirkung mehr in dem Bild gibt. Der offensichtliche Eindruck stimmt aber nicht ganz, nur ist es so, dass die Sepiawirkung lediglich im Bereich der Jeans stattfindet und dort im Bild nicht wahrnehmbar ist. Stellen wir uns vor, die Ebene *Schwarzweiß* und die Ebene *Gradationskurve* existierten nicht. Dann würde nur die Ebene *Sepia* über das gesamte Bild wirken, da die dazugehörige Ebenenmaske komplett weiß ist. Jetzt denken wir uns die Ebene *Schwarzweiß* wieder hinzu. Alle Bereiche dieser Ebene, bei denen die Ebenenmaske 100 % weiß ist, färben das in Sepia getönte Bild in Schwarzweiß. Lediglich der Bereich der Jeans, welcher über einen schwarzen Bereich in der Ebenenmaske verfügt, wird nicht in Schwarzweiß umgewandelt, sondern bleibt wie gehabt. Die oberste Ebene *Gradationskurve* hellt das Bild lediglich etwas auf.

Schnittmasken

Einstellungsebenen und natürlich auch »normale« Ebenen wirken immer auf alle darunter liegenden Ebenen. Es gibt jedoch oft genug Fälle, bei denen die Einstellungsebene nur auf die direkt darunter liegende Ebene wirken soll. Für diesen Fall gibt es die Schnittmaske, welche die Wirkung einer Ebene oder einer Einstellungsebene auf die direkt darunter befindliche Ebene begrenzt. Die Wirkungsweise soll anhand von Texteffekten gezeigt werden.

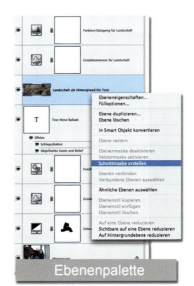

Abb. 3–28

Das vorherige Bild wurde um eine Textebene ergänzt, über die eine Landschaft gelegt wurde. Die Farbe und der Kontrast der Landschaft wurden mit den Einstellungsebenen Gradationskurve und Farbton/Sättigung verfremdet. Die Veränderungen wirken sich auf alle darunter liegenden Ebenen aus, was zu einer nicht gewünschten Bildwirkung führt.

Innerhalb des Ebenenbedienfelds gibt es zu jeder Ebene ein Kontextmenü, welches durch einen rechten Mausklick aufgerufen wird. Dort kann dann die Option *Schnittmaske erstellen* aufgerufen werden. Alternativ halten Sie die Alt-Taste gedrückt, fahren mit der Maus über die Trennlinie zwischen zwei Ebenen und es erscheint ein kleines Symbol aus zwei Ringen. Wenn Sie jetzt die Maustaste drücken, wird die obere der beiden Ebenen mit einer Schnittmaske versehen.

Für Anwender, die Photoshop CS4 oder CS5 verwenden, gibt es bei der Verwendung von Einstellungsebenen zusätzlich die Möglichkeit, eine Schnittmaske durch das Anklicken des Schnittmaskensymbols (zwei Ringe) einzuschalten (vgl. Abbildung 3–29).

Abb. 3–29

Bei unserem Beispielbild wurden die drei Ebenen über der Textebene in eine Schnittmaske umgewandelt. Dadurch wirken alle drei Ebenen nur noch auf die Textebene und der Rest des Bildes bleibt unverändert. Die rechten roten Kreise markieren das Symbol, mit dem Schnittmasken von Photoshop gekennzeichnet werden. Der linke rote Kreis markiert das Schnittmaskensymbol.

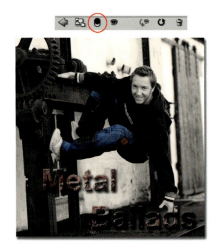

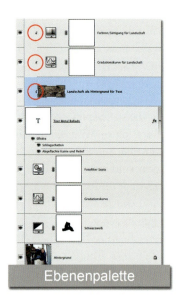

3.4   Smart-Objekte und Smartfilter

Die Smart-Objekte und die Smartfilter gehören ebenfalls zu den Ebenenfunktionen.

Ein **Smart-Objekt** ist eine besondere Ebene, ein eigener Ebenentyp, welcher sowohl Raster- als auch Vektorbilddaten enthalten kann. Das Besondere an Smart-Objekten ist, dass die gesamten ursprünglichen Bildinformationen mit ihren Eigenschaften zu jedem Zeitpunkt erhalten bleiben. Somit bieten Smart-Objekte grundsätzliche eine sehr gute Basis, um seine Bildbearbeitung nichtdestruktiv auszuführen. Durch den Erhalt der Originalinformationen können alle Arbeitsschritte zu einem späteren Zeitpunkt variiert oder rückgängig gemacht werden.

Etwas anders ausgedrückt: Sie dürfen bei einer Ebene vom Typ Smart-Objekt anstellen, was Sie wollen, denn jederzeit können alle Änderungen verlustfrei rückgängig gemacht werden. Jede bestehende Ebene, inklusive der Hintergrundebene, kann jederzeit in ein Smart-Objekt umgewandelt werden. Bei der Verarbeitung von RAW-Daten können diese gleich als Smart-Objekt in Photoshop übernommen werden, und nicht nur das: Sie haben dadurch die Möglichkeit, nachträglich die Entwicklungseinstellungen noch zu verändern und die Änderung direkt in Ihr Bild zu übernehmen.

Als **Smartfilter** kommen die ganz normalen Filter wie der Gaußsche Weichzeichner oder der Filter *Staub und Kratzer* zum Einsatz. Werden diese jetzt aber auf einer Smart-Objekt-Ebene angewendet, bezeichnet man sie als Smartfilter. Welche Filter auf ein Smart-Objekt bisher angewendet wurden, ist in der Ebenenansicht erkennbar.

Durch Smartfilter werden die zuvor genannten Vorteile von Einstellungsebenen auf viele Photoshop-Filter übertragen. Die vorgenommenen Filtereinstellungen können zu jeder Zeit verändert und frühere Bearbeitungszustände wiederhergestellt werden. Wer Smartfilter für alle verfügbaren Filter einsetzen möchte, kann dies mit Hilfe eines bei Photoshop mitgelieferten Skriptes erreichen. Dieses Skript funktioniert reibungslos, und sogar Plug-in-Filter können als Smartfilter verwendet werden. Allerdings kann es bei einigen Filtern vorkommen, dass nicht alle Einstellungen verfügbar sind, da diese nicht in das Konzept der Smartfilter passen, welches in erster Linie für Filter wie *Scharfzeichnen* oder *Störungen hinzufügen* konzipiert wurde.

Neben den genannten Vorteilen gibt es bei der Arbeit mit Smart-Objekten auch einige Unwägbarkeiten. Zum einem kann sich die Verarbeitungszeit spürbar erhöhen und zum anderen vergrößert sich der benötigte Speicherplatz ganz erheblich. Um die Gründe besser verstehen zu können, betrachten wir zuerst beim Skalieren, was es heißt, dass die Originalbildinformation zu jedem Zeitpunkt erhalten bleibt.

Wenn Sie alle Filter als Smartfilter nutzen wollen, gehen Sie in das Programmverzeichnis von Photoshop, dort in den Ordner Scripting, weiter zu Sample Scripts und als Letztes in den Ordner JavaScript. Dort wählen Sie das Skript EnableAllPluginsForSmartFilters.jsx und bestätigen in dem Dialogfeld die Frage, ob Sie alle Filter als Smart-Objekt nutzen möchten.

Verlustfreies Skalieren?

Ich bekomme immer wieder zu hören, dass mit Smart-Objekten ein verlustfreies Skalieren ausgeführt werden kann, wie es sonst nur mit Vektorgrafiken machbar ist. Hört sich wirklich toll an, muss aber genauer betrachtet werden.

Wird eine Pixel-/Rastergrafik in ein Smart-Objekt umgewandelt, dann wird die Originaldatei mit der Originalauflösung in das Smart-Objekt eingebettet. Für uns erkennbar ist der Vorgang nur anhand des zusätzlichen Symbols bei der Ebenenminiatur. Die Pixelgrafik selber bleibt, was sie vorher bereits war, nämlich eine Pixelgrafik – und Pixelgrafiken können nicht verlustfrei skaliert werden. Wer gehofft hat, dass er Bilder nur in ein Smart-Objekt umwandeln muss und diese dann verlustfrei um ein Vielfaches vergrößern kann, der muss leider enttäuscht werden. Geht es also ganz konkret um das **verlustfreie** Vergrößern einer Pixelgrafik, können auch Smart-Objekte nicht helfen.

Vergrößern von Bildern

Vektorgrafiken bestehen aus grafischen Grundobjekten, zum Beispiel Linien und Kreisen, aus denen sich die dargestellten Objekte zusammensetzen. Für die Darstellung am Monitor oder für den Druck muss eine Vektorgrafik zuvor gerastert und somit in eine Rastergrafik überführt werden. In der Fotografie erstellen wir bei der Aufnahme eine Pixel-/Rastergrafik. In einer Rastergrafik ist jedem Pixel ein exakter Farb- und Helligkeitswert zugeordnet. Wird das Raster einer solchen Grafik um Zeilen und Spalten erweitert (hochskaliert), erweitert sich ebenfalls die vorhandene Pixelmenge. Die für eine Vergrößerung benötigten zusätzlichen Pixel werden aus den Originalpixeln berechnet (vgl. Abbildung 3–30). Die Folge ist, dass eine vergrößerte Rastergrafik nie mehr Informationen enthalten kann als das Original, sie enthält nur mehr Pixel (Pixelinterpolation). Geht es um das Verkleinern eines pixelbasierten Bildes, werden diejenigen Pixel, die für die kleinere Größe nicht mehr benötigt werden, herausgerechnet mit der Folge, dass in dem Bild jetzt weniger Informationen verfügbar sind: ein Vorgang, der nicht mehr umzukehren ist.

Im Gegensatz hierzu kann eine Vektorgrafik für eine neue Größe auf Basis der grafischen Grundobjekte neu berechnet werden und muss erst wieder für die Ausgabe in eine Rastergrafik überführt werden.

Die gute Nachricht lautet: Bei realen Bildern werden bei der Pixelinterpolation sehr gute Ergebnisse erzielt.

Abb. 3–30

Eine Rastergrafik wird von 4 x 4 Pixel auf 7 x 7 Pixel vergrößert. Die fehlenden Pixelinformationen werden auf der Basis mathematischer Verfahren geschätzt (interpoliert). Das Ergebnis ist eine Rastergrafik von 7 x 7 Pixel.

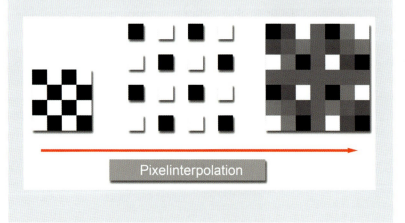

Der Vorteil der Smart-Objekte ist somit nicht beim einmaligen Skalieren eines Bildes zu suchen, sondern zum Beispiel bei Bildmontagen (Composings), bei denen eine hohe Flexibilität gefragt ist und gleichzeitig die Qualitätsverluste möglichst gering ausfallen sollen. Bei Composings werden Bilder oft viele Male vergrößert und verkleinert, ehe alles zueinander passt. Erfolgt diese Arbeit mit Ebenen und der Funktion *Transformieren*, kommt es durch das häufige Ändern der Bildgrößen und der damit verbundenen Pixelinterpolation zu Qualitätsverlusten. Hier können Smart-Objekte ihre Vorteile entfalten und in der Tat ein »scheinbar« verlustfreies Skalieren ermöglichen.

Stellen Sie sich vor, normale Ebeneninhalte werden im Rahmen einer Montage stark verkleinert. In diesem Fall werden Pixel nicht mehr benötigt und aus der Datei herausgerechnet. Bei einer späteren Vergrößerung sind diese Pixel nicht mehr verfügbar und müssen neu hinzugerechnet werden. Bei mehrmaligem Vergrößern und Verkleinern führt dies zu einer Addition der bei der Pixelinterpolation entstehenden Fehler und damit zu einem sichtbaren Qualitätsverlust. Anders bei einem Smart-Objekt. Dieses kann immer auf die Originalinformation zurückgreifen und so eine benötigte Pixelinterpolation immer auf der Basis der Originaldatei ausführen. Das heißt, auch nach einem x-maligen Vergrößern oder Verkleinern einer Bilddatei erfolgt die Neuberechnung immer von dem Ausgangswert so, als ob Sie nur ein einziges Mal über den Menüpunkt *Bildgröße* eine Größenänderung vornehmen. Diese Methode ist zwar nicht völlig verlustfrei, benötigt aber immer nur einen Interpolationsschritt und ist somit im Ergebnis um ein Vielfaches besser – und das ohne die Verwendung von Smart-Objekten.

Die Abbildungen 3–31 und 3–32 zeigen ein Bild, das ausgehend von seiner Originalgröße zuerst verkleinert und dann wieder auf die Originalgröße skaliert wird. Während bei der Ebene, die kein Smart-Objekt ist, deutliche Verluste erkennbar sind, sieht das Bild bei einem Smart-Objekt aus wie zuvor, es erscheint verlustfrei. Erreicht wird dies aber nur durch den Rückgriff auf die originalen Bildinformationen, die im Smart-Objekt eingebettet sind.

Abb. 3–31

*Diese Aufnahme besitzt in der Originalgröße die
Pixelmaße 3872 x 2592.*

Abb. 3–32

*Wird dieses Bild auf die Pixelmaße 500 x 335
heruntergerechnet und später wieder in einem
größeren Format benötigt und hochgerechnet,
leidet bei einer Pixelgrafik die Bildqualität. Bei
einem Smart-Objekt bleibt die Bildqualität unverändert, sofern das größere Format nicht größer als
das Originalformat ist.*

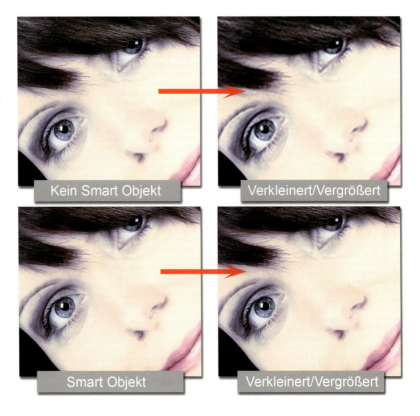

Arbeitsgeschwindigkeit und Speicherplatz

Betrachten wir noch einmal die Abbildungen 3–31 und 3–32. Wie wir wissen, behält Photoshop bei einem Smart-Objekt intern die Originalbildgröße bei. Wandeln wir die Datei aus Abbildung 3–31 in ein Smart-Objekt um, steigt der Platzbedarf auf der Festplatte im *TIFF-Format mit LZW-Komprimierung* von 5,1 MB auf 26,6 MB. Wird die Datei jetzt mit dem Menüpunkt *Bildgröße* auf die in Abbildung 3–32 angegebenen 500 × 335 Pixel verkleinert, gibt Photoshop unter dem Menüpunkt *Bildgröße* an, dass die Datei nur noch 490,7 KB groß ist. Auf der Festplatte werden aber immer noch 11,55 MB benötigt. Es ist leicht vorstellbar, dass der Speicherplatz bei großen Bilddateien und mehreren Smart-Objekten stark zunimmt. Jeder, der Smart-Objekte einsetzen möchte, sollte sich daher im Vorfeld darüber im Klaren sein, dass der Speicherbedarf deutlich anwachsen kann und aufgrund der größeren Bilddaten mehr Rechenleistung benötigt wird. Werden zusätzlich für verschiedene Ebenen Smartfilter eingesetzt, erhöht sich die Bearbeitungszeit weiter.

Öffnen Sie als Versuch einmal eine Bilddatei mit 12 Megapixel mit 16 Bit Farbtiefe. Erstellen Sie eine Kopie der Hintergrundebene und wandeln diese in ein Smart-Objekt um. Auf dieses Smart-Objekt wenden Sie den Filter *Matter machen* an. Dieser ist einer der rechenintensivsten Filter in Photoshop. Nachdem Sie den Filter wie gewünscht eingestellt haben, klicken Sie auf *OK*. Je nach Rechner wird der Filter einige Zeit brauchen, bis er fertig ist.

Bei Smartfiltern könne alle Einstellungen ja wieder geändert werden. Rufen Sie daher den Smartfilter *Matter machen* erneut auf. Sie werden sehen, es dauert eine ganze Weile, bis Sie etwas einstellen können. Genauer gesagt dauert es genau so lange wie beim ersten Filteraufruf. Dies liegt daran, dass Photoshop beim Ändern der Einstellungen eines Smartfilters auf die eingebettete Originaldatei zurückgreift und die jeweils eingestellten Filterwerte erneut auf das Original anwendet. Nur so haben Sie die Möglichkeit, die vorherigen Einstellungen zu ändern.

Bei umfangreichen Bildern mit vielen Smartfiltern und je nach Rechnerleistung summiert sich die Wartezeit ganz erheblich. Kurz gesagt: Sie werden länger warten müssen, bis Ihr Rechner Sie weiterarbeiten lässt. Es gilt also individuell zu entscheiden, ob Sie bereit sind, Wartezeiten in Kauf zu nehmen und dafür bei umfangreichen Arbeiten mehr Flexibilität zu haben. Ein ausführliches Beispiel zur Anwendung der Smartfilter befindet sich in Kapitel 8.

Das Anwenden bestimmter Retuschewerkzeuge wie Kopierstempel, Reparaturpinsel oder Ausbessern-Werkzeug ist nicht direkt mit Smart-Objekten möglich. Soll dies geschehen, muss die Ebene zuvor gerastert werden – ein Vorgang, der Ihnen vielleicht aus der Bearbeitung von Texten mit Photoshop bekannt ist.

3.5   Kanalarbeiten

Farbkanäle

Abb. 3–33

Die einzelnen Kanäle besitzen ganz unterschiedliche Eigenschaften, die man sich ohne Schwierigkeiten nutzbar machen kann.

Abb. 3–33
Die einzelnen Kanäle besitzen ganz unterschiedliche Eigenschaften, die man sich ohne Schwierigkeiten nutzbar machen kann.

An dieser Stelle kommen wir zu den Kanälen. Da wir in der Fotografie in
erster Linie mit RGB-Bildern arbeiten, existiert für unsere Bilder dementsprechend jeweils ein Rot-, Grün- und Blaukanal. Diese Kanäle sind Grau-

stufenbilder, welche die jeweiligen Farbinformationen in Form von Hellig-keitswerten enthalten. Jeder der drei Farbkanäle eines RGB-Bildes besitzt bestimmte Eigenschaften, welche wir uns auch im Rahmen der Beautyre-tusche zunutze machen können. Der Blaukanal zeigt unser Bild mit den stärksten Kontrasten, während der Grünkanal vom Kontrastverhältnis her der farbigen Vorlage am nächsten kommt. Für die Beautyretusche beson-ders interessant ist aber der Rotkanal, da er am wenigsten Kontrast aufweist und so die Haut gleichmäßig zur Geltung bringt. Durch den geringen Kon-trast werden die Tiefen etwas aufgehellt und die Lichter abgeschwächt.

Die erkennbaren Vorteile des Rotkanals (vgl. Abbildung 3–33) sollen für unsere Zwecke nutzbar gemacht werden. Das geht aber nur, wenn uns der Rotkanal im Ebenenbedienfeld als Ebene und nicht als Kanal zur Verfü-gung steht. Das erreichen wir, indem der komplette Rotkanal in die Zwi-schenablage kopiert und von dort in das Ebenenbedienfeld einfügt wird. Bevor wir einen Kanal in die Zwischenablage kopieren können, darf nur dieser als einziger Kanal aktiv sein. Wird mit der Maus in der Kanalansicht auf den gewünschten Kanal geklickt, bleibt dieser aktiv, während bei den anderen Kanälen die Ansicht ausgeschaltet wird.

Nachdem der Rotkanal allein aktiv ist, wird mit *Strg/Befehlstaste+A* die gesamte Arbeitsfläche ausgewählt und der komplette Inhalt mit *Strg/Befehlstaste+C* in die Zwischenablage kopiert. Damit der Rotkanal aus der Zwischenablage als neue Ebene eingesetzt werden kann, muss in der Kanalansicht die RGB-Composite-Darstellung wieder aktiv sein (normale Farbbilddarstellung, RGB-Kanal)! Um die RGB-Composite-Darstellung wieder zu aktivieren, genügt ein Klick auf den RGB-Kanal oder das Tasten-kürzel *Strg/Befehlstaste+^*. Gehen Sie jetzt wieder in die Ebenenansicht und als Letztes wird mit *Strg/Befehlstaste+V* der Rotkanal aus der Zwischen-ablage als Ebene eingefügt.

Für Freunde von Tastenkürzeln hier ein Beispiel, wie schnell der Rotka-nal mit fünf Tastenkürzeln in eine eigene Ebene kopiert werden kann:

Strg+1, Strg+A, Strg+C, Strg+^, Strg+V (beim Mac wie gehabt anstatt der Strg- die Befehlstaste)

Der Rotkanal ist nun separat verfügbar und kann gut genutzt werden, um eine Ebenenmaske anzulegen, die die Wirkung des Rotkanals auf die Hautbereiche begrenzt. Welche weiteren Arbeitsschritte hierfür nötig sind, wird in Kapitel 8 *(Retuschekategorie Advanced)* behandelt. Neben dem Rot-kanal kann der Grünkanal besonders gut eingesetzt werden, um verlorene Hautstruktur wieder zurückzuerlangen. Das Übertragen in eine eigene Ebene funktioniert hierbei ebenso wie beim Rotkanal, und ein Beispiel zum Wiederherstellen von Hautstruktur ist in Kapitel 10 *(Hautstruktur wieder-herstellen aus Kanälen)* enthalten. Zusätzlich bilden einzelne Farbkanäle eine gute Basis für die Umwandlung in ein Schwarzweiß-Bild.

Abb. 3–34

Durch einen Klick auf den Rotkanal wird dieser allein angezeigt.

Ansicht Rotkanal: Strg/⌘+1
Ansicht Grünkanal: Strg/⌘+2
Ansicht Blaukanal: Strg/⌘+3
Alle Farbkanäle: Strg/⌘+^

Abb. 3–35

Nach dem Einfügen des Rotkanals aus der Zwischenablage besitzen Sie jetzt eine neue Ebene, die ausschließlich den Rotkanal enthält.

Alphakanäle

Alphakanäle sind bei Photoshop das, was vielen Seminarteilnehmern immer das große Fragezeichen ins Gesicht zaubert. Es hält sich das Gerücht, Alphakanäle seinen den ganz eingefleischten Photoshop-Nutzern vorbehalten und sehr schwer verständlich. Glücklicherweise trifft weder das eine noch das andere zu.

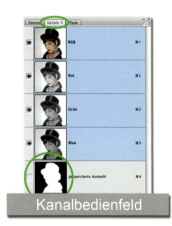

Abb. 3–36

Beim Speichern einer Auswahl legt Photoshop automatisch einen Alphakanal an.

© Nadine Nowak

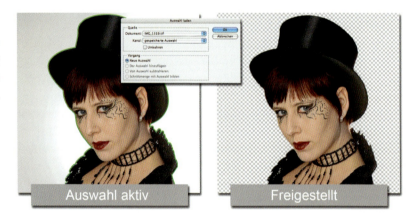

Abb. 3–37

Eine im Alphakanal gespeicherte Auswahl kann jederzeit wieder geladen und angewendet werden. Zur besseren Sichtbarkeit wurde die aktive Auswahl grün umrandet.

Auf den Punkt gebracht macht ein Alphakanal nichts anderes, als eine Auswahl zu speichern. Jeder, der bereits einmal mühsam eine knifflige Auswahl erstellt und diese mit dem Menüpunkt *Auswahl* und dann *Auswahl speichern* gesichert hat, hat schon einen Alphakanal angelegt. Eine gespeicherte Auswahl kann jederzeit im Kanalbedienfeld überprüft und bei Bedarf verändert werden.

Ein großer Vorteil von Alphakanälen ist die Möglichkeit, diese über die Kanalansicht einzublenden, dann mit beliebigen Werkzeugen zu bearbeiten und so eine Auswahl über den Alphakanal direkt anzulegen, sofern das gewünscht ist.

Wenn Sie einen Alphakanal von Hand erstellen, dann ist noch keine Änderung an dem Bild erfolgt. Anders kann es bei den Alphakanälen aussehen, die Photoshop für eine Auswahl anlegt. Dort haben Sie vielleicht bereits eine Änderung im Bild vorgenommen und wollen diese durch die Auswahl begrenzen. Denken wir weiter in diese Richtung, so kommen wir zu dem Einsatz von Ebenenmasken in Verbindung mit Maskenkanälen.

Wer gerne mehr über Alphakanäle wissen möchte, dem sei das Buch »Photoshop, Maskieren & Compositing« von Katrin Eismann (Verlag Addison-Wesley) empfohlen.

Abb. 3–38

Durch einen Klick auf das Symbol Neuen Kanal erstellen (roter Kreis) lassen sich auch leere Alphakanäle für ein Bild erstellen, welche dann beliebig bearbeitet werden können. (Alpha 1). Bei der Bearbeitung eines Alphakanals im Kanalbedienfeld wird das Bild von einer roten Maske überlagert. In der Abbildung wurden bei dem direkt angelegten Alphakanal, zusätzlich zu der gespeicherten Auswahl, die Augen und die Lippen ausgespart.

Maskenkanäle

Der normale Ablauf bei der Bildbearbeitung ist, dass Sie auf einer Ebenenkopie einen Filter oder Effekt angewendet haben und jetzt die Wirkung mit einer Ebenenmaskierung begrenzen wollen. In dem Moment, wenn Sie auf das Symbol zum Anlegen einer Ebenenmaske klicken, erzeugt Photoshop automatisch und im Hintergrund den dazugehörigen Maskenkanal. Dieser Maskenkanal ist letztlich wieder nichts anderes als ein Alphakanal, lediglich dass wir jetzt eben von einem Maskenkanal sprechen – sozusagen das gleiche Ding, nur ein anderer Name.

Wozu aber Maskenkanäle? Ebenenmasken müssen oftmals nachbearbeitet werden. Neben den im Unterkapitel *Zum weiteren Verständnis von Ebenenmasken* aufgezeigten Möglichkeiten bietet sich hier eine weitere Möglichkeit zur Nachbearbeitung der Ebenenmaske.

Zu dem Maskenkanal gelangen Sie, indem Sie das Kanalbedienfeld aufrufen. Dort wird immer nur der Maskenkanal für die gerade aktive Ebene angezeigt, auch wenn die Ebenenmaske nicht aktiv, also ohne Umrandung dargestellt wird. Mit einem Klick auf das Augensymbol blenden Sie den Maskenkanal ein und können ihn bearbeiten.

Abb. 3–39

In dieser Abbildung wurde mit Hilfe von Alphakanälen und Ebenenfüllmethoden der Hintergrund verändert. Soll jetzt noch die Ebenenmaske verändert werden, kann dies mit Hilfe von Maskenkanälen geschehen.

Die Bearbeitung selbst erfolgt mit einem beliebigen Werkzeug und immer im Maskierungsmodus. Durch einen Doppelklick auf die Maskenkanalminiatur öffnet sich das Fenster *Ebenenmaske-Anzeige* und es kann die Farbe für den Maskierungsmodus geändert werden.

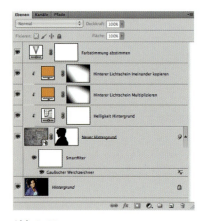

Abb. 3–40

Die Ebenenansicht zu Abbildung 3–39. Die junge Frau ist durch eine Ebenenmaske beim neuen Hintergrund ausgespart.

Abb. 3–41

Die Ebenenmaske kann auch über den Aufruf im Kanalbedienfeld bearbeitet werden. Das Bearbeiten erfolgt mit den gewohnten Werkzeugen

4 Bildvorbereitung für die Retusche

Gemäß dem Workflow für die Beautyretusche aus Kapitel 2 steht als Erstes die Bildoptimierung auf dem Programm. Ziel der Bildoptimierung ist die optimale Verteilung der Tonwerte in einem Bild. Wird die Optimierung der Tonwerte in Photoshop vorgenommen, sind die hierfür wichtigsten Werkzeuge die Tonwertkorrektur und die Gradationskurve. Bei der Arbeit mit RAW-Daten wird die gesamte Bildoptimierung mit dem jeweiligen RAW-Konverter bei der Bildentwicklung durchgeführt.

In diesem Kapitel geht es weniger um die vollständige Abhandlung aller möglichen Optionen bei der Arbeit mit der Tonwertkorrektur, der Gradationskurve oder dem RAW-Konverter, sondern darum, die Notwendigkeit der Bildoptimierung deutlich zu machen.

Auch wenn sich die Arbeit im RAW-Konverter von der Bildoptimierung in Photoshop etwas unterscheidet, die technischen Rahmenbedingungen sind identisch. Dabei ist es egal, ob Sie Lightroom, Aperture, Phase One, Adobe Camera Raw oder ein anderes Werkzeug verwenden. Wichtig ist nur, dass das RAW-Format Ihrer Kamera vom gewünschten RAW-Konverter unterstützt wird.

4.1 Überlegungen zum Bildformat

Bevor wir starten, noch ein paar grundsätzliche Überlegungen zu dem Thema möglicher Bildformate. Stellen Sie sich vor, Sie haben ein Bild für das Format 20 × 30 cm freigestellt und optimiert. Sie oder Ihr Kunde sind mit dem Ergebnis so zufrieden, dass ein Poster mit dem Format 40 × 50 cm angefertigt werden soll. Sie müssen nun den Ausschnitt neu wählen und es wird zwangsläufig zu einem Beschnitt oben und unten kommen. Bereits jetzt kann es passieren, dass Bildteile dem Beschnitt zum Opfer fallen, die Sie eigentlich noch im Bild haben wollten. Noch schlimmer wird es, wenn Sie die Datei in dem neuen Format speichern und dabei die alte Datei überschreiben. Als Nächstes benötigen Sie vielleicht Abzüge im Format 10 × 15 cm. Erneut müssen Sie die Bildinhalte verkleinern.

Es fällt nicht schwer, sich vorzustellen, dass irgendwann das Bild nicht mehr brauchbar ist. Was dann bleibt, ist die Originaldatei zu nehmen und die Optimierung erneut durchzuführen, was zum einen Zeit kostet und zum anderen nicht unbedingt dasselbe Ergebnis hervorbringen muss. Noch schlimmer wird es, wenn Sie die Originaldatei nicht gesichert haben und nur noch die bearbeitete Version verfügbar ist.

Von den genannten Werkzeugen für eine gute Bildoptimierung wird die Gradationskurve in Seminaren häufig als unbekanntes Wesen behandelt, dem man sich nur sehr vorsichtig nähert. Die Gradationskurve erscheint im ersten Moment vielleicht etwas kompliziert, ist es aber nicht. Und auch in Photoshop CS5 ist die Gradationskurve nach wie vor eines der wichtigsten Werkzeuge, die Photoshop zu bieten hat.

Abb. 4–1

Links: Freigestelltes Bild im Format 20 x 30 cm mit der Markierung für einen Ausschnitt im Format 40 x 50 cm. Mitte: Von dem bereits gewählten Ausschnitt im Format 40 x 50 cm wird ein weiterer Ausschnitt für einen Abzug im Format 10 x 15 cm gezogen (Markierung). Rechts: Der Ausschnitt aus der mittleren Datei, jetzt im Format 10 x 15 cm.

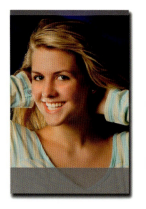

Bei der Wahl des Bildausschnitts empfiehlt es sich, so exakt wie möglich den gewünschten Ausschnitt zu nehmen und dabei trotzdem etwas Reserve für spätere Varianten in anderen Bildformaten zu behalten.

Abb. 4–2

Die Abbildung zeigt gängige Ausgabeformate. Die genaue Kenntnis dieser Formate und der sich damit ändernden Bildinhalte ist für die spätere Wahl des Bildausschnitts von Bedeutung.

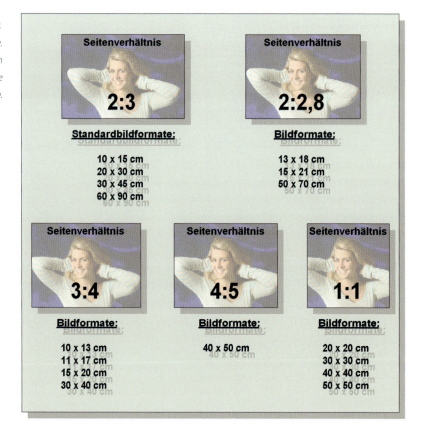

Ein weiterer Aspekt, der für standardisierte Bildformate spricht, ist die spätere Bildpräsentation. Bilderrahmen und Einsteckalben sind entsprechend den gängigen Bildgrößen im Handel verfügbar. Für exotische Bildgrößen muss immer ein Mehraufwand betrieben werden, zum Beispiel durch maßgefertigte Passepartouts oder Rahmen. Hierbei entstehen weitere Kosten, die oftmals nicht eingeplant sind. Steht jedoch der künstlerische Aspekt im Vordergrund, können exotische Bildformate ganz neue Ansichten ermöglichen.

4.2 Ausschnitt festlegen und gerade ausrichten

Nach dem Öffnen einer zu bearbeitenden Bilddatei überprüfen Sie als Erstes, ob diese in der Ausrichtung und dem Bildausschnitt Ihren Vorstellungen entspricht. Ist dies nicht der Fall, ziehen Sie den Ausschnitt und richten das Bild aus.

Für das Ausrichten von Bildern gibt es in Photoshop CS5 zwei deutliche Verbesserungen. Zum einen wurde das Freistellungswerkzeug um Hilfslinien erweitert und zum anderen das Linealwerkzeug um die Option *Gerade ausrichten* ergänzt.

Das Linealwerkzeug befindet sich bei dem Pipettenwerkzeug. Nachdem das Linealwerkzeug ausgewählt wurde, wird entlang der gewünschten Bildausrichtung eine Linie gezogen. Anschließend muss nur noch der Button *Gerade ausrichten* in der Werkzeugoptionsleiste gedrückt werden. Jetzt erledigt Photoshop zwei Arbeitsgänge in einem. Als Erstes wird das Bild in die gewünschte Ausrichtung gebracht und anschließend automatisch, unter Beachtung des zuvor bestehenden Seitenverhältnisses, gedreht.

Unter dem Menüpunkt *Filter* verbirgt sich die Objektivkorrektur, welche das Werkzeug *Gerade ausrichten* enthält, wobei mit CS5 das Linealwerkzeug die erste Wahl sein dürfte. Wer mit RAW-Daten arbeitet, sollte das gerade Ausrichten auf jeden Fall im RAW-Konverter vornehmen, da hier nicht die Bilddaten geändert werden, sondern lediglich die Information, wie die Daten an Photoshop übergeben werden.

> Um alle Werkzeuge der Werkzeugleiste in einer Übersicht zu sehen, gehen Sie zu der Photoshop-Hilfe. Bei den Suchoptionen begrenzen Sie den Suchort auf »Lokale Hilfe« und geben als Suchbegriff »Werkzeuge« ein. Alternativ können Sie durch die Hilfe navigieren: *Startseite → Verwenden von Photoshop CS5 → Arbeitsbereich* und dort auf *Werkzeuge* klicken. Die dort angezeigte Grafik lässt sich vergrößern und bei Bedarf auch ausdrucken (siehe Abbildung 4–3).

Das Seitenverhältnis von 2:3 entspricht dem klassischen Kleinbildformat, während das Verhältnis von 3:4 erst mit den digitalen Kameras Einzug in die Fotografie gehalten hat. Heute werden in digitalen Kameras sowohl 2:3-, 3:4- als sogar auch 16:9-CCD-Chips verwendet. Das 16:9-Format ist in Abbildung 4–2 nicht aufgeführt, da es noch keine standardisierten Alben, Rahmen usw. gibt.

Für Leser, die Photoshop CS4 oder CS3 verwenden, gibt es alternativ die Möglichkeit, unter dem Menüpunkt Filter → Objektivkorrektur das dort verfügbare Werkzeug Gerade ausrichten zu verwenden. Eine Beschreibung, wie sich ein Bild mit dem Linealwerkzeug für alle Versionen vor CS5 gerade auszurichten lässt, kann als PDF beim Verlag heruntergeladen werden: www.dpunkt.de/retusche2

Abb. 4–3

Die Grafik Überblick über das Werkzeugbedienfeld ist der Photoshop-Hilfe entnommen. (Quelle: http://help.adobe.com/ de_DE/photoshop/cs/using/ index.html)

Abb. 4–4

Seit Photoshop CS5 erfolgt das Ausrichten mit dem Linealwerkzeug über einen Klick in der Optionsleiste.

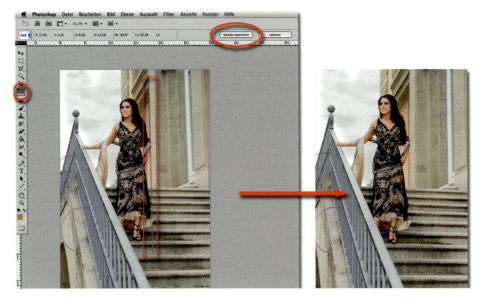

Bildausschnitt festlegen

Muss ein Bild nicht gerade ausgerichtet oder soll nach dem Ausrichten ein weiterer Ausschnitt gezogen werden, dann kommt das **Freistellungswerkzeug** zum Einsatz.

Abb. 4–5

In Adobe Camera Raw (links) und Lightroom (rechts) sind die Symbole für Freistellen und Gerade ausrichten ähnlich gehalten wie in Photoshop.

Nach dem Aktivieren des Freistellungswerkzeugs in der Werkzeugleiste ziehen Sie einen Rahmen um den freizustellenden Bereich und bestätigen die Auswahl mit der Enter-Taste oder durch einen Klick auf den Haken in der Werkzeugoptionsleiste. Wesentlich interessanter wird es bei den Optionen für das Freistellungswerkzeug, welche wir etwas näher betrachten werden.

Oft wird das Auswahlrechteckwerkzeug zum Freistellen eingesetzt. Das ist natürlich möglich, aber das Auswahlrechteckwerkzeug ist ein Auswahlwerkzeug und sollte auch als solches verwendet werden.

Einstellmöglichkeiten des Freistellungswerkzeugs

Mit CS5 haben die Einstellmöglichkeiten für das Freistellungswerkzeug eine weitere Option, die Hilfslinien erhält. Bei Aufruf des Freistellungswerkzeugs werden jetzt standardmäßig *Hilfslinien nach der Drittel-Regel* angezeigt. Wem das nicht gefällt, der kann sich stattdessen ein Raster anzeigen lassen oder wie früher ohne Hilfslinien arbeiten.

Eine weitere Option, die nicht erst mit CS5 eingeführt wurde, ist die Option *Ausblenden*. Sie kann nach dem Ziehen des Auswahlrahmens in der Werkzeugoptionsleiste angeklickt werden.

In der Gestaltungslehre gibt es eine Reihe von Regeln. Hierzu gehört auch die Drittel-Regel, welche auf der Proportionslehre des Goldenen Schnitts basiert.

Abb. 4–6
Die neuen Optionen beim Freistellungswerkzeug

Die Funktion Ausblenden *kann nur ausgewählt werden, wenn die Hintergrundebene zuvor in eine normale Ebene umgewandelt wurde oder das Bild aus mehr Ebenen als nur der Hintergrundebene besteht.*

Sollten Sie die Option Ausblenden *nutzen wollen, um am Ende der Bildbearbeitung Ausschnitte für verschiedene Ausgabegrößen zu ziehen, muss die Datei im Format PSD oder TIFF gespeichert werden. JPEG-Dateien können keine Ebenen beinhalten. Die daher nötige Reduzierung auf die Hintergrundebene löscht die ausgeblendeten Bereiche.*

Durch die Option *Ausblenden* wird der unerwünschte Bereich nicht gelöscht, sondern im Hintergrund beibehalten und nur ausgeblendet. Wird mit dieser Option freigestellt, werden nach dem Freistellen in der Histogrammanzeige nur die Tonwerte des sichtbaren Bildbereiches angezeigt. Während das Histogramm somit die Tonwertverteilung für den Ausschnitt zeigt, wird zum Beispiel bei einer Tonwertoptimierung jedoch das gesamte Bild in die Berechnung einbezogen. Wenn später der Originalausschnitt benötigt und über den Menüpunkt *Bild → Alles einblenden* wieder eingeblendet wird, kann es sein, dass durchgeführte Korrekturen den ausgeblendeten Bereich in nicht gewünschter Form verändert haben: bei einer Tonwertkorrektur zum Beispiel durch überstrahlte Lichter oder zulaufende Tiefen.

Sofern Sie die Tonwertoptimierung mit Einstellungsebenen angehen, können Sie entsprechende Korrekturen vornehmen und ohne Verlust die Tonwerte neu verteilen. Hat der Ausschnitt bei einem Porträt aber Körperbereiche begrenzt, die retuschiert wurden, fehlen diese natürlich in den ausgeblendeten Bereichen und müssen nachgearbeitet werden. Je nach Umfang der Retuschearbeiten stellt sich die Frage, wie exakt die Korrekten bei den noch nicht retuschierten Bereichen erneut ausgeführt werden können.

Angabe der Auflösung in der Werkzeugoptionsleiste

Neben einigen Standardvorgaben besteht die Möglichkeit, eigene Bildformate als Werkzeugvorgabe für das Freistellungswerkzeug anzulegen. Auf diese Weise sind die benötigten Größen direkt verfügbar. In Abbildung 4–7 ist jedes Format zweimal in der Liste enthalten: einmal mit der Bezeichnung *300 ppi* und einmal als *Original ppi*. Diese Unterteilung ist für eine hundertprozentige Bildkontrolle sinnvoll. Um das zu verdeutlichen, sehen wir uns die Arbeitsweise des Freistellungswerkzeugs an.

Ein Bild besitzt nach dem Freistellen eine Bildgröße von 1878 × 2348 Pixel bei einem Seitenverhältnis von 4:5 (siehe Abbildung 4–8). Das entspricht bei einer Auflösung von 300 ppi einer Ausgabebildgröße von gerundet 16 × 20 cm. Ihr Kunde kommt jetzt zu Ihnen und wünscht sich einen wesentlich kleineren Ausschnitt, diesen aber im Format 20 × 30 cm. Kein Problem: Sie geben in der Optionsleiste des Freistellungswerkzeugs 20 × 30 cm ein und dazu 300 ppi. Als Ergebnis erhalten Sie genau das gewünschte Ergebnis (siehe Abbildung 4–8).

Sie werden im ersten Moment ganz richtig zu dem Schluss kommen, dass die Ausschnittsvergrößerung größer sein muss, da sie in einem größeren Format gedruckt werden soll. Aber es stellt sich die Frage, wo die zusätzlichen Pixel herkommen.

Ganzes Bild: 12,6 MB

Ausschnitt: 23,9 MB

Abb. 4–8

Merkwürdig? Obwohl ein Ausschnitt des Bildes genommen wurde, also eine Bildverkleinerung stattgefunden hat, benötigt die Ausschnittsvergrößerung mehr Speicherplatz und besitzt dementsprechend mehr Pixel.

Durch die Angabe der 300 ppi in der Optionsleiste des Freistellungswerkzeugs wurde Photoshop angewiesen, den Ausschnitt mit exakt 300 ppi zu erstellen und – wenn nötig – eine Pixelinterpolation durchzuführen. Was auf der einen Seite ein netter Service ist, stellt auf der anderen Seite einen Nachteil dar. Sie haben nämlich keinerlei Kontrolle darüber, wann und wie Photoshop Ihr Bild neu berechnet. Sie geben die Kontrolle aus der Hand und jede Änderung der eigentlichen Bildinformation stellt eine qualitative Verschlechterung dar.

Wenn Sie sich die Kontrolle nicht aus der Hand nehmen lassen wollen, tragen Sie beim Freistellungswerkzeug in das Feld für die Angabe der Auflösung keinen Wert ein. In diesem Fall wird wie gehabt der Ausschnitt erstellt und auch die Zentimeter werden festgelegt, aber es findet keine Pixelinterpolation statt; die Gesamtmenge der Pixel innerhalb des erstellten Ausschnitts wird nicht verändert.

Abb. 4–9

Hier enthält der Ausschnitt tatsächlich weniger Pixelinformationen als das Original. Für einen 20 x 30 cm großen Abzug des Ausschnitts würden gerade einmal 100 ppi zur Verfügung stehen.

Ganzes Bild: 12,6 MB   Ausschnitt: 2,68 MB

Fazit:

Benutzen Sie die Auflösungsangabe bei dem Freistellungswerkzeug nur dann, wenn Sie sicher sind, dass Ihr Bild genügend Pixelinformationen für den gewünschten Ausschnitt besitzt. Wenn Sie sich nicht sicher sind, geben Sie keinen Wert für die Auflösung in der Werkzeugoptionsleiste an und kontrollieren nach dem Freistellen, wie viele Pixel in Ihrem Bild noch verfügbar sind. Sofern nötig, können Sie dann gegebenenfalls ein kontrolliertes Hochrechnen mit der Photoshop-Funktion Bildgröße durchführen.

Exkurs Pixelinterpolation

Eine Pixelinterpolation wird von uns häufig durchgeführt, da ein Bild selten exakt jene Bildgröße und Auflösung besitzt, die wir gerade für die gewünschte Ausgabe benötigen (vgl. Kapitel 3.2, *Hochauflösende Bilder*). Soll zum Beispiel ein Bild der Größe 4256 × 3052 Pixel auf die doppelte Größe 8512 × 3104 Pixel vergrößert werden, fehlen Bildinformationen. Diese werden dann anhand der vorhandenen Pixel errechnet, also interpoliert. Bei diesem Verfahren wird aufgrund der vorhandenen Pixel und mit Hilfe umfangreicher Berechnungen versucht, die für das größere Bild fehlenden Pixel zu ermitteln und so die Pixelzahl künstlich zu erhöhen. Trotz der bemerkenswert guten Ergebnisse, die erzielt werden können, darf dies nicht darüber hinwegtäuschen, dass eine Pixelinterpolation immer zu Qualitätsverlusten führt.

Das Ganze lässt sich gut anhand eines schwarzen (Tonwert 0) und eines weißen Pixels (Tonwert 255) verdeutlichen. Eine entsprechende Bilddatei besitzt eine Auflösung von 2 × 1 Pixel. Diese soll jetzt auf 100 × 1 hochgerechnet werden. Da für das neue Bild 98 Pixel fehlen, errechnet Photoshop anhand der Ausgangswerte für Schwarz und Weiß die theoretisch dazwischen liegenden Bildinformationen. Die Photoshop-Standardeinstellung hierfür ist das Interpolationsverfahren *Bikubisch*. Das Ergebnis ist ein Grauverlauf von Schwarz nach Weiß. Wird dasselbe Bild wieder auf 2 × 1 Pixel heruntergerechnet, entfernt Photoshop die zuvor hinzugefügten 98 Pixel. Und da Photoshop nicht weiß, dass zuvor gerade 98 Pixel hinzugerechnet wurden, erfolgt das Entfernen auf Basis der 100 Pixel mit dem Grauverlauf. Die Folge ist, dass nach dem Herunterrechnen nicht mehr ein weißer und ein schwarzer Pixel das Bild repräsentieren, sondern ein sehr hellgrauer (Tonwert 223) und ein sehr dunkelgrauer Pixel (Tonwert 31).

Abb. 4–10

Bei mehrfacher Pixelinterpolation eines Bildes entstehen Rundungsfehler, welche die Bildqualität verschlechtern können. Aus ehemals Schwarz und Weiß (Tonwert 0 und 255) wurden zwei Grauwerte (31 und 223).

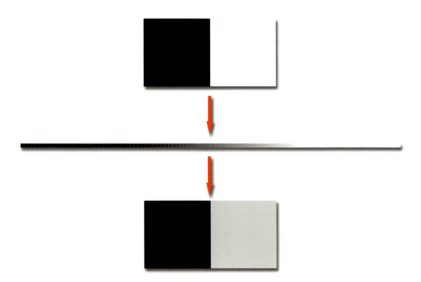

Zugegeben ist der gezeigte Versuch nicht ganz fair, da es sich hier um ein Extrem handelt, wie es normalerweise nicht vorkommt. Dafür wird aber sehr gut veranschaulicht, dass ein mehrfaches Anwenden der Pixelinterpolation zu

Rundungsfehlern führt, welche die Bildqualität nachhaltig verschlechtern können. Es empfiehlt sich daher, die Pixelinterpolation auf ein unbedingt notwendiges Maß zu reduzieren. Für das Vergrößern von Bilddaten gibt es die Regel, so lange in Schritten von 10 % zu vergrößern, bis die gewünschte Bildgröße erreicht wurde. Der Grund liegt darin, dass der bikubische Algorithmus in diesem Fall am genauesten arbeitet, also die geringsten Rundungsfehler entstehen. Seit Photoshop CS3 gibt es bei den Interpolationsverfahren zusätzlich *Bikubisch schärfer* (für Verkleinerungen) und *Bikubisch glatter* (für Vergrößerungen). In Abbildung 4–11 habe ich ein Bild von 8 Megapixeln auf 54 Megapixel hochinterpoliert. Das Hochrechnen erfolgte zuerst in 10%-Schritten bikubisch, danach je einmal in einem Rechenschritt mit *Bikubisch* und *Bikubisch glatter*.

Bei genauem Hinsehen in einer Vergrößerung von 300 % ist ein Unterschied zwischen dem Hochrechnen in Schritten von 10 % *Bikubisch* und bei der einmaligen Anwendung von *Bikubisch* so eben zu erkennen. Bei der Methode mit 10 % sind Linien und Muster gleichmäßiger und etwas weicher, bei *Bikubisch* kantiger und mit treppenartigen Abstufungen.

Beim Vergleich der Methode mit 10 % mit *Bikubisch glatter* fällt der Unterschied nochmals geringer aus. *Bikubisch glatter* wirkt ein wenig wie eine Mischung der beiden anderen Methoden, aber mit besserer Kantenschärfe als die Methode mit 10 %.

Abb. 4–11

Vergleich der Ergebnisse beim Hochrechnen mit Bikubisch in Schritten von 10 %, Bikubisch und Bikubisch glatter in einem Rechenschritt.

Für das Hochrechnen von Bildern sollte auf jeden Fall die Methode *Bikubisch glatter* verwendet werden.

Zum Verkleinern von Bilddaten bietet Photoshop die Methode *Bikubisch schärfer* an. Für den Porträtbereich ist diese Methode nur eingeschränkt zu empfehlen, da hier eine Scharfzeichnung integriert ist, welche Gesichtskonturen oftmals unvorteilhaft stark nachschärft.

4.3   Anpassen der Tonwerte

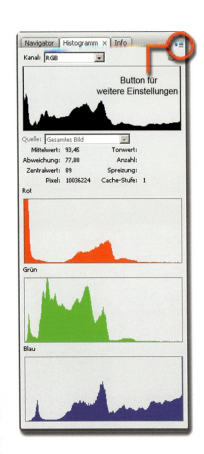

Abb. 4–12

Das Histogrammbedienfeld in Photoshop verfügt über verschiedene Ansichten, von denen hier Alle Kanäle in Ansicht abgebildet ist.

Tonwertkorrektur

Der einfachste Weg, um die Tonwerte in einem Bild anzupassen, ist die *Tonwertkorrektur*. Ziel ist es, den zur Verfügung stehenden Tonwertumfang durch die Umverteilung von Tonwerten optimal auszunutzen, ohne dass es zu Abrissen in den Tiefen oder Lichtern kommt. Bei einer korrekt ausgeführten Tonwertkorrektur erhält das Bild mehr Brillanz und ein ausgewogeneres Erscheinungsbild. Die Tonwertkorrektur selbst wird anhand des Histogramms für das jeweilige Bild ausgeführt, welches die Tonwertverteilung mit 256 Abstufungen in grafischer Form darstellt. Ganz links befindet sich der Wert 0 (Schwarz) und rechts der Wert 255 (Weiß). Bei Farbbildern existiert neben der Gesamtdarstellung für jeden Farbkanal ein eigenes Histogramm. Aufgrund der sehr kompakten Darstellung wirken die im Histogramm angezeigten Tonwerte wie eine große Fläche. In Wahrheit handelt es sich aber um ein sehr feines Balkendiagramm. Das heißt, jeder der 256 Tonwerte wird durch einen eigenen Balken repräsentiert. Die Höhe jedes einzelnen Balkens stellt die Häufigkeit dar, mit der ein jeweiliger Tonwert in dem Bild vorkommt. Sollte das Histogrammbedienfeld nicht aktiv sein, kann sie über den Menüpunkt *Fenster → Histogramm* aktiviert werden.

Aufgerufen wird die Tonwertkorrektur über *Bild → Anpassen → Tonwertkorrektur* oder über die Tastenkürzel *Strg/Befehlstaste+L* und eine Auto-Tonwertkorrektur mit dem Tastenkürzel *Strg/Befehlstaste+Shift+L*.

Im Sinne einer nichtdestruktiven Bildbearbeitung ist es jedoch besser, wenn Sie die Tonwertkorrektur als Einstellungsebene öffnen (Menüpunkt *Ebene → Neue Einstellungsebene*). Standardmäßig gibt hierfür kein Tastenkürzel, aber unter *Bearbeiten → Tastaturbefehle* kann ein eigenes Tastenkürzel für den Aufruf der Tonwertkorrektur als Einstellungsebene vergeben werden.

Zum Anpassen der Tonwerte werden der Schwarzpunkt und der Weißpunkt gesetzt. Per Definition repräsentiert der Schwarzpunkt den dunkelsten Bildteil, der gerade noch Zeichnung aufweist, und der Weißpunkt den hellsten Bildteil, der noch Zeichnung aufweisen muss.

Tonwertkorrektur: Strg/⌘+L
Auto-Tonwertkorrektur: Strg/⌘+⇧+L

© Fotohaus Kerstin Sänger, Matthias Matthai

Die Werte für R, G und B in Abbildung 4–13 lassen aber nicht unbedingt deutlich werden, was bei einer Tonwertkorrektur geschieht, denn obwohl für den Weißpunkt ein scheinbar kleinerer Wert eingestellt wird, erhöhen sich die Werte für R, G und B. Der Vorgang, der hier stattfindet, heißt Tonwertspreizung. Abbildung 4–14 zeigt anhand eines Graustufenbildes, was sich hinter diesem Begriff verbirgt.

In einem Graustufenbild gibt es nur einen Farbkanal, was die Erklärung übersichtlicher gestaltet. Der Weißpunktregler des Dialogfeldes *Tonwertkorrektur* liegt beim Öffnen des Dialogfeldes immer bei dem Wert 255. Dieser wird im Rahmen der eigentlichen Tonwertkorrektur nach links verschoben. In Abbildung 4–14 ist beispielhaft der Wert 216 eingestellt, welcher damit den neuen Weißpunkt repräsentiert. Mit dieser Einstellung legen Sie fest, dass nur die Tonwerte von 0 bis 216 verwendet werden sollen! Wenn zur Bestätigung der OK-Button gedrückt wird, erfolgt die Übernahme der getätigten Einstellung. Damit setzt Photoshop alle Bildpixel, die einen Wert zwischen 216 und 254 haben, auf den Wert 255 mit der Folge, dass die ausgewählten 216 Tonwerte auf den Bereich von 255 verteilt werden müssen.

Abb. 4–13

Die roten Kreise markieren die Regler für das Setzen des Schwarz- und Weißpunktes und der grüne Kreis den Regler für die Mitteltöne. Anhand der beispielhaft eingetragenen RGB-Werte (grüne Beschriftung) kann abgelesen werden, wie stark sich durch eine saubere Tonwertkorrektur die Helligkeitswerte in einem Bild ändern können.

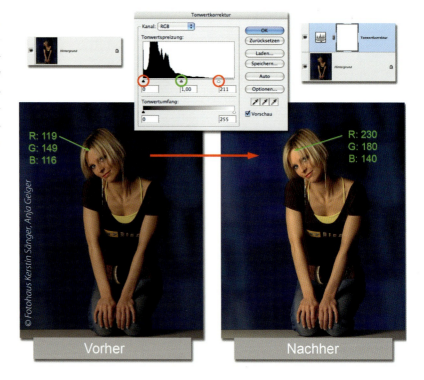

Um den Vorgang etwas deutlicher zu machen, denken Sie an einen Gummizug. Sie können ihn über seine eigentliche Länge hinaus weiter auseinanderziehen und festhalten. Wenn Sie den Gummizug mit mehreren Markierungen versehen und beim Auseinanderziehen neben ein Lineal halten, werden Sie feststellen, dass sich alle Markierungen gleichmäßig in die Ziehrichtung bewegen und nicht nur der Endpunkt. Tonwerte verhalten sich genauso, dazu ein Beispiel:

Wir befestigen an dem Gummizug 256 Wäscheklammern direkt nebeneinander, ohne dass Lücken zwischen den Klammern vorhanden sind. Die hierfür benötigte Länge des Gummizuges symbolisiert unseren Tonwertumfang von 0 bis 255. Jetzt entfernen wir an dem einem Ende 40 Wäscheklammern und reduzieren die Tonwerte somit von 255 auf 216. Damit die verbliebenen Klammern auf dieselbe Länge (also denselben Tonwertumfang) verteilt sind, die vorher von 256 Klammern benötigt wurde, muss der Gummizug auseinandergezogen werden. Durch das Auseinanderziehen entstehen Lücken zwischen den 216 Klammern.

Genauso ist es mit den Tonwerten. 216 Tonwerte reichen nicht, um den Platz von 255 Tonwerten zu füllen, es entstehen Lücken im Histogramm (siehe Abbildung 4–14, Nachher). Diese Lücken sind nicht zwangsläufig im Bild erkennbar. Werden sie aber zu groß, sind die fehlenden Tonwerte im Bild sehr gut erkennbar und es kommt zu Tonwertabrissen.

Der Vorgang der Tonwertspreizung liefert auch die Erklärung, warum eine Farbtiefe von 16, 14 oder 12 Bit besser ist als 8 Bit. Selbst bei 12 Bit besitzen Sie bereits 4096 Tonwerte pro Farbkanal, was bei einer Tonwertspreizung erst wesentlich später zu Lücken im Histogramm und zu Tonwertabrissen führt. Die Belohnung für einen höhere Farbtiefe sind vor allem bessere High-Key- und Low-Key-Bilder sowie saubere Farbverläufe bei großen Flächen und Hautbereichen.

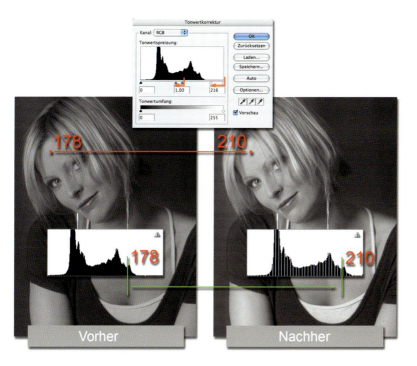

Abb. 4–14

Durch das Neudefinieren des Weißpunktes werden alle Tonwerte um einen bestimmen Wert erhöht. Die beiden unteren Histogramme zeigen, dass sich der Wert 178 nach rechts bis auf den Wert 210 erhöht. Da alle umliegenden Tonwerte ebenfalls von der Tonwertspreizung betroffen sind, erhöht sich in dem Bild die Gesamthelligkeit.

Der gesamte Vorgang ist beim Setzen des Schwarzpunktes identisch. Belegt ein Bild nach der Aufnahme nur einen Teil des zur Verfügung stehenden Tonwertumfanges, wird durch die Umverteilung eine deutliche Bildverbesserung erzielt. Erfolgt die Tonwertkorrektur zu stark, werden Bildinformationen vernichtet und es kommt zu Abrissen (zum Ausfressen) in den Tiefen und Lichtern. Daher ist ein genaues Setzen des Schwarz- und Weißpunktes sehr wichtig. Man kann sich die Arbeit erleichtern, wenn parallel zum Verschieben der Regler die Alt-Taste gedrückt gehalten wird. Je nach Regler wird die gesamte Bildfläche in Schwarz oder Weiß gefärbt. In dem Moment, wenn die ersten ausgefressenen Lichter oder zulaufenden Tiefen auftreten, werden diese auf der leeren Fläche farbig dargestellt.

Abb. 4–15

Beim Verschieben des Weißpunktes kommt es ab dem Wert 199 zu ausfressenden Lichtern im Bereich des Ohrrings und des Trägers. Im Bereich der dunklen Töne sind bereits zulaufende Tiefen vorhanden, die mit Hilfe der Alt-Taste nun sichtbar werden. Zur besseren Zuordnung der Bildinhalte wurde das Originalbild unter der Ebene, auf der die Tonwertkorrektur stattfand, platziert und die obere Ebene in der Deckkraft reduziert.

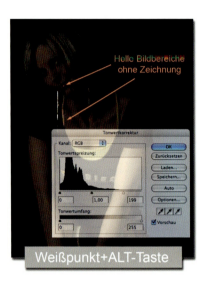
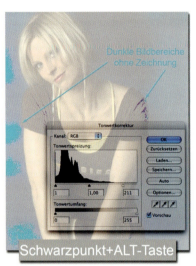

Nach dem Setzen des Schwarz- und Weißpunktes kann bei Bedarf die Helligkeit der Mitteltöne mit dem Mitteltonregler angepasst werden. Bewegt man den Regler nach links, wird das Bild aufgehellt und bei einer Verschiebung nach rechts dementsprechend abgedunkelt.

Das Setzen des Schwarz- und Weißpunktes sowie die Korrektur der Mitteltöne können genauso mit der Gradationskurve erfolgen. Aufgrund der einfachen Bedienung empfehle ich als Vorgehensweise, den korrekten Tonwertumfang mit dem Dialogfeld *Tonwertkorrektur* und die Detailarbeit mit Hilfe der Gradationskurve vorzunehmen. Sofern das korrekte Setzen des Schwarz- und Weißpunktes nicht die gewünschte Besserung bringt oder aber ein Farbstich bestehen bleibt, machen Sie den Arbeitsschritt rückgängig und nehmen die Korrektur separat in den einzelnen Farbkanälen vor. Ein Beispiel hierzu folgt bei der Optimierung mittels der Gradationskurve.

Tonwertkorrektur in Adobe Camera Raw

Bezüglich der Überlegungen zur optimalen Verteilung der Tonwerte in einem Bild besteht kein Unterschied zwischen der Arbeit in Photoshop und der Arbeit in einem RAW-Konverter. Wer jedoch mit RAW-Daten arbeitet, sollte die gesamte Bildoptimierung auch im RAW-Konverter durchführen, um so wirklich alle Vorteile des RAW-Formates auszunutzen. Das Setzen des Schwarz- und Weißpunktes erfolgt in RAW-Konvertern entweder ebenfalls mittels Pipette oder über verschiedene Regler. Bei Adobe Camera Raw (ACR) befinden sich diese bei dem Reiter *Grundeinstellungen* (roter Balken in Abbildung 4–16).

Zur besseren Kontrolle beim Entwickeln kann dauerhaft eine Tiefen/Lichter-Warnung eingeschaltet werden (rote Kreise in Abbildung 4–16).

Mit Adobe Camera Raw und Lightroom 3 wurde der interne Entwicklungsprozess völlig neu gestaltet, was bessere Ergebnisse als zuvor liefert. Zusätzlich wurden die Entrauschungsfunktion und das Schärfen deutlich verbessert. Als zusätzliches Feature gibt es jetzt die Möglichkeit, eine Kornstruktur sowie Vignetten über das Bild zu legen. Ebenfalls neu ist, dass bei der Objektivkorrektur die verwendeten Objektive anhand der EXIF-Daten erkannt werden und die Korrektur vollautomatisch erfolgen kann. Die manuelle Objektivkorrektur ist nach wie vor möglich.

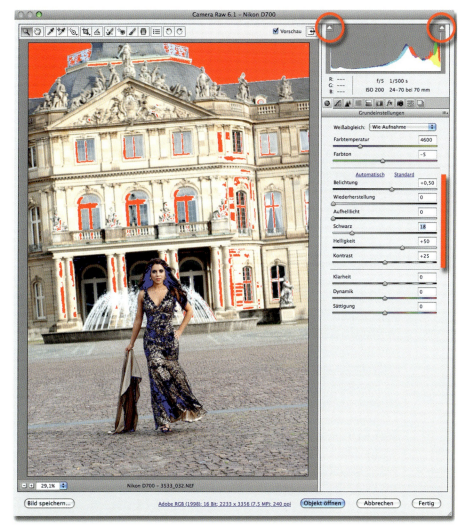

Abb. 4–16

Das Arbeitsfenster von Adobe Camera Raw mit den Grundeinstellungen und eingeschalteter Tiefen/Lichter-Warnung. Rote Bereiche markieren ausgefressene Lichter und blaue zulaufende Tiefen.

8 Bit in 16 Bit umwandeln?

Geht es um das Optimieren von Tonwerten, besitzt ein Bild mit 16 Bit Farbtiefe wesentlich mehr Spielraum für stärkere Korrekturen und neigt nicht so schnell zu Tonwertabrissen. Die angegebene Bitmenge bei der Farbtiefe ist der Exponent zur Basis 2 (Rechner arbeiten mit dem dualen Zahlensystem), woraus sich für ein Bild mit 8 Bit Farbtiefe ein Tonwertumfang von 256 Graustufen (2^8) und bei 16 Bit Farbtiefe von 65536 Graustufen (2^{16}) ergibt. Wie viele Tonwerte letztlich benötigt werden, hängt von dem jeweiligen Motiv ab. Es gibt Aufnahmen, bei denen 50 bis 100 Tonwerte für eine erstklassige Wiedergabe reichen. Sind jedoch zum Beispiel viele Farbverläufe im Bild enthalten, dann reichen oftmals 256 Tonwerte, sprich 8 Bit Farbtiefe, nicht aus.

Nun gibt es immer wieder die tollsten Tipps, etwa ein Bild in Photoshop von 8 Bit in 16 Bit umzuwandeln und damit mehr Spielraum für Korrekturen zu haben. Doch wo soll dieser Spielraum herkommen? Photoshop kann nur auf Basis der im Bild vorhandenen 256 Tonwerte die zu 65536 fehlenden 65280 Tonwerte hinzurechnen, ganz so wie bei einer Pixelinterpolation. Das Ergebnis liefert die gewünschte Masse, aber nicht die gewünschte Qualität. Geht es Ihnen um ein sauberes Histogramm, können Sie dieses auch erhalten, indem Sie die Bildgröße hochrechnen (1 Pixel reicht). Doch auch hier haben Sie nichts gewonnen. Die Lücken sind zwar gefüllt, aber das Bild wird kein Stück besser.

Ich empfehle Ihnen daher, die Finger von solchen Tricks zu lassen! Wenn Sie 16 Bit Farbtiefe brauchen, dann müssen Sie Ihre Aufnahmen auch in der entsprechenden Farbtiefe erstellen. Ein kleiner Haken hierbei ist allerdings, dass selbst hochwertige digitale Spiegelreflexkameras bisher maximal 14 Bit Farbtiefe pro Kanal erzeugen und die Differenz zu 16 Bit anschließend im Rechner erzeugt wird. Wer echte 16 Bit möchte, der muss immer noch in ein digitales Mittelformatrückteil investieren. Die gute Nachricht ist, dass auch bei 14 Bit Farbtiefe bereits 16384 Tonwerte pro Kanal zur Verfügung stehen, was definitiv für erstklassige Verläufe und hochwertige Prints ausreicht. Verzichten Sie also darauf, Ihre Aufnahmen im JPEG-Format zu machen, und stellen Sie Ihr Kameraaufnahmeformat, falls noch nicht geschehen, auf RAW-Daten ein.

Gradationskurve

Mit der Gradationskurve können neben dem Setzen des Schwarz- und Weißpunktes die Kontraste und die Farben beeinflusst werden. Von den vielen Möglichkeiten, die mit der Gradationskurve machbar sind, können wir in diesem Abschnitt nur einen Teil behandeln. Allerdings werden Sie der Gradationskurve in späteren Kapiteln immer mal wieder begegnen.

© Fotohaus Kerstin Sänger, Matthias Matthai

Mittlerweile ist es möglich, sich beim Verschieben der Regler für den Schwarz- und Weißpunkt die Beschneidungen direkt anzeigen zu lassen. Hierfür muss lediglich die Alt-Taste (wie bei der Tonwertkorrektur)

Unter dem Hauptmenüpunkt Bild *befand sich bis CS4 der Untermenüpunkt* Anpassen. *Dieser wurde in CS5 in* Korrektur *umbenannt.*

gedrückt und gehalten werden. Das funktioniert natürlich sowohl in der RGB-Ansicht als auch in der Ansicht für einzelne Farbkanäle.

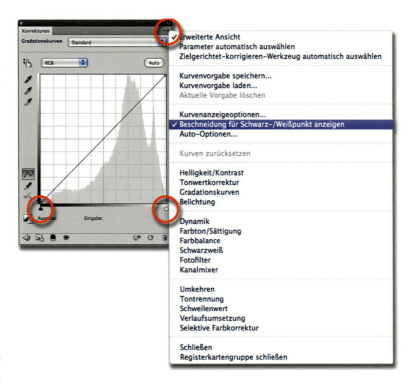

Werden lediglich der Schwarz- und Weißpunkt in der RGB-Ansicht gesetzt, wird auch nur jene Gesamtdarstellung optimiert, in der alle drei Farbkanäle gemeinsam zu sehen sind (Composite-Darstellung). Durch eine separate Optimierung in den einzelnen Kanälen kann ein ganz anderes Ergebnis erzielt werden. Hier können Farbstiche entfernt oder auch hinzugefügt werden. Bei unserem Beispielbild wurde ein sehr goldener warmer Farbton gewünscht. Jetzt nehmen wir einmal an, dieser fiel zu stark aus und die Datei mit den einzelnen Ebenen ist nicht mehr verfügbar. Hier kann eine Korrektur der Tonwerte in den einzelnen Farbkanälen helfen.

Wird hingegen in den einzelnen Farbkanälen lediglich der jeweilige Schwarz- und Weißpunkt gesetzt, entspricht das Ergebnis nahezu dem Ergebnis, welches erzielt wird, wenn Sie in der Tonwertkorrektur oder der Gradationskurve den Auto-Button drücken – beide sind identisch. Die Vorgabe, wie die Automatikfunktion arbeiten soll, können Sie einstellen. In den Dialogfeldern der Tonwertkorrektur und der Gradationskurve gibt es den Button *Optionen*, unter dem sich das Dialogfeld *Auto-Farbkorrektur-optionen* befindet.

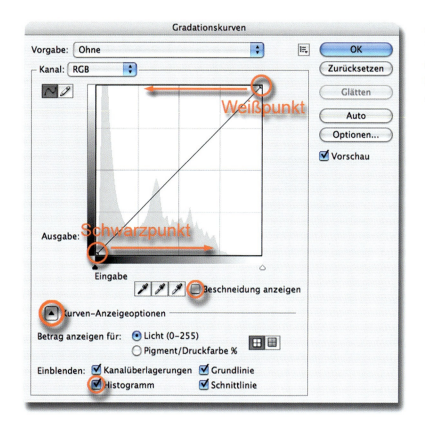

Abb. 4–18

*Wird die Gradationskurve nicht als Einstellungs-
ebene aufgerufen, sondern über Bild →
Korrekturen → Gradationskurve, erscheint eine
etwas andere Darstellung.*

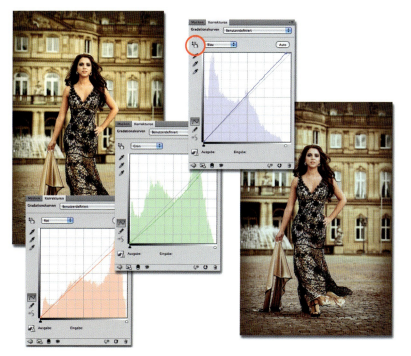

Abb. 4–19

*Korrektur der Tonwerte in den einzelnen
Farbkanälen*

Abb. 4–20

*Standardmäßig eingestellt ist die Option Kontrast
kanalweise verbessern, was einer Korrektur in den
einzelnen Farbkanälen entspricht. Die Option
Schwarzweiß-Kontrast verbessern hingegen
entspricht dem Setzen des Schwarz- und Weißpunktes in der RGB-Ansicht.*

Kontraststeigerung

Sind die Tonwerte optimal verteilt, fehlt es oftmals noch an etwas Kontrast. Sofern Sie Kenntnisse in der analogen Fotografie und dort im Speziellen in der Dunkelkammer besitzen, kennen Sie die Möglichkeit, den Kontrast durch entsprechendes Fotopapier zu steigern. Ein Papier mit einer höheren Gradation erzeugt einen stärkeren Kontrast und entspricht dem Aufstellen der Gradationskurve, ein Papier mit weicherer Gradation flacht die Kurve ab und sorgt für weniger Kontrast im Bild.

Wie unschwer zu erkennen ist, werden durch diese Form der Kontrast-änderung der zuvor eingestellte Schwarz- und der Weißpunkt wieder ver-stellt. Die Folge sind entweder zulaufende Schatten oder ein flaues Bilder-gebnis. Infolgedessen sollte der Kontrast im Rahmen der Bildoptimierung nicht über das Aufstellen und Abflachen der Gradationskurve erfolgen. Wenn wir eine Kontraststeigerung erreichen wollen, ohne den Schwarz-und Weißpunkt wieder zu verändern, muss es eine andere Lösung geben.

*Wird der Kontrast sehr stark gesteigert,
kommt es ab einem gewissen Grad
zu Farbverschiebungen, die bei einer
Bildoptimierung nicht gewünscht sind.
Diese lassen sich durch das Ändern der
Ebenenfüllmethode von Normal auf
Luminanz sehr gut reduzieren.*

Einen stärkeren Kontrast nehmen wir wahr, wenn helle Bildbereiche heller und dunkle Bildbereiche dunkler werden – ein Effekt, der mit der Gradationskurve leicht erreicht werden kann und der als S-Kurve bezeichnet wird. Sofern Sie mit der Gradationskurve noch nicht so geübt sind, setzen Sie in die Mitte der Kurve einen Fixierungspunkt. Hierfür halten Sie die *Strg/Befehlstaste* gedrückt und klicken in die Mitte der Kurve (roter Kreis in Abbildung 4–22). Die so unterteilte Kurve besitzt im oberen Bereich die helleren Tonwerte und im unteren Bereich die dunkleren. Nun setzen Sie die Maus oder Ihren Grafikstift in die Mitte der hellen Tonwerte, klicken und ziehen die Kurve in die Pfeilrichtung. Dasselbe geschieht mit den dunklen Tonwerten und es entsteht eine Kurvenform, die an ein S erinnert. Durch diese Methode verändern Sie nicht den Schwarz- oder den Weißpunkt, steigern aber effektiv den Kontrast im Bild.

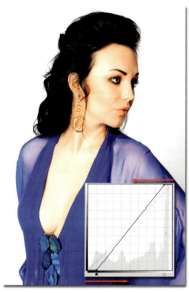

Abb. 4–21

Ein Abflachen der Gradationskurve sorgt für einen schwächeren Kontrast (linke Abbildung), während ein Aufstellen der Kurve einen stärkeren Kontrast zur Folge hat.

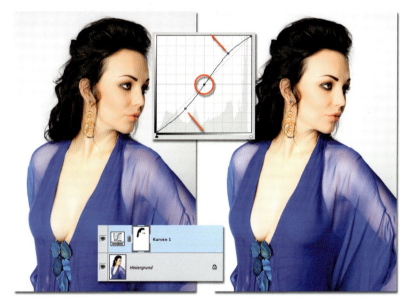

Abb. 4–22

Die S-Kurve dient zur Steigerung des Kontrastes mit Hilfe der Gradationskurve unter A des eingestellten Schwarz- und Weißpunkts. Wirkt die Kontrasteigerung in einigen Bereichen zu stark (hier in den Haaren und bei den Augen), werden diese mit einer Ebenenmaske ausgespart. Zusätzlich kann bei Bedarf die Deckkraft der Einstellungsebenen verringert werden.

Je nach Verteilung der Tonwerte muss die S-Kurve nicht gleichmäßig ausfallen, sondern kann wahlweise in den hellen oder den dunklen Bereichen stärker sein. Ebenso kann motivabhängig ein besseres Ergebnis erzielt werden, wenn die Mitte der S-Kurve nicht in der Mitte der Gradationskurve liegt. Hier sind Übung und Erfahrung das Maß der Dinge.

5 Grundlegende Retuschearbeiten

5.1 Der Kopierstempel etwas aufgebohrt

Der erste Schritt der Retusche sollte mit einer Überprüfung der Frisur beginnen. Bei aller Sorgsamkeit vor und während der Aufnahmen kann es vorkommen, dass am Ende nicht alle Haare so liegen, wie es sein sollte. Natürlich können abstehende und umherwehende Haare ein gewünschter Effekt sein, doch das ist nun einmal nicht immer so.

In unserem Beispielbild ist die Blondierung der Haare sehr ungleichmäßig. Daher wird später in diesem Kapitel, unter anderem mit Hilfe des Kopierstempels, eine Blondierung der Haare durchgeführt. Doch zuerst ein paar Überlegungen für die Arbeit mit dem Kopierstempel, der auch in CS5 nichts von seiner Nützlichkeit eingebüßt hat. Wahrscheinlich vor allem deshalb, weil er wesentlich mehr kann, als nur eine Eins-zu-eins-Kopie von Bildteilen zu erstellen.

Wenn Sie in Ihrem Studio auch Bewerbungsfotos anbieten, empfiehlt es sich, besonders auf abstehende Haare zu achten. Vor allem bei Kundinnen mit langen Haaren konnte ich einige Male beobachten, dass sie sich nach dem Kämmen noch einmal von unten mit den Händen durch die Haare gehen, damit ihr Haar optisch mehr Volumen besitzt. Bei dieser Aktion kommt es zwangsläufig dazu, dass einige Haare nicht da zu finden sind, wo sie sein sollten.

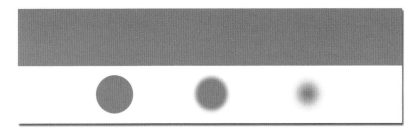

Abb. 5–1

Beispiele für die Einstellung der Härte beim Kopierstempel: links 100 %, Mitte 50 % und rechts 0 %. Am ehesten können Sie sich diese Option wie den Härtegrad eines Bleistiftes vorstellen. Bei einer weichen Spitze passt sich der kopierte Bereich besser an sein Umfeld an und der erzielte Effekt ist überzeugender.

Für den Kopierstempel kann in der Werkzeugoptionsleiste auch ein Effektmodus eingestellt werden. Dahinter verbergen sich dieselben Einstellmöglichkeiten wie bei den Ebenenfüllmethoden. Der Kopierstempel kann somit direkt im Modus *Aufhellen* oder *Abdunkeln* genutzt werden. Für viele Arbeiten ist es auch von Vorteil, für die kopierten Bereiche eine eigene Ebene anzulegen.

Damit Bildinhalte nicht nur von der leeren Ebene vom Kopierstempel aufgenommen werden, muss in der Werkzeugoptionsleiste der Kopierstempel-Aufnahmemodus auf die Einstellung *Alle Ebenen* eingestellt werden. Durch die Option *Alle Ebenen* nimmt der Kopierstempel die gewünschten

Durch Drücken der rechten Maustaste (beim Mac mit Ein-Tasten-Maus: ctrl+Maustaste) erscheint zu jedem Werkzeug ein Kontextmenü, in dem die meisten Werkzeugoptionen eingestellt werden können.

Bereiche exakt so auf, wie diese gerade in der aktuellen Ansicht zu sehen sind. Das genaue Gegenteil ist die Option *Aktuelle Ebene*. In diesem Fall wird nur die aktuell aktive Ebene für den Kopierstempel zugänglich gemacht.

Abb. 5–2

Werkzeugoptionsleiste für den Kopierstempel

Die für den Kopiervorgang festzulegende Größe der Werkzeugspitze kann je nach Bildgröße und Bildinhalt erheblich variieren. Bitte bedenken Sie dies, wenn Sie Tutorials und Workshops zu Photoshop verwenden.

Das Erzeugen einer neuen Ebene funktioniert sehr schnell über das Anklicken des Symbols Neue Ebene *im Ebenenbedienfeld oder über das Tastaturkürzel* Strg/Befehlstaste+Shift+N. *Die neu erzeugte Ebene wird von Photoshop automatisch als aktive Ebene gekennzeichnet.*

Für alle Werkzeuge gilt, dass die Größe der Werkzeugspitze immer in Abhängigkeit von der Bildauflösung zu betrachten ist. Bei einem Bild mit 500 x 500 Pixel reicht eine erheblich kleinere Werkzeugspitze, als wenn dasselbe Bild 3000 x 3000 Pixel besitzt. Spätestens wenn Sie Workshops auf Ihre eigenen Bilder übertragen, müssen Sie ausprobieren, welche Werkzeugspitzengröße für Ihr Bild die richtige ist.

Neue Ebene anlegen: Strg/⌘+⇧+N
Im Protokoll zurückgehen:
Strg/⌘+Alt/⌥+Z

Bei der Verwendung des Kopierstempels starte ich mit einer sehr geringen Kantenschärfe, meistens sogar 0 %. Sollte es dann beim Stempel an Objektkanten zu Ausfransungen kommen, muss der Wert für die Kantenschärfe so lange erhöht werden, bis ein sauberes Arbeiten an den Randbereichen möglich ist.

Wenn Sie den Kopierstempel mehrmals hintereinander einsetzen, behalten Sie unbedingt das Protokollbedienfeld im Auge. Standardmäßig kann maximal 20 Arbeitsschritte zurückgegangen werden. Wird nicht auf einer separaten Ebene gearbeitet, kein Schnappschuss gesetzt und wurde vor dem Stempeln auch nicht gespeichert, kann es schnell einmal passieren, dass Sie Ihre Stempelarbeit nicht mehr weit genug rückgängig machen können und wieder von vorne anfangen müssen.

Für saubere Ergebnisse ist es unerlässlich, die Werte für die Werkzeugspitze und die Kantenschärfe zu variieren. Während Sie bei flächigen Bereichen mit einer großen Werkzeugspitze und sehr weicher Kantenschärfe arbeiten können, gilt es in der Nähe von Augen, Mund und äußeren Wangenbereichen die Werkzeugspitze in der Größe zu reduzieren und die Kantenschärfe zu erhöhen.

Sie können in den Photoshop-Voreinstellungen unter dem Punkt *Leistung* zwar die Anzahl der Protokollobjekte erhöhen, allerdings spielt hier wieder die Leistung Ihres Rechners eine wichtige Rolle. Mit steigender Anzahl der Protokollobjekte, die Photoshop verwalten muss, steigen auch die Ressourcen, die Photoshop benötigt.

Für Ebenen stehen die Ebenenfüllmethoden (vgl. Kapitel 3) zur Verfügung. Vergleichbares gibt es für den Kopierstempel. In der Werkzeugoptionsleiste findet sich die Option *Modus*. Dort können Effektmodi ausge-wählt werden, die den Füllmethoden von Ebenen entsprechen.

Abb. 5–3

Ist der Wert für die Kantenschärfe zu gering, kommt es an Objektkanten zu einem unsauberen Ergebnis, ähnlich dem Verwischen mit einem Finger. Die ideale Kantenschärfe sollte so weich gewählt werden wie die Objektkante, an der gestempelt wird.

Der in der Optionsleiste festgelegte Effektmodus bestimmt, wie die mit einem Werkzeug aufgetragenen Pixel mit den bereits vorhandenen Bildin-formationen verrechnet werden. Neben der Wahl eines bestimmten Effekt-modus kann zusätzlich natürlich eine Ebenenfüllmethode für Effekte auf Ebenenbasis gewählt werden.

Abb. 5–4

In der Werkzeugoptionsleiste kann ein Effektmodus eingestellt werden.

Einen Schnappschuss erstellen Sie mit einem Klick auf das Kamerasymbol links neben dem Papierkorbsymbol im Protokollbedienfeld. Ein Schnappschuss ist das Abbild des aktuellen Bearbeitungsstands und wird am Anfang des Protokollbedienfelds eingefügt. Müssen Sie im Rahmen der Bearbeitung zu einem früheren Bearbeitungsstand zurückkehren, der nicht mehr im Protokollbedienfeld verfügbar ist, können Sie durch den Klick auf das Schnappschusssymbol zu dem dort hinterlegten Bearbeitungsstand zurückkehren. Im Protokollbedienfeld, bei den Protokolloptionen, gibt es im Dialogfeld die Option Neuen Schnappschuss standardmäßig anzeigen. *Wird hier die Checkbox aktiviert, öffnet sich beim Anlegen eines Schnappschusses immer ein Dialogfeld, das zur Eingabe eines Namens für den Schnappschuss auffordert.*

Der Kopierstempel arbeitet, wie eine Reihe anderer Werkzeuge auch, mit Pinselvorgaben. Diese legen fest, in welcher Form der Kopiervorgang erfolgt. Am bekanntestes hierbei ist das Ändern der Pinselvorgabe über die Einstellungen *Größe* und *Härte*, so wie es auch beim Pinselwerkzeug möglich ist. Die Verbundenheit zum Pinselwerkzeug reicht aber weiter. Alle Werkzeugspitzen, die als Pinselvorgabe für das Pinselwerkzeug verfügbar sind, stehen auch für den Kopierstempel zur Verfügung. Das gilt somit natürlich auch für die mit Photoshop CS5 neu hinzugefügten Pinselspitzen.

Die neuen Pinselspitzen sind Borstenpinsel, die weit mehr können als selbst angelegte Pinselspitzen für Haare. Insgesamt gibt es zehn verschiedene Varianten, die alle durch zusätzliche Einstellungen angepasst werden können. In Abbildung 5–5 ist links eine Pinselspitze mit hoher und rechts mit geringerer Borstenanzahl abgebildet. Zusätzliche Parameter sind *Länge*, *Stärke*, *Steifheit* und *Winkel*.

Abb. 5–5

Die neuen Borstenpinsel in CS5 bieten viele
Möglichkeiten, auch für die Beautyretusche.

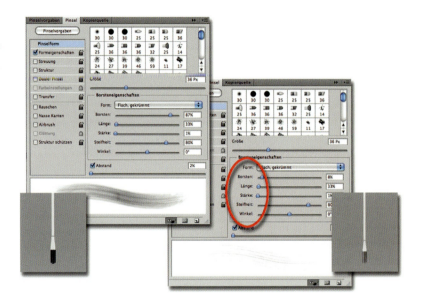

Abb. 5–6

Bei der Nutzung der Borstenpinsel empfiehlt sich
einmal mehr der Einsatz eines Grafiktabletts. Je
nachdem, wie der Grafikstift gehalten wird, vari-
iert entsprechend die Auflagefläche des Borsten-
pinsels und damit auch die Art des Farbauftrags.
Bei Verwendung der Maus steht der Borstenpinsel
immer senkrecht zur Arbeitsfläche.

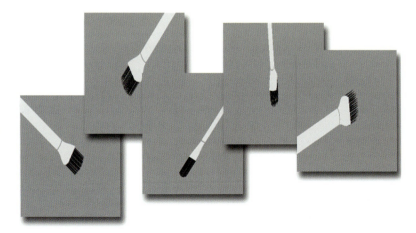

5.2 Haare »kämmen« und blondieren

Bei unserem Kapiteleingangsbild sind die Haare ursprünglich nicht so schön blond. Würde es lediglich um das Färben der Haare gehen, könnte zum Beispiel eine Einstellungsebene vom Typ *Farbton/Sättigung* mit einer entsprechenden Ebenenfüllmethode gute Dienste leisten. Was sich bei dieser Methode nicht ändert, ist die Lage einzelner Haarsträhnen.

Abb. 5–7

Eine einfache Korrektur der Haarfarbe kann mit einer Einstellungsebene vom Typ Farbton/Sättigung mit entsprechender Ebenenmaske erfolgen. Damit die dunklen Bereiche stärker aufgehellt werden, kam als Füllmethode Aufhellen zum Einsatz.

Um die Frisur gleichmäßiger oder, anders ausgedrückt, besser gekämmt erscheinen zu lassen, müssen wir zusätzliche Haare in das Bild bringen. Die zusätzlichen Haare sollen mit den Borstenpinselspitzen ins Bild gemalt werden. Damit gleich eine natürlichere Farbverteilung in den neuen Bereichen gelingt, wird nicht das Pinselwerkzeug, sondern der Kopierstempel eingesetzt.

Für den Kopierstempel wird ein Borstenpinsel so eingestellt, dass einzelne Borsten gut erkennbar sind (vgl. Abbildung 5–8) und somit Haarsträhnen sehr ähnlich wirken.

Als Erstes wird die schräg liegende Haarsträhne kurz über der Stirn ausgebessert (vgl. Abbildung 5–9). Hierfür muss der darüber liegende Bereich mit Haaren aufgefüllt werden. Nach dem Anlegen einer leeren Ebene werden die Quellbereiche für den Kopierstempel aus benachbarten Haarbereichen aufgenommen und an die gewünschte Stelle übertragen. Beim Stempeln müssen die Quellbereiche immer neu gewählt werden, um möglichst dicht an dem Zielbereich zu liegen, und auch die Deckkraft des Kopierstempels muss variiert werden.

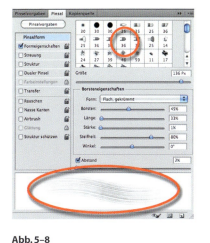

Abb. 5–8

Der gewählte Borstenpinsel muss so eingestellt werden, dass der Eindruck einzelner Haare entsteht.

Abb. 5–9

Beim Kopieren muss sich die Form der neuen Haarsträhnen an den bestehenden Haaren orientieren. Die Ebenenfüllmethode der Ebenen mit den neuen Haaren wird auf Aufhellen eingestellt, um schwerpunktmäßig in den dunkleren Haarbereichen zu wirken.

Nach dieser Methode werden die dunklen Haarbereiche nach und nach ausgebessert. Es empfiehlt sich, mit mehreren Ebenen zu arbeiten, um ein besseres Ergebnis zu erreichen. Die einzelnen Ebenen werden von der Ebenenfüllmethode *Normal* auf *Aufhellen* eingestellt. Dadurch wirken nur die Bereiche der neuen Haare, die heller sind als die Haare der darunter liegenden Ebenen. Bis zum Erreichen eines zufrieden stellenden Ergebnisses sind Geduld und Übung erforderlich. Zum Abschluss können die Haare jetzt noch zusätzlich mit *Farbton/Sättigung* etwas stärker blondiert werden. Als weitere Ergänzung kann auch eine Einstellungsebene vom Typ *Dynamik* gute Dienste leisten.

Abb. 5–10

Die fertig blondierten Haare: Nach der Arbeit mit dem Borstenpinsel wurden die Haare mit Farbton/Sättigung stärker blondiert und eine Einstellungsebene vom Typ Dynamik sorgte für die gewünschte Sättigung.

Meisten erstreckt sich die Korrektur der Frisur nur auf ein paar abstehende Haare. Das gezeigte Beispiel macht aber deutlich, was möglich ist und bei einer aufwendigen Retusche durchaus sinnvoll sein kann. Das einfachste Retuschemittel greift jedoch vor der Aufnahme: den Sitz der Frisur kontrollieren und gegebenenfalls noch einmal die Bürste oder den Kamm bemühen.

5.3 Hautunregelmäßigkeiten entfernen

Nachdem die Haare sitzen geht es an das Entfernen kleinerer Hautunregelmäßigkeiten. Die effektivsten Werkzeuge hierfür sind der Reparaturpinsel, der Bereichsreparaturpinsel und das Ausbessern-Werkzeug.
Der **Reparaturpinsel** arbeitet wie der Kopierstempel, das heißt, es muss ein Aufnahmebereich festgelegt werden. Dieser wird dann auf den zu retuschierenden Bereich übertragen. Hierbei werden Struktur, Schattierung, Beleuchtung und Transparenz des Zielbereiches an die des Aufnahmebereichs angeglichen.

Im Gegensatz zum Reparaturpinsel arbeitet der **Bereichsreparaturpinsel** mit einer automatischen Pixelaufnahme aus den umliegenden Bereichen, sodass kein Aufnahmebereich festgelegt werden muss. Der Bereichsreparaturpinsel hat in Photoshop CS5 eine sehr gute Ergänzung erhalten. Bei den möglichen Aufnahmequellen, die in der Optionsleiste angeboten werden, ist die Option *Inhaltssensitiv* hinzugekommen.

Die Option Inhaltssensitiv *gibt es auch für den Befehl* Fläche füllen. *Sowohl beim Bereichsreparaturpinsel als auch beim Befehl* Fläche füllen *wird versucht, aus den Inhalten der angrenzenden Bereiche den zuvor markierten Bereich zu füllen beziehungsweise zu rekonstruieren. Je einheitlicher der umliegende Bereich in Farbe und Struktur ist, desto besser kann das Ergebnis ausfallen. Weiteres hierzu in Kapitel 10.*

Abb. 5–11
Die Option Inhaltssensitiv verbessert die Ergebnisse bei der Arbeit mit dem Bereichsreparaturpinsel ganz erheblich.

Für die Hautretusche bedeutet das inhaltssensitive Füllen eine sehr gute Ergänzung, da die Ergebnisse des Bereichsreparaturpinsels gegenüber früheren Photoshop-Versionen wesentlich besser geworden sind. Wie bei anderen Werkzeugen auch gibt es sowohl für den Reparaturpinsel als auch den Bereichsreparaturpinsel unterschiedliche Füllmethoden (diese werden hier mit Malmodi bezeichnet). Dadurch ergibt sich die Möglichkeit, beide Werkzeuge differenzierter einzusetzen und so bessere Ergebnisse zu erzielen.

Für viele kleine Stellen ist der Bereichsreparaturpinsel ein ideales Werkzeug, wenn auch mein persönlicher Favorit für die Beautyretusche immer noch das **Ausbessern-Werkzeug** ist. So wie der Bereichsreparaturpinsel ist

Im Gegensatz zum Kopierstempel sollte bei dem Bereichsreparaturpinsel mit hoher Kantenhärte gearbeitet werden. Hier sorgt eine weiche Kantenhärte für schlechtere Ergebnisse bei der Hautretusche.

*Für ein möglichst gutes Ergebnis ist
sehr wichtig, die Werkzeugspitze des
Bereichsreparaturpinsels immer ein klein
wenig größer zu wählen als die Größe, die
dem zu retuschierenden Bereich entspricht.
Die Kantenschärfe, welche über den
Parameter Härte eingestellt wird, muss
individuell durch Probieren festgelegt werden.*

es in der Lage, die Struktur, Schattierung, Beleuchtung und Transparenz der umliegenden Pixel zu berücksichtigen und den zu retuschierenden Bereich entsprechend anzupassen. Dabei wird als Erstes der zu retuschierende Bereich durch eine geschlossene Auswahl festgelegt.

Grundsätzlich gilt für das Ausbessern-Werkzeug allerdings wie für alle anderen Retuschewerkzeuge, dass kleine Bereiche wesentlich besser ausgebessert werden als große.

Der einzige Nachteil des Ausbessern-Werkzeugs ist die fehlende Möglichkeit, ebenenübergreifend zu arbeiten. Daher kann keine Anwendung auf einer neuen leeren Ebene erfolgen, sondern nur auf einer kompletten Ebenenkopie. Die Folge ist, dass Photoshop für die Datei mehr Arbeitsspeicher benötigt. Retuschieren Sie zum Beispiel die Datei einer 10 Megapixel-Kamera, benötigt die Datei nach dem Öffnen (nur der Hintergrundebene) bei 8 Bit Farbtiefe ungefähr 30 Megabyte Arbeitsspeicher, die komplette Kopie der Hintergrundebene belegt weitere 30 Megabyte Arbeitsspeicher etc.

*Die Auswahl des zu retuschierenden Bereiches
muss nicht mit dem Ausbessern-Werkzeug
erfolgen, sondern kann mit jedem anderen
Auswahlwerkzeug erstellt werden: dem Lasso,
dem Auswahlrechteck oder dem Zauberstab.
So lassen sich sehr exakte Bereiche definieren.
Beim Erstellen einer Auswahl mit dem
Ausbessern-Werkzeug ist es nicht zwingend
erforderlich, die Auswahlform zu schließen.
Bei Loslassen der linken Maustaste wird jede
angefangene Auswahlform automatisch auf
dem kürzesten Verbindungsweg geschlossen
– eine Funktion, die jede Menge Arbeit
ersparen kann.*

Nach der Benutzung des Ausbessern-Werkzeugs wird die benutzte Auswahl nicht automatisch gelöscht. Oftmals habe ich schon in Seminaren erlebt, dass Teilnehmer scheinbar keinerlei weitere Retuschierungen durchführen konnten. Die kleine Auswahl, die von dem Ausbessern-Werkzeug übrig war, wurde einfach übersehen und beschränkte alle weiteren Bearbeitungsschritte auf diesen Bereich. Denken Sie daher daran, die Auswahl von Hand zu löschen, entweder über das Auswahlmenü oder mit dem Tastenkürzel *Strg/Befehlstaste+D.*

Auswahl löschen: Strg+D bzw. ⌘+D

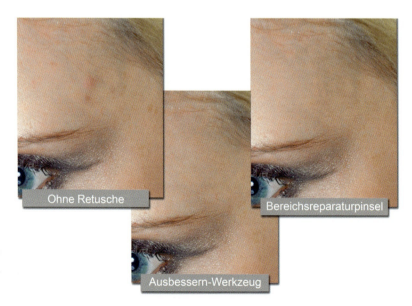

Abb. 5–12

Im Vergleich das Ergebnis mit dem Bereichsreparaturpinsel sowie mit dem Ausbessern-Werkzeug. Was hier im Druck nur schwer erkennbar ist: Bei der Arbeit mit dem Ausbessern-Werkzeug wird die Originalstruktur der Haut etwas realistischer wiedergegeben.

Soll nach dem Entfernen von Pickeln und Hautunreinheiten noch eine Glättung der Haut stattfinden, so ist es wichtig, bereits bei diesen ersten Retuschearbeiten eine sehr gute Vorarbeit zu leisten. Nur dann können die Methoden zum Glätten der Haut gute Ergebnisse erzielen. Das Gleiche gilt für das Abschwächen von Glanzstellen. Ist die Haut vor einer Weichzeichnung noch zu ungleichmäßig, kann es zu dem Eindruck von Flecken auf der Haut kommen. Weitere Informationen hierzu finden Sie in Kapitel 8.

5.4   Falten vermindern

Je älter wir werden, desto mehr Falten bleiben dauerhaft in unserem Gesicht. In den meisten Fällen wünschen die Kunden eine Reduzierung dieser Alterserscheinung. Wie bei Photoshop üblich gibt es auch für diese Aufgabe nicht nur eine Lösung, sondern eine Reihe unterschiedlicher Ansätze, die zum Ziel führen.

Abb. 5–13

Das Originalbild vor der Bearbeitung

© Verena Scabell

Keiner der möglichen Ansätze zur Reduzierung von Falten ist für jedes Bild optimal, trotzdem werden Sie im Laufe Ihrer Arbeit mit Photoshop eine Vorliebe für die eine oder andere Vorgehensweise entwickeln und diese dann meistens einsetzen, wogegen auch nichts einzuwenden ist. Bitte vergessen Sie aber bei unbefriedigenden Ergebnissen nicht die anderen Methoden.

Machen Sie sich im Vorfeld Gedanken über die Natur von Falten. Falten entstehen nicht von heute auf morgen. Sie sind zuerst kaum zu sehen und treten im Laufe der Zeit immer stärker in Erscheinung, sie werden länger und graben sich immer tiefer in das Gesicht. Eine überzeugende Verjüngung kann somit über die Verkürzung und das Aufhellen der Falten erreicht werden.

Arbeiten Sie immer von dem neuesten Teilstück der Falte in Richtung der schon länger bestehenden Faltenbereiche. Das gilt nicht nur für Werkzeuge, die mit einer Pinselspitze (Kopierstempel, Abwedler usw.) arbeiten, sondern auch für das Ausbessern-Werkzeug oder den Bereichsreparaturpinsel. Der erste Weg zur Reduzierung von Falten, den wir uns ansehen werden, beginnt mit einer kompletten Entfernung der Falten auf einer separaten Ebene. Anschließend werden die Falten über die Ebenendeckkraft teilweise zurückgeholt. Zur besseren Verständlichkeit beschränke ich mich zunächst auf die Falten rund um die Augen. Die Lachfalten um Mund und Nase folgen dann im Anschluss.

Abb. 5–14

Machen Sie sich vor der Retusche Gedanken über die Falten, die Sie retuschieren wollen, und bearbeiten Sie die Falten immer von dem jüngeren in Richtung des älteren Bereichs.

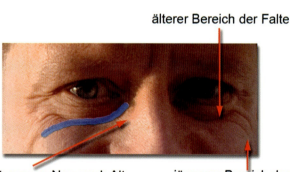

älterer Bereich der Falte

Arbeitsrichtung von Neu nach Alt   jüngerer Bereich der Falte

Der erste Schritt besteht wieder darin, eine Kopie der aktuellen Arbeitsebene zu erzeugen und im Anschluss die Falten mit dem Ausbessern-Werkzeug zu beseitigen. Beginnen Sie mit den kleinsten Falten und dann bei den größeren Falten mit dem hellsten (neuesten) Faltenbereich. Bessern Sie, außer bei sehr kleinen Falten, nie eine ganze Falte auf einmal aus, sondern immer nur ein Teilstück. Trotzdem ist es nötig, einige Stellen mehrmals zu bearbeiten und dabei den Auswahlbereich zu variieren. Bei der Bearbeitung kann es zu Helligkeitsunterschieden in der Haut kommen, welche durch erneutes, gegebenenfalls auch mehrmaliges Anwenden des Ausbessern-Werkzeugs beseitigt werden müssen.

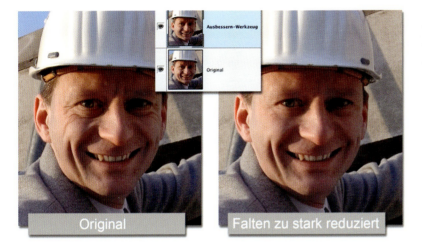

Abb. 5–15

Hier wurden die Falten so stark reduziert, dass kein natürliches Bildergebnis mehr gegeben ist.

Ein zu starkes oder gar vollständiges Beseitigen der Falten im Bereich der Augen verändert den Gesichtsausdruck und stellt keine befriedigende Lösung dar. Für ein besseres Ergebnis ist es daher wichtig, einen Teil der Falten wieder sichtbar zu machen. Eine Methode hierfür ist das Reduzieren der Ebenendeckkraft (siehe Abbildung 5–16). Hierbei wird die retuschierte Ebene durchscheinend gemacht, sodass Informationen von der Originalebene wieder sichtbar werden. Dieser Effekt gilt aber für die gesamte Ebene. Besser wäre es, wenn der Effekt gezielter auf die Bereiche der Falten begrenzt werden könnte. An dieser Stelle können uns die Ebenenfüllmethoden weiterhelfen, wie die weitere Bearbeitung zeigen wird.

Falten sind Hautvertiefungen und erzeugen deshalb immer einen Schatten, der sie dunkler erscheinen lässt als die angrenzenden Hautbereiche. Dementsprechend besitzt die obere Ebene *Ausbessern-Werkzeug* in Abbildung 5–15 im Bereich der Falten eine höhere Helligkeit als die darunter liegende Originalebene. Diesen Umstand nutzen wir zu unseren Gunsten, indem wir die Ebenenfüllmethode der oberen Ebene von *Normal* zu *Aufhellen* ändern und Photoshop so die Anweisung geben, nur die Bereiche der Ebene *Ausbessern-Werkzeug* anzuzeigen, welche heller sind als die in der Originalebene. Im direkten Vergleich und bei einer kleinen Druckgröße (siehe Abbildung 5–16) ist nur bei genauem Hinsehen ein etwas besserer Schärfeeindruck erkennbar. Erst bei einer Detailansicht wird deutlich, dass ein Ändern der Ebenenfüllmethode eine bessere Detailzeichnung zur Folge hat und so dem Bild mehr von seiner ursprünglichen Brillanz erhält. Ein weiteres Beispiel, wie effektiv die Ebenenfüllmethode *Aufhellen* das Bild beeinflusst, zeigt die Abbildung 5–16.

Abb. 5–16

Bei der linken Abbildung (Deckkraft 50 %) wurde nach dem Entfernen der Falten die Ebenendeckkraft auf 50 % reduziert und die Ebenenfüllmethode auf Normal belassen. Rechts wurde zusätzlich die Ebenenfüllmethode von Normal auf Aufhellen umgestellt.

Deckkraft 50%   Füllmethode Aufhellen

Mit Photoshop CS4 hat Adobe das Werkzeug Abwedler/Nachbelichter überarbeitet, sodass seitdem einem Einsatz nichts mehr im Weg steht. Weiteres zur Verwendung früherer Photoshop-Versionen finden Sie in Kapitel 10 (Dodge & Burn).

Eine weitere Möglichkeit, die für das Abschwächen von Falten geeignet ist, stellt das **Abwedler-Werkzeug** dar, mit dem Bildbereiche partiell aufgehellt werden. Für das Abwedler-Werkzeug kann der Malmodus in der Werkzeugoptionsleiste auf *Lichter, Tiefen* oder *Mitteltöne* begrenzt werden. Da beim Abwedeln in der analogen Fotografie Einfluss auf die angewendete Belichtungsstärke genommen wird, verfügt das Abwedler-Werkzeug über die Einstellmöglichkeit *Belichtung*. Je höher der Wert, desto stärker erfolgt die Aufhellung.

Wie auch bei einigen anderen Werkzeugen in Photoshop ist das Abwedler-Werkzeug in seiner Funktion an einen Prozess der analogen Fotografie angelehnt. Dort ist das Abwedeln eine Methode zum partiellen Fernhalten von Licht während der Bildbelichtung. Mit Hilfe von Masken oder der Hand, die in den Lichtstrahl des Vergrößerungsgerätes gehalten werden, wird die Belichtung partiell unterbrochen, was eine verringerte Belichtungzeit der verdeckten Bildbereiche zur Folge hat. Erfolgt dieser Vorgang im Bereich der dunklen Bildpartien (beim Negativ sind die dunklen Bereiche hell), wird dort das Fotopapier weniger belichtet, was eine Aufhellung der Tiefen zur Folge hat.

Wenn Sie Falten mit dem Abwedler-Werkzeug reduzieren möchten, erzeugen Sie erneut eine Ebenenkopie und aktivieren das Abwedler-Werkzeug. Damit direkt die Tonwerte der Haut angesprochen werden, setzen Sie den Malmodus auf *Mitteltöne*. Der Wert für die Belichtung ist niedrig anzusetzen und sollte nicht über 20 % liegen. Als Pinselvorgabe wählen Sie einen Durchmesser, der ungefähr der Breite der abzuschwächenden Falten entspricht. Wie bei den anderen Methoden auch übermalen Sie nun die einzelnen Falten, und zwar wieder von dem helleren (jüngeren) Bereich der Falte hin zu dem dunkleren (älteren) Bereich. Der letzte Schritt ist wieder eine Optimierung des Effektes über die Ebenendeckkraft.

Als Letztes darf auch hier der **Kopierstempel** nicht fehlen, denn geht es bei der Retusche um den Faktor Zeit, ist er nur schwer zu unterbieten. Trotz einfacher Anwendung sind mit etwas Übung fast genauso gute Ergebnisse machbar wie mit den anderen Methoden. Beim Kopierstempel müssen Sie nicht erst nach der Arbeit die Ebenenfüllmethode ändern, sondern Sie setzen gleich den Effektmodus von *Normal* auf *Aufhellen* (vgl. Abbildung 5–4, dort war es der Effektmodus *Abdunkeln*). Die Deckkraft reduzieren Sie deutlich und die gewählte Pinselspitze sollte sehr weich gewählt werden. Der Kopierstempel muss bei der Anwendung, wie die anderen Methoden auch, die Entstehungsrichtung der Falten berücksichtigen.

Je öfter Sie mit dem Abwedler-Werkzeug über ein und dieselbe Bildstelle fahren, desto mehr wird die entsprechende Bildstelle aufgehellt.

Abb. 5–17

Sowohl mit dem Abwedler-Werkzeug als auch mit dem Kopierstempel werden Falten überzeugend gemildert (hier nur der Bereich um die Augen).

In Abbildung 5–18 erfolgt noch das Abmildern der Falten im gesamten Gesicht. Hierfür werden im ersten Ansatz alle Falten mit dem Ausbessern-Werkzeug komplett beseitigt, danach die Ebenenfüllmethode auf *Aufhellen* eingestellt und als Letztes die Deckkraft reduziert. Während nach dem Anwenden des Ausbessern-Werkzeugs und bei 100 % Ebenendeckkraft kaum mehr etwas vom dem eigentlichen Gesichtsausdruck erhalten geblieben ist, würde das Ändern der Ebenenfüllmethode auf *Aufhellen* bereits reichen, um wieder ein realistisches Ergebnis zu erhalten. Noch besser geht es wie folgt:

❑ Kopieren Sie die Ebene, auf der die Falten mit dem Ausbessern-Werkzeug beseitigt wurden. Jetzt haben Sie zwei Ebenen mit den ausgebesserten Bereichen.

Ebene kopieren: `Strg`/`⌘`+J

❑ Die eine der beiden Ebenen setzen Sie auf die Ebenenfüllmethode *Aufhellen* und die andere Ebene auf die Füllmethode *Abdunkeln*. Jetzt haben Sie zwei Ebenen, deren Wirkungsweisen entgegengesetzt arbeiten.

❑ Über die Ebenendeckkraft der einzelnen Ebenen kann jetzt die Wirkung der Retusche in den Tiefen und den Lichtern getrennt geregelt werden.

Der große Vorteil bei dieser Methode ist, dass zum einem die Schattenbereiche von Falten aufgehellt und in einem Arbeitsgang Glanzstellen im
Gesicht sowie Lichtreflexe an den Rändern von Falten abgedunkelt werden
können. So kann sehr differenziert eingestellt werden, wie stark die Wirkung ausfallen soll.

Abb. 5–18

Durch die Kombination zweier Ebenen und der Füllmethoden Aufhellen und Abdunkeln kann die Korrek-

turstärke in Tiefen und Lichtern getrennt eingestellt werden.

5.5   Von der Pickelentfernung zum fertigen Bild

Pickel sind lästig, aber nur eine vergängliche Störung der Haut und sollten
daher bei einer Porträtretusche beseitigt werden. Die folgenden Seiten zeigen nicht nur, wie die Pickel entfernt werden, sondern auch einen ersten
Einblick in die weiterführenden Arbeiten bis zum fertigen Bild. Die hier
kurz erläuterte Arbeitsweise ist nur eine aus einer Reihe möglicher Wege.
Die ausführliche Erklärung der hier verwendeten Methoden folgt in den
Kapiteln 7 und 8.

Geht es um die Retusche von Akne, kommen dieselben Retuschewerkzeuge zum Einsatz wie bei den anderen Arbeiten in diesem Kapitel. Für eine
komplette Retusche sind allerdings weitere Werkzeuge notwendig.

Das Entfernen von Pickeln erfolgt in erster Linie mit dem **Ausbessern-Werkzeug** oder dem **Bereichsreparaturpinsel** mit der Option *Inhaltssensitiv*. Trotzdem verlangt die Arbeit viele Einzelschritte und muss sorgsam ausgeführt werden. Am Ende werden Sie eine relativ gleichmäßige Hautoberfläche erhalten, bei der aber nicht alle Hautrötungen, vor allem im Bereich der Nase, beseitigt sind (siehe Abbildung 5–20, Retuschewerkzeuge). Das ist mit den Retuschewerkzeugen einfach nicht zu schaffen, hier müssen andere Methoden her, die später im Rahmen der Hautretusche Anwendung finden.

© Fotohaus Kerstin Sänger, Kerstin Sänger

Abb. 5–19

Da eine reine Haut zu den Topmerkmalen der Schönheitsideale gehört, sind Pickel nicht erwünscht und sollten beseitigt werden.

Der nächste Arbeitsschritt gilt aber zuerst den hellen Hautstellen auf den Wangen und der Stirn. Da der Rotkanal die gleichmäßigste Struktur besitzt, wurde dieser in eine eigene Ebene kopiert und als Ebenenfüllmethode *Luminanz* ausgewählt (vgl. Kapitel 3.5, *Kanalarbeiten*). Zum Abdunkeln der hellen Hautbereiche und um gleichzeitig eine Glättung zu erreichen, wurde eine entsprechende Ebenenmaske erstellt. Das Ergebnis der bisherigen Retusche zeigt die Abbildung 5–20.

Abb. 5–20

Nach der Arbeit mit den Retuschewerkzeugen wird mit anderen Methoden die Retusche fortgesetzt. Für das Beseitigen der hellen Hautstellen wurde der Rotkanal eingesetzt.

Abb. 5–21

Im nächsten Arbeitsschritt wurden die Hautrötungen im Bereich der Nase reduziert und anschließend eine Hautretusche durchgeführt.

Jetzt müssen die Rötungen im Bereich der Nase so angeglichen werden, dass ein einheitlicher Hautton entsteht. Dafür wurde zuerst die Nase freigestellt und auf eine eigene Ebene kopiert. Für die eigentliche Farbkorrektur wurde eine Einstellungsebene vom Typ *Selektive Farbkorrektur* mit der Ebenenfüllmethode *Aufhellen* angelegt. Nach dem Anpassen des Farbtons erfolgte die genaue Begrenzung der Farbänderung auf die geröteten Bereiche mit einer Ebenenmaske. Das so entstandene, bereits recht gleichmäßige Bild wurde mit der in Kapitel 8 erläuterten Weichzeichnerkombination für eine Advanced-Hautretusche weiter optimiert.

Nachdem diese Arbeiten abgeschlossen waren, ging es daran, ein paar kleinere Stellen nachzuretuschieren. Diese waren zuvor übersehen worden beziehungsweise nicht so stark sichtbar. Dies entspricht zwar auch nicht dem Retusche-Workflow und sollte nach Möglichkeit vermieden werden, aber vor allem bei umfangreichen Arbeiten wird es Ihnen immer wieder einmal passieren, dass Sie die eine oder andere Stelle übersehen und diese erst nachträglich bearbeiten. Bei dem Beispielbild wurden im Bereich der Schläfen dunkle Linien übersehen und auf der Nasenspitze war eine Glanzstelle übrig geblieben. Nachdem beide Punkte ausgebessert waren, wurde noch eine Anpassung der Gesichtsform durchgeführt. Das rechte Auge war etwas kleiner als das linke, die Augenbrauen und das Kinn wurden etwas in der Form optimiert und eine kleine Erhöhung in der Oberlippe geglättet.

Zum Abschluss wurden die Zähne und Augen aufgehellt und eine neue Hautstruktur mit minimaler Deckkraft über das Gesicht gelegt. Diese Arbeitsschritte werden in Kapitel 9 und 10 beschrieben.

Abb. 5–22

In der Ebenenübersicht sind die beschriebenen Arbeitsschritte nachvollziehbar.

Abb. 5–23

Ein paar Kleinigkeiten wurden nachretuschiert und anschließend etwas die Gesichtsform opti-miert, unter anderem die Augengröße, die Form der Augenbrauen und die Oberlippe.

Abb. 5–24

Am Ende noch einmal das Bild vor und nach der Retusche

6 Bodyforming

6.1   Hervorheben von Attraktivitätsmerkmalen

Wo früher bei der Aufnahme das Klebeband die Hüften schmaler machte, kommt heute Photoshop zum Einsatz. Unvorteilhafte Körperbereiche werden auch gerne durch eine geschickte Lichtführung so in Szene gesetzt, dass Schatten sie verdecken. Selbst wenn diese Techniken im digitalen Zeitalter den einen oder anderen zum Schmunzeln anregen mögen, gilt immer noch, dass eine gute und geschickte Lichtführung der Garant für gute Aufnahmen ist. Sofern Sie Ihre Fotos selbst erstellen, sollten Sie nicht davor zurückscheuen, bereits bei der Aufnahme Gründlichkeit an den Tag zu legen. Jeder Aufwand bei der Aufnahme macht sich immer mit einem zum Teil deutlich geringeren Aufwand bei der Nachbearbeitung bezahlt.

Während der Modefotograf in der Regel mit professionellen Modellen arbeitet, gilt für den Fotografen von Familien-, Hochzeits- und Porträtaufnahmen, dass die zu fotografierenden Personen weniger bis gar keine Erfahrung vor einer Kamera besitzen. Hinzu kommen oftmals äußere Faktoren wie der junge Mann, der eine unvorteilhaft große Nase hat, oder jene junge Frau, die ihren ganzen Mut für eine Aktserie zum Geburtstag ihres Freundes zusammengenommen hat. Geschenke sollen gefallen und so möchte niemand Bilder von sich verschenken, auf denen er sich selber nicht gefällt.

Wer jetzt neidisch zu schlanken Personen mit Modelmaßen schaut, darf sich entspannen. Selbst bei noch so schlanken Personen kann es, je nach Körperhaltung, zu kleinen Hautfalten oder dem so genannten Hüftspeck kommen. Auch hier wird dann in Photoshop etwas nachgeholfen. Soll sich das fertige Bildergebnis außerdem an den Merkmalen der Attraktivitätsforschung orientieren und diesen möglichst nahekommen, werden wir fast immer das Bodyforming einsetzen müssen. Dabei ist es völlig egal, ob es darum geht, die Augen etwas zu vergrößern, die Lippen voller oder die Wangen und Hüften schmaler zu gestalten.

Zeigen Sie Ihrem Kunden nach Möglichkeit nicht das Original, bevor es bearbeitet wurde. Wenn Sie das tun, zerstören Sie die Freude am Endergebnis. Jedesmal wenn Ihr Kunde oder Ihre Kundin das Bild betrachten werden sie dann nur noch daran denken, wie viel an diesem Bild retuschiert wurde.

6.2   Vorüberlegungen und Werkzeuge

Soll die Figur einer Person einem Ideal angenähert werden, sind ein paar Vorüberlegungen anzustellen. Eine häufige Schwierigkeit besteht darin, dass sich Verformungen ungewollt auf den Hintergrund auswirken. Dies kann grundsätzlich durch ein vorheriges Freistellen der Person verhindern werden, dafür füllt diese Person nach dem Verformen nicht mehr denselben Raum im Bild aus wie zuvor. Hier muss dann nachträglich noch korrigiert werden. Vor Hintergründen ohne Details ist dies glücklicherweise nur selten nötig, etwa bei starken Verformungen.

Abb. 6–1

Bei der gezeigten Aufnahme soll im Folgenden noch das Anpassen der Körperformen durchgeführt werden.

© Fotohaus Kerstin Sänger, Matthias Matthai

Abb. 6–2

Das fertige Bild nach dem Bodyforming und einer Monochromumwandlung

Am Beispiel des Bildes in Abbildung 6–2 soll gezeigt werden, wie mit Bodyforming die Attraktivität gesteigert werden kann. Ob und wie stark diese Arbeiten ausgeführt werden, ist individuell verschieden. An dieser Stelle soll deutlich werden, was machbar ist, und deshalb wurden deutliche Veränderungen vorgenommen.

In Photoshop kommen für das Bearbeiten von Gesichts- und Körperformen in erster Linie drei Werkzeuge in Frage: der Filter *Verflüssigen* und das Transformationstool *Verkrümmen* – und mit CS5 ist das *Formgitter* hinzugekommen, das ebenfalls bei den Transformationstools zu finden ist. Aber nicht alle Arbeiten beim Bodyforming lassen sich mit diesen drei Werkzeugen erledigen, sodass auch hier der Kopierstempel eine Rolle spielt.

Als Erstes überlegen wir, welche Bereiche der Aufnahme mit dem *Formgitter* modifiziert werden sollen. Diese Bereiche können Sie sich merken, in Photoshop markieren (vgl. Abbildung 6–3) oder einen Ausdruck anfertigen, in dem Sie dann skizzieren können.

Die Funktion Formgitter *befindet sich in dem Menübereich* Bearbeiten. *Einen Untermenüpunkt weiter, bei* Transformieren, *befindet sich die Funktion* Verkrümmen. *Sollte einer der Menüpunkte* Formgitter *oder* Verkrümmen *ausgegraut sein, handelt es sich bei der zu bearbeitenden Ebene um die Hintergrundebene. Diese kann nur transformiert werden, wenn sie zuvor in eine Standardebene umgewandelt wurde. Der einfachste Weg hierfür ist, bei gedrückter Alt-Taste mit der Maus auf das Ebenensymbol* Hintergrundebene *im Ebenenbedienfeld zu klicken.*

Abb. 6–3

Mit der Pinselfunktion von Photoshop können die zu ändernden Bereiche auf einer separaten Ebene aufgetragen werden. So besteht zu jedem Zeitpunkt eine gute Kontrollmöglichkeit, ob auch alle geplanten Modifizierungen durchgeführt wurden.

6.3 Marionettenspiele

Das Formgitter oder, wie in der englischen Photoshop-Version bezeichnet, das Puppet Warp (dt. Marionettenverzerrung) ist das jüngste Werkzeug zum Transformieren von Bildinhalten. Wir werden sehen, dass dieses Werkzeug Erstaunliches leisten kann.

Das Formgitter legt beim Aufruf ein Gitter aus verbundenen Dreiecken über das gesamte Bild oder über ausgewählte Bildbereiche. Das Formgitter auf den kompletten Bildinhalt anzuwenden ist, zumindest im Porträtbereich, eher selten sinnvoll. Daher empfiehlt es sich, eine entsprechende Auswahl zu erstellen und die zu transformierenden Bereiche auf eine neue Ebene zu kopieren.

Abb. 6–4

Das Bild aus Abbildung 6–3 wurde ganz bewusst nur grob freigestellt und der Inhalt der Auswahl auf eine separate Ebene kopiert. Nach dem Aufruf des Formgitters liegt das Netz aus verbundenen Dreiecken über dem Bild.

Wird die Ebene zuvor in ein Smart-Objekt umgewandelt, wird das Formgitter als Smartfilter angelegt und kann jederzeit noch angepasst werden.

Ansicht Formgitter ausschalten: Strg/⌘+H

Bevor wir starten, zunächst noch ein paar Anmerkungen. Das Formgitter wird mit Hilfe von Pins bearbeitet. Diese erinnern an die Befestigungsnadeln einer Pinwand, jedoch mit dem Unterschied, dass die Pins bei dem Formgitter verschoben werden können.

Abb. 6–5

Die Ansicht des Gitters lässt sich in der Optionsleiste des Formgitters ausschalten. Pins, die fixieren, sind gelb (rote Kreismarkierung), der aktive Pin ist in der Mitte schwarz (grüne Kreismarkierung). Die Pins können durch Drücken der H-Taste ausgeblendet werden.

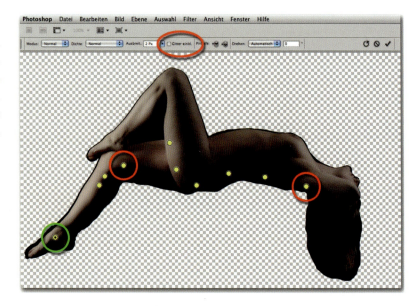

Wird in dem Formgitter nur ein einziger Pin gesetzt und bewegt, wird das gesamte Gitter lediglich verschoben. Um eine Transformation zu erreichen, müssen somit mindestens zwei Pins gesetzt werden. Dies geschieht einfach durch das Klicken auf eine Stelle des Formgitters. Der erscheinende Pin hat eine schwarze Markierung in der Mitte, welche ihn als aktiv kennzeichnet. Beim Setzen eines neuen Pins ist dieser aktiv, während der erste Pin nunmehr komplett gelb ist und das Formgitter fixiert.

Alle Pins innerhalb des Formgitters beeinflussen sich gegenseitig. So ist es bei größeren Änderungen an der Figur ein Leichtes, die entsprechenden Proportionen besser zu erhalten.

Abb. 6–6

Wird der aktive Pin aus Abbildung 6–5 (dort mit grüner Kreismarkierung) bewegt, verändert sich die Lage des Beines. Die anderen fixierten Pins sorgen dafür, dass sich die horizontale Lage der Person nicht verändert.

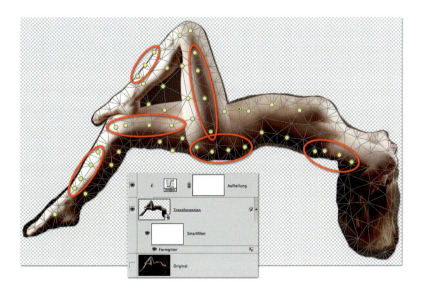

Abb. 6–7

Zum besseren Erkennen der geplanten Änderungen (vgl. Abbildung 6–3) dient eine Einstellungsebene vom Typ Gradationskurve, mit der eine vorübergehende Aufhellung erreicht wird. Körperregionen, die sich nicht verändern sollen, werden einzeln mit Pins fixiert (rote Markierungen).

Sind mehrere Pins aktiv, können diese gleichzeitig bewegt werden. Dazu drücken Sie die Shift-Taste und klicken auf alle Pins, die aktiv sein sollen. Das geht auch beim Hinzufügen neuer Pins.

Alle Pins auswählen: Strg/⌘+A

Werden bei der Transformation Pins nicht mehr benötigt oder versehentlich gesetzt, können aktive Pins mit der Löschen-Taste gelöscht werden. Alternativ ist dies auch durch das Drücken der Alt-Taste möglich. Neben dem jeweiligen Pin erscheint dann ein Scherensymbol und der Mausklick löscht den Pin.

In Abbildung 6–7 wurde die Ebene, auf die das Formgitter angewendet wurde, zuvor in ein Smart-Objekt umgewandelt. So arbeitet das Formgitter als Smartfilter, was nachträgliche Korrekturen durch ein erneutes Aufrufen der getätigten Einstellungen erlaubt. Das Gesäß und der Schulterbereich liegen auf einem schwarzen Würfel (vgl. Abbildung 6–1). Diese Bereiche dürfen nicht verändert werden, da die Person sonst schweben würde. Ebenso soll die gezeigte Pose grundsätzlich erhalten bleiben, weshalb auch die Schienbeine und Oberschenkel mit Pins in ihrer Position gehalten werden (rote Markierungen in Abbildung 6–7).

Wer diese hier gezeigten Funktionen kennt, kann das Formgitter für den Porträtbereich bereits sehr gut einsetzen. Das Formgitter bietet aber noch mehr: Allein für das Verhalten beim Transformieren gibt es drei unterschiedliche Modi in der Optionsleiste: *Starr, Normal,* und *Verzerren.*

Zwischen den drei Modi kann bei aktivem Formgitter umgeschaltet werden, sodass sehr gut erkennbar ist, wie die Änderungen ausfallen. Des Weiteren gibt es die Option *Dichte,* welche festlegt, wie eng die Dreiecke in dem Gitter gesetzt werden. Ein engmaschiges Gitter arbeitet etwas feiner, was im Porträtbereich die Arbeit aber erschweren kann. Hier sind gleichmäßige Formen gefordert, und je engmaschiger das Gitter ausfällt, desto schwieriger ist es, gleichmäßige Körperlinien zu erhalten. In den meisten Fällen (wie in dem Beispiel) ist die Standardeinstellung *Normal* die richtige Wahl.

Abb. 6–8

Weitere Parameter in der Optionsleiste des Formgitters

Je nach Motiv, Anordnung der Pins und Dichteeinstellung werden Sie nach der Arbeit mit dem Formgitter mit dem Bodyforming schon fertig sein oder aber es gibt noch Platz für Korrekturen. Bei dem hier gezeigten Bild ist trotz aller Vorsicht im Rückenbereich die Linienführung nicht mehr gleichmäßig, ebenfalls müssen die Oberschenkel und Waden etwas nachgebessert werden.

Wer das Formgitter in allen Details ergründen möchte, dem sei die Ausgabe 36 (Nummer 5/2010) der Zeitschrift DOCMA empfohlen. Hier gibt es auf zehn Seiten alles zum Formgitter (www.docma.info).

Der folgende Arbeitsschritt kann direkt im Anschluss oder erst nach den Feinkorrekturen mit dem Verflüssigen-Filter durchgeführt werden. Durch die Arbeit mit dem Formgitter verändert sich der Raum, den die Person in dem Bild einnimmt, was dazu führt, dass Bildteile der darunter liegenden Ebene nicht mehr abgedeckt werden (vgl. Abbildung 6–9).

Abb. 6–9

*Nach einem Bodyforming nimmt eine Person
meistens weniger Platz im Bild ein als vorher,
was dazu führt, dass Bereiche der unteren Ebene
sichtbar werden.*

Bei Aufnahmen mit einem gleichmäßigen Hintergrund ist es ein Leichtes, überlappende Bildbereiche mit Kopierstempel und Ebenenmaske anzupassen. Bei Abbildung 6–10 wurde die Originalebene kopiert und auf dieser Kopie der Hintergrund so erweitert, dass die durch das Bodyforming veränderten Körperproportionen an jeder Stelle über dunklen Hintergrund verfügen.

Gibt es keine sauberen Übergänge, kann der Kopierstempel die Vorarbeit leisten und das Nachbearbeiten mit dem Ausbessern-Werkzeug das Ergebnis verfeinern. Anschließend wird für saubere Übergänge auf der Ebene *Transformation* eine Ebenenmaske angelegt, um so einige Übergänge noch gleichmäßiger darzustellen. Damit anschließend die Feinarbeit mit dem Verflüssigen-Filter erfolgen kann, wird das bisherige Ergebnis auf eine Ebene reduziert kopiert.

Etwas aufwendiger ist die Arbeit, wenn es sich um Außenaufnahmen handelt, der Hintergrund ein Muster aufweist oder Requisiten betroffen sind. Hier kann es helfen, das Studio, die Landschaft oder das Gebäude, welches im Hintergrund zu sehen ist, ohne die Person aufzunehmen. Dies sollte mit denselben Aufnahmeparametern und identischem Aufnahmeabstand geschehen wie die spätere Personenaufnahme. Ich weiß, dass dies nicht immer möglich ist und auch schnell mal vergessen werden kann. Wenn es aber gelingt, daran zu denken, sparen Sie bei der Nachbearbeitung eine ganze Menge Zeit.

*Der hier gezeigte Arbeitsablauf beim
Bodyforming kann natürlich variiert
werden. Oft ist es aber so, dass großflächige
Verformungen mit dem Formgitter besser
zu lösen sind als mit dem Verflüssigen-Filter.
Welches Werkzeug an welcher Stelle und
wie intensiv eingesetzt wird, entscheidet das
jeweilige Bild.*

Auf eine Ebene reduziert kopieren:
Strg/⌘+Alt/⌥+⇧+E

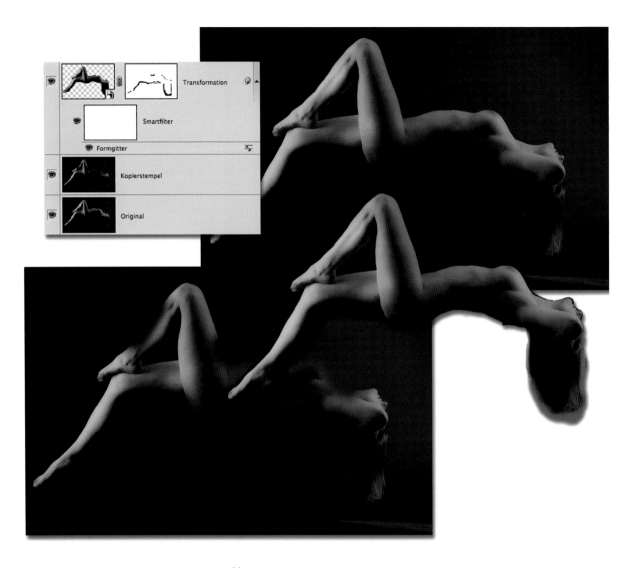

Abb. 6–10

Bildbereiche, die nach dem Bodyforming nicht mehr durch die Person verdeckt werden, müssen wegretuschiert werden (links). Dies geschieht auf einer Kopie der Originalebene und zum Beispiel mit dem Kopierstempel (Mitte). Die so retuschierte Ebene wird von der Ebene mit der transformierten Person überlagert (rechts).

6.4   Feinkorrektur mit dem Filter Verflüssigen

Der Filter *Verflüssigen* wird in einem eigenen Fenster ausgeführt und bietet eine ganze Reihe von Einstelloptionen. Insbesondere ist es möglich, jeden beliebigen Bildbereich zu drehen, zu verzerren, zu spiegeln, zusammenzuziehen, aufzublasen oder zu verschieben In der Photoshop-Hilfe wird der

Filter als leistungsfähiges Werkzeug zum Erstellen künstlicher Effekte vorgestellt. Ich weiß nicht, ob bei der Entwicklung dieses Filters auch an die Möglichkeiten der Beautyretusche gedacht wurde, aber auf jeden Fall wäre vieles ohne diesen Filter nicht möglich.

Bis man mit diesem Werkzeug sauber und zügig arbeiten kann, ist etwas Übung unabdingbar. Geben Sie sich selbst also die Zeit, die Verwendung des Filters zu trainieren.

Flüssiges Arbeiten mit dem Filter Verflüssigen

Der Verflüssigen-Filter kann bei Bildern mit 8 oder 16 Bit Farbtiefe pro Kanal angewendet werden. Je nach Bildgröße und Farbtiefe können ältere Rechner an ihre Grenzen kommen und sehr viel Rechenzeit benötigen. Das äußert sich vor allem darin, dass ein flüssiges Arbeiten nicht möglich ist. Die Veränderungen am Bildschirm erfolgen überhaupt nicht mehr im Einklang mit der Ziehbewegung innerhalb des Filters, es tritt immer ein Nachzieheffekt ein. Für dieses Problem gibt es aber eine Lösung.

Als Erstes erstellen Sie von Ihrem Bild in Photoshop einen Schnappschuss (zur Sicherheit). Danach verringern Sie die Bildgröße deutlich, zum Beispiel von 4000 Pixel Breite auf 1500 Pixel. Gegebenenfalls reduzieren Sie auch die Farbtiefe von 16 auf 8 Bit. Wenn Sie jetzt den Verflüssigen-Filter aufrufen, sollten Sie wieder vernünftig arbeiten können. Wichtig ist anschließend, wenn Sie alle Korrekturen ausgeführt haben, nicht mit OK zu beenden, sondern die Option *Gitter speichern* zu nutzen. Die vorgenommenen Einstellungen werden jetzt als Datei mit der Endung *.msh* gespeichert. Danach klicken Sie auf *Abbrechen*. Nun gehen Sie in Ihrem Protokoll zu dem Punkt zurück, bevor Sie Ihr Bild verkleinert haben. Sie können auch direkt den gesetzten Schnappschuss anwählen. Den Filter *Verflüssigen* rufen Sie an dieser Stelle erneut auf und wählen jetzt *Gitter laden* und dort die gesicherte Datei mit der Endung *.msh* aus. Die zuvor in niedriger Auflösung durchgeführten Änderungen werden nun in Ihr Bild hineingerechnet.

Werkzeuge im Fenster Verflüssigen

Für die Beautyretusche werden vor allem drei Bereiche des Filters *Verflüssigen* benötigt. Nach dem Aufrufen präsentiert sich ein separates Fenster. Dort befindet sich links eine Werkzeugleiste. Die für das jeweilige Werkzeug geltenden Werkzeugoptionen befinden sich im rechten oberen Fensterbereich. Damit eine Kontrolle über durchgeführte Änderungen direkt bei der Ausführung erkennbar ist, können in dem Bild vorhandene Ebenen als Hintergrund eingeblendet werden. Wenn die Checkbox für *Hintergrund einblenden* mit einem Haken versehen wurde, kann die Sichtbarkeit der angezeigten Ebenen mit dem Regler *Deckkraft* eingestellt werden.

Der Filter Verflüssigen kann nicht auf ein Smart-Objekt angewendet werden. Ob das in einer zukünftigen Photoshop-Version möglich sein wird, ist zum jetzigen Zeitpunkt noch nicht bekannt. Zurzeit gibt es hier einen Bruch in der nichtdestruktiven Arbeitsweise! Für die Anwendung des Filters Verflüssigen muss der gezeigte Bildinhalt auf eine Ebene reduziert kopiert werden und diese Ebene muss auch bei einer Ebenendeckkraft von 100 % bleiben.

Sollten Sie eine der ersten oder eine Box-Version von Photoshop CS5 erworben haben, führen Sie unbedingt eine Aktualisierung Ihrer Version durch (Menüpunkt Hilfe → Aktualisierungen). CS5 arbeitete bei meinem Rechner in der Anfangsphase extrem zähflüssig. Nach einer Aktualisierung konnte ich wieder entspannt mit dem Filter Verflüssigen arbeiten.

Abb. 6–11

Die roten Markierungen zeigen die bei einer Beautyretusche am häufigsten benötigten Werkzeuge des Filters Verflüssigen.

Vorwärts-krümmen-Werkzeug
Rekonstruktions-Werkzeug
Strudel-Werkzeug – Uhrzeigersinn
Zusammenziehen-Werkzeug
Aufblasen-Werkzeug
Nach-links-schieben-Werkzeug
Spiegeln-Werkzeug
Turbulenz-Werkzeug
Fixierungsmaske-Werkzeug
Maske-lösen-Werkzeug

Abb. 6–12

Bezeichnung der Werkzeuge des Verflüssigen-Filters

Die Optionen Pinseldruck und Pinseldichte

Bei den Werkzeugoptionen des Filters *Verflüssigen* ist der Begriff der Pinselgröße noch eindeutig, während die Optionen *Pinseldichte* und *Pinseldruck* auf den ersten Blick nicht sofort ihre Wirkungsweise offenbaren. Anhand einer glatten und vor allem sehr gut sichtbaren Kante lässt sich gut beobachten, wie beide Werkzeugoptionen Einfluss auf das spätere Ergebnis nehmen.

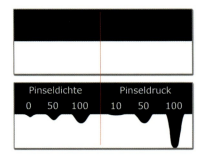

Abb. 6–13

Ein einfaches Rechteck, gefüllt mit einer schwarzen und einer weißen Fläche, lässt erkennen, wie sich Pinseldichte und Pinseldruck auf das Ergebnis auswirken. Alle Verzerrungen wurden mit einer identischen Mausbewegung erstellt und zeigen, dass bei einem Pinseldruck von 100 nur sehr wenig Kontrolle möglich ist.

Mit einem steigenden Wert für die *Pinseldichte* werden die Kanten, ausgehend von der Pinselmitte, zum Rand hin weicher. Bei der Einstellung 0 ähnelt der erzielte Effekt noch mehr einem Dreieck, während bei 100 eine glockenähnliche Form erreicht wird.

Die Option *Pinseldruck* gibt die Geschwindigkeit vor, mit der gewünschte Verzerrungen erfolgen. Je niedriger der Wert für den Pinseldruck gewählt wurde, desto langsamer wird die Verzerrung ausgeführt – und umgekehrt erfolgt die Verzerrung bei hohen Werten immer schneller.

> Als Faustformel gilt, dass feine und differenzierte Korrekturen nur möglich sind, wenn die Werte für Pinseldruck und Pinseldichte nicht über 50 liegen. Werden sehr runde Formen gewünscht, muss die Pinseldichte oftmals höher als 50 eingestellt werden. Aber wie bei anderen Werkzeugen gilt auch hier, dass der ideale Wert von der Auflösung des verwendeten Bildes abhängt.

Anwender, die mit einem Grafiktablett arbeiten, können zusätzlich die Option Stiftandruck aktivieren. In diesem Fall wird der unter Pinseldruck eingestellte Wert mit dem Druckwert des Grafiktabletts multipliziert (vgl. Abbildung 6–13).

Das Verflüssigen

Der Großteil des Bodyformings wurde bereits mit dem Formgitter erledigt. Es bleibt aber nicht aus, dass noch etwas Nachbearbeitung notwendig ist, da bestimmte Aktionen beim Bodyforming mit den Werkzeugen des Verflüssigen-Filters besser oder überhaupt erst erledigt werden können. Zum Beispiel bieten die Werkzeuge *Aufblasen* und *Zusammenziehen* Möglichkeiten, die mit dem Formgitter nicht machbar sind.

Wir starten mit der Nachbearbeitung bei der Körperregion in Form eines Dreiecks, welche sich aus dem rechten Oberschenkel und dem darauf angewinkelten linken Bein ergibt. Damit es nicht zu ungewollten Verschiebungen an Körperstellen kommt, die nicht verändert werden sollen, kann eine Fixierungsmaske angelegt werden (vgl. Abbildung 6–14, rote Maskierung). Bereiche unterhalb der Maske können nicht verflüssigt werden. Das gilt aber nur, wenn die Werte für Pinseldruck und Pinseldichte auf 100 gesetzt werden. Sind die Werte niedriger, entspricht dies nicht einer Maskierung von 100 %. Wird der Wert für die Pinseldichte verringert, entspricht dies einer Art weicher Auswahlkante am Rand der Maskierung. Wird der Wert für den Pinseldruck verringert, werden die maskierten Bereiche entsprechend verringert ebenfalls verzerrt.

Um gleichmäßige Körperformen zu erzeugen, wählen Sie im nächsten Schritt das Werkzeug *Vorwärts krümmen*. Die Werte für den Pinseldruck und die Pinseldichte sollten nicht zu hoch angesetzt werden. Für beide Werte empfiehlt sich zu Beginn ein Wert zwischen 40 und 50. Anders sieht es mit der Größe der Pinselspitze aus. Soll wie in Abbildung 6–14 die Wade in eine gleichmäßige Form gebracht werden, muss eine große Pinselspitze verwendet werden. Je nach Bild kann der Wert durchaus 200, 300 oder mehr betragen. Das gleichmäßige Verflüssigen wird durch ein Grafiktablett erheblich leichter.

Abb. 6–14

Eine Maskierungsmaske schützt Bildbereiche vor ungewolltem Verflüssigen.

Bei der Arbeit mit dem Filter *Verflüssigen* kommt es immer wieder vor, dass ausgeführte Korrekturen rückgängig gemacht werden müssen. Hierfür steht Ihnen das Rekonstruktions-Werkzeug zur Verfügung (vgl. Abbildung 6–12), mit dem Sie einzelne Bereiche schrittweise wieder in ihren Ursprung zurückschieben können. Für größere Bereiche gibt es zwei globale Rekonstruktionsmethoden bei den Werkzeugoptionen (*Alles wiederherstellen* und *Rekonstruieren*). Die Funktion *Alles wiederherstellen* setzt das gesamte Bild auf den Ursprungszustand vor dem Verformen zurück. Mit jedem Klick auf die Schaltfläche *Rekonstruieren* wird gleichmäßig über das gesamte Bild ein Teil der Änderungen zurückgenommen.

Das Verflüssigen erfordert einiges an Übung und hängt entscheidend von der passenden Auswahl der Pinselgrößen ab. Zu kleine Spitzen erschweren das Formen gleichmäßiger Linien und zu große Spitzen verschieben mehr als gewünscht. Auch werden sehr unterschiedliche Ergebnisse durch den gewählten Ansatzpunkt beim Vorwärts-krümmen-Werkzeug erreicht. Erfolgt der Ansatz von außerhalb der Kontur, kommt es zu einer Stauchung und einer Erhöhung der Kantenschärfe. Je weiter der Ansatz nach innen verlagert wird, desto weniger wird die Außenkante beeinflusst. Diese Überlegungen sind vor allem dann wichtig, wenn Muster und Strukturen betroffen sind oder die Kantenschärfe mit beeinflusst werden soll.

Wichtig ist, die Proportionen im Bild zu erhalten. Ein gutes Beispiel hierfür ist der Schattenverlauf entlang eines Oberschenkels. Wird dieser nur von außen schmaler gemacht, bleibt der vorhandene Schattenverlauf wie gehabt, der helle Bereich jedoch wird schmaler. Im Extremfall kann es so weit kommen, dass der Schatten, proportional betrachtet, unrealistisch breit wird. Deshalb muss in einem solche Fall der Schatten in seiner Breite angeglichen werden.

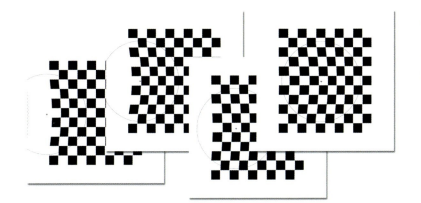

Abb. 6–15

Unterschiedliches Ansetzen mit dem Vorwärts-krümmen-Werkzeug erzielt unterschiedliche Ergebnisse.

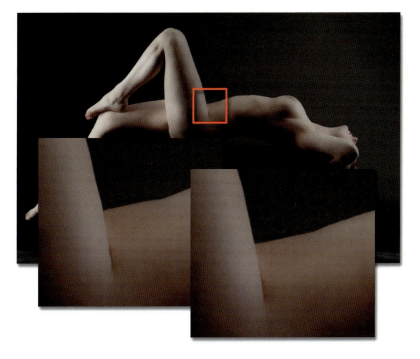

Abb. 6–16

Das bisherige Beispielbild nach der Feinkorrektur mit dem Verflüssigen-Filter. Korrekturen erfolgten nicht nur im Bereich der Beine (vgl. Abbildung 6–14), sondern unter anderem auch beim Bauch (rote Markierung).

Das Aufblasen-Werkzeug

Die Arbeitsweise des Aufblasen-Werkzeug betrachten wir anhand eines anderen Bildbeispiels (siehe Abbildung 6–18). Bei dem gezeigten Ausschnitt soll die Oberweite vergrößert werden soll. Um die Sache zu erschweren, handelt es sich um eine Aufnahme, bei der eine Korsage getragen wird – dazu gleich mehr Informationen.

Die Arbeitsweise des Aufblasen-Werkzeugs verdeutlicht wieder eine abstrakte Grafik, eine schwarzweiß karierte Fläche (siehe Abbildung 6–17). Wenn Sie das Werkzeug anwenden, werden Sie merken, dass der Effekt immer stärker wird, vergleichbar mit dem Aufblasen eines Luftballons. In der Mitte wirkt das Werkzeug *Aufblasen* am stärksten, dort findet die stärkste Wölbung statt. Je nach Einwirkzeit und ausgehend von der Mitte nimmt die Größe zu und die Wölbung zum Randbereich hin langsam ab. Für Retuschearbeiten heißt dies, dass wir im Mittelpunkt mit der stärksten Verzerrung in Form einer Streckung und zum Randbereich hin mit einer Stauchung rechnen müssen.

Abb. 6–17

Beim Werkzeug Aufblasen wird der stärkste Effekt in der Mitte der Werkzeugspitze erzielt. Mit zunehmender Nähe zum Rand verringert sich die Stärke des Effekts.

Die Arbeitsweise des Werkzeugs *Aufblasen* bedingt den Einsatz einer großen Pinselgröße. Für die geplante Brustvergrößerung gilt als Faustregel, dass die Pinselgröße im Idealfall das Doppelte der vorhandenen Oberweite betragen soll. Je nach Auflösung des Bildes kann es vorkommen, dass der maximal einstellbare Wert für die Pinselgröße erreicht ist, bevor dieser den doppelten Umfang der Oberweite hat. In diesem Fall nehmen Sie den möglichen Maximalwert für die Pinselgröße oder greifen auf die Methode des Kapitels *Flüssiges Arbeiten mit dem Filter Verflüssigen* zurück. Da bei dieser Methode die Bildgröße verringert wird, die maximal einstellbare Pinselgröße im Verflüssigen-Filter aber gleich bleibt, kann diese im Verhältnis zu Körperregionen wieder deutlich größer eingestellt werden. Der Parameter Pinseldruck wird bei der Aktivierung des Aufblasen-Werkzeugs ausgegraut. Stattdessen kann die Pinselgeschwindigkeit eingestellt werden. Hier gilt es einen sehr kleinen Wert einzustellen, um genau arbeiten zu können, oftmals arbeite ich hier sogar nur mit Werten von 3 oder 4. Die Pinseldichte kann wie zuvor mit relativ hohen Werten verwendet werden, um eine eher glockenähnliche Form zu erzeugen (vgl. Abbildung 6–13, Option Pinseldruck und Pinseldichte).

Der Wert für die Pinselgeschwindigkeit muss bei der Benutzung des Werkzeugs *Aufblasen* sehr klein eingestellt werden. Anders sieht es mit der Pinseldichte aus, dieser Wert sollte nicht zu klein gewählt werden! Gute Ergebnisse erreiche ich in fast allen Fällen mit Werten zwischen 50 und 60.

Je höher der Wert für die Pinselgröße ist, desto mehr Berechnungen muss der genutzte Rechner leisten, was zur Folge hat, dass das Aufblasen-Werkzeug immer schwerer steuerbar wird und auf einigen Rechnern nur noch ruckartig reagiert. Auch hier lässt sich mit der Methode aus dem oberen Unterkapitel Flüssiges Arbeiten mit dem Filter Verflüssigen *Abhilfe schaffen.*

Abb. 6–18

Alle drei Einstellungen für die Pinseldichte wurden an derselben Stelle angewendet. Bei einer Pinseldichte von 0 findet der stärkste Effekt in der Mitte statt, was eine unschöne Verzerrung zur Folge hat. Bei 50 erfolgt eine gleichmäßige Vergrößerung und bei einem Wert von 100 wird die Mitte zu wenig vergrößert, was das Zentrum der Brust etwas abgeflacht erscheinen lässt.

Um eine gleichmäßige Vergrößerung zu erreichen, wird ausgehend von dem Mittelpunkt der Brust die gesamte Oberfläche bearbeitet. Für ein möglichst natürliches Ergebnis muss die Einwirkzeit und damit die erzielte Effektstärke zum Randbereich hin verringert werden (eine geringere Einwirkzeit wird durch kürzere Klicks mit der Maus erreicht).

Der erwünschte Effekt der Brustvergrößerung hat natürlich auch Einfluss auf die Korsage gehabt. Durch die Vergrößerung ist es hier zu Verzerrungen und Unschärfen gekommen (vgl. Abbildung 6–19).

Verzerrungen sind beim Verflüssigen nicht vermeidbar und fallen, je nach Korrekturstärke, mal mehr und mal weniger stark aus. Sind die Verzerrungen nur gering, so sind diese in der Gesamtansicht entweder gar nicht wahrnehmbar oder können durch vorsichtiges und punktuelles Nachschärfen an die anderen Bildinhalte angeglichen werden. Ist wie bei der Korsage eine auffällige Störung eingetreten, muss diese manuell ausgebessert werden.

Bei Aktaufnahmen sollte die Brustwarze mit einer Maskierungsmaske versehen werden. Ohne Maskierung wird die Brustwarze unter Umständen zu groß und bei 100 % Maskierung im Verhältnis zu klein. Daher sollte man die Werte für Pinseldruck und Pinseldichte auf weniger als 100 % einstellen. Werte um 70 erreichen meistens gute Ergebnisse.

Abb. 6–19

*Der Einsatz des Filters Verflüssigen verur-
sacht auf jeden Fall Verzerrungen in der
Korsage. Je nach Betrachtungsabstand
und Vergrößerung sind diese mehr oder
weniger gut erkennbar.*

Original　　　Nachher

Korrekturen mit der Transformation Verkrümmen

In Fällen wie der Korsage sind die Verzerrungen sehr auffällig, da das feine Muster der Korsage deutliche Störungen aufweist. Ein erneutes Verformen schafft hier keine Abhilfe. Eine relativ einfache Möglichkeit ist, das benötigte Muster von der Originalebene zu holen.

Dafür wird die Originalebene mit unverzerrter Korsage aktiviert und dort eine Auswahl um den Bereich gelegt, der wiederhergestellt werden soll. Anschließend modifizieren Sie die Auswahl mit der Funktion *Kante verbessern*. Nicht mitausgewählt wird der obere Rand der Korsage.

Kopieren Sie den ausgewählten Bereich in eine eigene Ebene und passen jetzt die Form mit Hilfe der Transformation *Verkrümmen* (*Bearbeiten → Transformieren → Verkrümmen*) an die Ebene mit der vergrößerten Oberweite an. Zum besseren Arbeiten ist es hilfreich, für die Ebene mit dem Ausschnitt der Korsage vorübergehend die Füllmethode *Negativ multiplizieren* (bis CS2 *Umgekehrt multiplizieren*) einzustellen. Dadurch sind die Unterschiede zur darunter liegenden Ebene besser erkennbar. Bei dem Anpassen der Ebenen zueinander kommt es nicht darauf an, eine perfekte Deckung zu erzielen, sondern auf den Erhalt des Korsagenmusters zu achten.

Beim Verkrümmen kommt es zwar ebenfalls zu Verzerrungen, diese sind aber erheblich geringer als die Verzerrungen, die durch den Filter *Verflüssigen* entstehen.

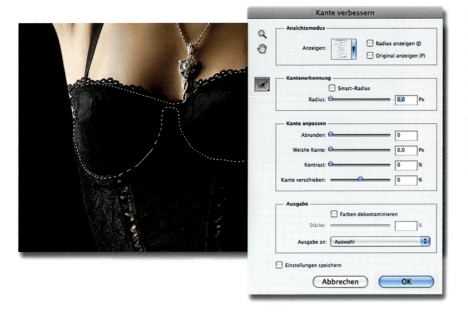

Abb. 6–20

Damit die Verzerrungen der Korsage, die durch das Verflüssigen entstanden sind, ausgebessert werden können, werden genau diese Bereiche von der Originalebene kopiert. Hierfür wird eine entsprechende Auswahl angelegt. Der Rand der Auswahl wird mit der Funktion Kante verbessern optimiert.

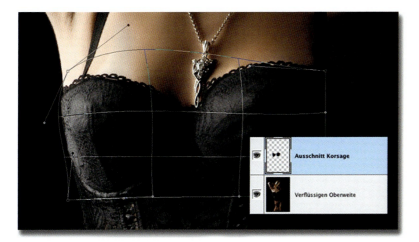

Abb. 6–21

Durch die Füllmethode Negativ multiplizieren grenzt sich die Ebene mit dem Ausschnitt der Korsage besser von der darunter liegenden Ebene ab, was die Bearbeitung deutlich erleichtert.

Die Verzerrungen, die im Muster der Korsage auftraten, sind eine zwangsläufige Nebenwirkung bei der Anwendung des Filters *Verflüssigen*. Je nach Stärke der getätigten Verformungen fallen diese mehr oder weniger auf. Grundsätzlich gilt, dass Verzerrungen, die durch das Aufblasen- und Zusammenziehen-Werkzeug entstehen, stärker wahrgenommen werden als solche, die durch *Vorwärts krümmen* entstehen.

Abb. 6–22

Durch das Überlagern mit dem Korsagenmuster aus der Originalebene konnten die Störungen, die durch das Anwenden des Aufblasen-Werkzeugs entstanden waren, weitgehend beseitigt werden.

Vorher

Nachher

6.5   Bodyforming Man

Frauen stehen bekanntermaßen wesentlich stärker im Fokus der Schönheitsdiskussion, doch mittlerweile entwickelt sich in diesem Bereich beinahe so etwas wie eine Gleichstellung von Mann und Frau, und so müssen sich heute auch die Männer immer öfter der Frage nach dem guten Aussehen stellen – ein Umstand, der das Bodyforming auch für das männliche Geschlecht erschließt.

In Kapitel 1 wurden die Attraktivitätsmerkmale für den Mann untersucht, anhand derer das Bodyforming erfolgen soll. Zu den Merkmalen, die einen Mann attraktiver aussehen lassen, zählen ein flacher und muskulöser Bauch, eine schmale Hüfte, ein knackiges Gesäß und ein sportlicher Oberkörper sowie schlanke und durchtrainierte Beine. Oftmals werden die genannten Merkmale beim Mann zwar recht großzügig ausgelegt, trotzdem ist die Liste nicht weniger anspruchsvoll als jene mit Attraktivitätsmerkmalen für die Frau.

Vorüberlegungen und Werkzeuge

Was die Arbeit mit Photoshop angeht, so herrscht volle Gleichberechtigung, was nichts anderes heißt, als dass die eingesetzten Techniken und Werkzeuge beim Bodyforming für den Mann dieselben bleiben wie für die Frau. Meistens werden Männer- und Frauenporträts mit einer unterschiedlichen Lichtsetzung aufgenommen, was dazu führt, dass bei der Nachbearbeitung zum Teil andere Überlegungen einfließen müssen.

Als Beispielbild für das Bodyforming beim Mann habe ich mich für ein gleichmäßig und relativ schattenfrei aufgenommenes Bild entschieden. Neben der gewünschten Attraktivitätssteigerung werden wir die Körperhaltung des jungen Mannes nach unseren Wünschen anpassen, was aber nicht allein mit den bisherigen Mitteln des Bodyformings zu bewerkstelligen ist. Die hierfür nötigen Arbeitsschritte lassen sich bei einem gleichmäßig ausgeleuchteten Bild besser aufzeigen als bei einem Bild mit zu starken Schatten. In diesem Beispiel wird das neue Transformationswerkzeug Formgitter nicht eingesetzt, daher kann der folgende Workshop auch komplett mit älteren Photoshop-Versionen (ab CS3) nachvollzogen werden.

Wenn die Zeit drängt, wird es hier reichen, den Bauch etwas flacher zu machen und die Hautfalte an der Hüfte zu beseitigen. Da wir aber mehr vorhaben, markieren wir auch noch den Rücken- und Brustbereich. Hier müssen wir ansetzen, um den Oberkörper aufzurichten.

Während bei Frauenporträts gerne weiches Licht eingesetzt wird, darf es bei den Herren der Schöpfung etwas mehr Kontrast und ein härteres Licht sein. Wird mit mehr Kontrast gearbeitet, verstärkt dies die Schatten im Bild, was bei entsprechender Lichtführung die Muskulatur vorteilhaft betont. Nur leider gilt dasselbe auch für Schatten, die von den Problemzonen erzeugt werden, was eine spätere Korrektur in Photoshop erfordert.

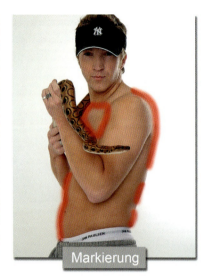

Abb. 6–23
Der erste Schritt ist wieder das Markieren der zu verformenden Bereiche. Parallel zum Bodyforming soll auch die Körperhaltung des Modells verändert werden.

Bauch und Rücken

Der Bauch wird mit dem Filter *Verflüssigen* gleichmäßig nach innen verschoben. Hierbei können mit einer kleineren Pinselgröße die einzelnen Bauchmuskeln etwas herausgearbeitet und so die klassische Sixpack-Form erzeugt werden (siehe Abbildung 6–24). Die inneren Bauchmuskeln zwischen Ellenbogen und Bauchrand können mit dem Werkzeug *Aufblasen* zusätzlich betont werden. Hierbei muss wieder darauf geachtet werden, dass die entstehenden Verzerrungen durch das Aufblasen-Werkzeug im Hautbereich nicht zu auffällig werden. Wird durch die Änderungen der Bauch schmaler, darf die Jogginghose nicht vergessen werden. Diese wird ausgehend vom äußeren Rand am Bund nach innen verschoben.

Wenn der Bauch weniger Umfang besitzt, muss auch die Dehnung des Hosengummis geringer werden. Daher muss der gesamte Bereich gleichmäßig zusammengeschoben werden, was an dem Aufdruck »Jan Paulsen« erkennbar ist. Dieser ist nach dem Verformen ebenfalls schmaler geworden ist.

Die nächste Aufgabe ist das Verkleinern der Hautfalte im Bereich der Hüfte, besser bekannt als Hüftspeck. Mittlerweile für uns schon Routine, wird hierfür das Werkzeug *Vorwärts krümmen* des Filters *Verflüssigen* eingesetzt. Aber auch hier gilt wieder: Weniger ist mehr, was sich bei der Anwendung unterschiedlicher Retuschestärken zeigt. Würde die Hautfalte komplett beseitigt, sodass die Haut absolut gerade an der Unterhose anschließt, erhielte man ein unnatürliches Ergebnis. Einen wesentlich realistischeren Eindruck erhält man, wenn ein kleiner Rest der Hautfalte erhalten bleibt. Auf keinen Fall darf der Übergang von dem Gummizug zur Haut beseitigt werden! Der Gummizug muss etwas in die Haut schneiden, alles andere wäre ebenfalls nicht natürlich.

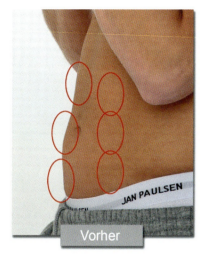 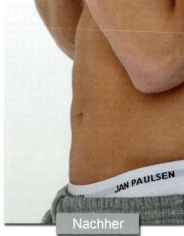

Abb. 6–24

Als Erstes wird der Bauch verkleinert und parallel hierzu werden die Bauchmuskeln stärker herausgearbeitet. Die Jogginghose wird ebenfalls an die neue Bauchform angepasst.

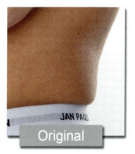  

Abb. 6–25

Die Hautfalte an der Hüfte darf nicht zu stark retuschiert werden, um ein realistisches Ergebnis zu erhalten.

Bevor der Oberkörper aufgerichtet wird, erfolgt noch eine erste Anpassung der Schultern, des Oberarms und der Brustmuskeln.

So wie im vorherigen Beispiel die Verformungen zu Verzerrungen im Bereich der Korsage geführt haben, so führten hier die Verformungen im Bereich des Bizeps und des Brustkorbes zwangsläufig zu Verformungen der Schlange, welche zum jetzigen Zeitpunkt noch so minimal sind, dass sie hier nicht gezeigt werden können. Für spätere Verzerrungen empfiehlt es sich aber, die Schlange freizustellen und in eine separate Ebene zu kopieren. So können später weitere ungewollt entstandene Verzerrungen verdeckt werden (siehe Abbildung 6–32).

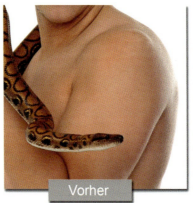

Abb. 6–26

*Zwei kleine marginale Änderungen, welche nur
bei genauem Hinsehen erkennbar sind: Der Bizeps
wurde geringfügig vergrößert und der Brustkorb
angehoben.*

Oberkörper aufrichten

Im nächsten Schritt wird der Oberkörper in die gewünschte Position
gebracht. Hierfür eignen sich die **Transformationswerkzeuge** deutlich
besser als der Filter *Verflüssigen*. Wenn Sie mit dem Transformationswerkzeug *Verkrümmen* noch nicht so geübt sind, können Sie alternativ auch das
Transformationswerkzeug *Verzerren* einsetzen.

Abb. 6–27

*Wird versucht, den Oberkörper inklusive Kopf auf-
zurichten, kommt es unweigerlich zu einer Defor-
mation des Kopfes, die nicht das gewünschte Ziel
sein kann. Wir können dieses Problem umgehen,
indem wir den Kopf freistellen und mittels einer
eigenen Ebene neu positionieren. Zum jetzigen
Zeitpunkt besteht unser Bild aus drei Ebenen.*

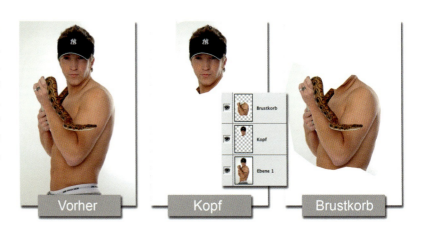

Beim Verzerren des Oberkörpers gilt es darauf zu achten, dass die
Anschlussstellen zum unteren Körperbereich nahezu passend sind und
dass die Körperhöhe erhalten bleiben, also keine Verzerrungen nach oben
oder unten entstehen.

Probieren Sie am besten etwas mit den beiden Transformationswerkzeugen *Verkrümmen* und *Verzerren* herum. Sollten kleinere Stoßstellen nach
dem Transformieren sichtbar sein, so können diese später ausgebessert

werden. Dem Oberkörper folgt der Kopf, welcher nur nach links versetzt werden muss.

Abb. 6–28

Mit der Transformation Verzerren wird der Oberkörper aufgerichtet. Wenn Sie vorher die Ebenendeckkraft der Ebene mit dem Brustkorb reduzieren, können Sie besser beurteilen, wie sich das Verzerren auswirkt.

Sofern sich der aufgerichtete Oberkörper noch auf einer separaten Ebene befindet, können einige der Stoßstellen durch den erneuten Einsatz der Transformation *Verkrümmen* beseitigt werden. Sind die Ebenen bereits reduziert, werden die bekannten Retuschewerkzeuge eingesetzt. Sind alle Stoßstellen und Überlappungen beseitigt, ist es bereits Zeit für ein erstes Fine-Tuning.

Eine Person, die gerade steht, hat normalerweise keinen so runden Rücken und daher ist noch eine Begradigung im unteren Rückenbereich notwendig. Für diese Korrektur setzen wir jetzt wieder den Filter *Verflüssigen* ein und verschieben den unteren Rückenbereich mit dem Werkzeug *Vorwärts krümmen* in eine aufrechte Position. Ebenfalls verformt werden muss der Schulterbereich: Wenn sich eine Person aufrichtet, so kommt die Schulter in eine andere Position, auch wenn der Oberkörper nicht gedreht wird. In unserem Fall würde die Schulter weniger seitlich in unsere Blickrichtung stehen, muss also etwas schmaler wirken.

Wenn Sie nicht sicher sind, wie sich eine veränderte Körperhaltung auf die Darstellung im Bild auswirken muss, probieren Sie es nach Möglichkeit einfach aus. Stellen Sie sich vor einen Spiegel oder bitten Sie jemanden, sich für ein Posing zur Verfügung zu stellen.

Wenn Sie den jetzigen Bearbeitungsstand (siehe Abbildung 6–30) betrachten, ist der gewünschte Effekt des aufgerichteten Oberkörpers zwar erreicht, das Bildergebnis kann aber noch nicht vollständig überzeugen. Ein junger Mann mit der gezeigten Bauch-, Rücken- und Oberarmmuskulatur wird auch über einen deutlich kräftigeren Brustkorb verfügen.

Abb. 6–29

Nachdem der Kopf seine neue Position erhalten hat, bleiben noch Stoßstellen und Überlappungen. Nachdem diese korrigiert sind, wird die Form des Rückens noch etwas begradigt.

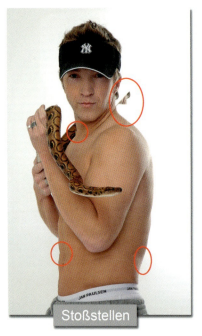

Beim Erzeugen der Auswahl ist zu beachten, dass Sie die Schlange möglichst komplett mitkopieren, dies erspart später Korrekturen im Hautmuster der Schlange.

Abb. 6–30

Nachdem der Oberkörper als Ganzes aufgerichtet wurde, muss die Rücken- und Schulterform angepasst werden. Diese Arbeiten werden mit dem Werkzeug Vorwärts krümmen des Filters Verflüssigen ausgeführt. Die Stoßstelle im unteren Rückenbereich muss anschließend noch retuschiert werden.

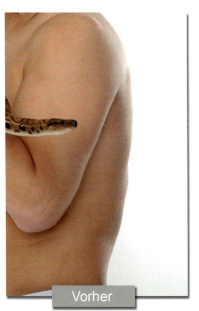
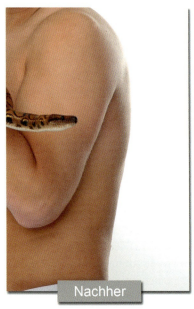

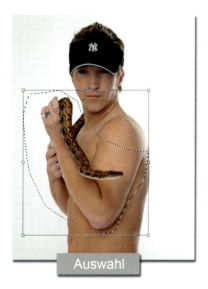

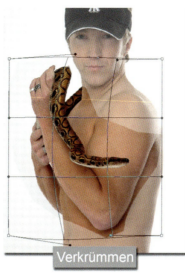

Auswahl   Verkrümmen

Abb. 6–31

Die Vergrößerung des Brustkorbes geschieht wieder durch die Auswahl des entsprechenden Bereiches und das anschließende Kopieren auf eine separate Ebene.

Für die Transformation des Brustkorbes wird in diesem Fall entweder das *Formgitter* oder das Transformationswerkzeug *Verkrümmen* benutzt, da der gesamte Brustkorb nach außen gewölbt werden muss. Eine solche Wölbung kann mit dem Werkzeug *Verzerren* nicht durchgeführt werden und der Filter *Verflüssigen* ist für solche großen Bereiche nicht ausgelegt. In diesem Fall kommt das Werkzeug *Verkrümmen* zum Einsatz. Nach der Anwendung müssen an einigen Stellen entstandene Bildfehler korrigiert werden. Dies geschieht mit dem Filter *Verflüssigen,* dem Kopierstempel und dem Werkzeug *Ausbessern*.

Zu den Bildbereichen, die ausgebessert werden müssen, gehören unter anderem die linke Hand, welche durch das Verkrümmen zu breit geworden ist, sowie der Unterarm, der jetzt zu schmal wirkt. Ein weiterer Bildfehler ist dadurch entstanden, dass die Ebene mit dem verformten Brustkorb nicht alle Bereiche der darunter liegenden Originalebene abdeckt, was dazu führt, dass die alte Position des Oberarmes sichtbar wird. Als Letztes gilt es dann noch das Ellenbogengelenk in eine natürliche Position zu bringen.

Der Vergleich zwischen dem Original und der bearbeiteten Version zeigt deutlich, dass auch Männerporträts durch ein Bodyforming mit den geltenden Attraktivitätsmerkmalen ausgestattet werden können. Ob und wie stark dieses Gestaltungsmittel eingesetzt wird, hängt wie immer vom Kundenwunsch ab. Einen Weg zur weiteren Bearbeitung zeigt die Version des Bildes am Anfang dieses Unterkapitels. Nach der Konvertierung in Schwarzweiß wurde mittels einer leichten Kontraststeigerung die Muskulatur zusätzlich betont. Als Letztes wurde die Höhe des Kopfes durch Verflüssigen niedriger gemacht und mit *Dodge & Burn* (siehe Kapitel 10) die Muskulatur zusätzlich betont.

Abb. 6–32

*Nach dem Vergrößern des Brustkorbes müssen
dabei entstandene Bildfehler korrigiert werden.
Hierbei kommt es zu starken Verzerrungen der
Schlange, welche durch das Überlagern mit der
freigestellten Schlange verdeckt werden.*

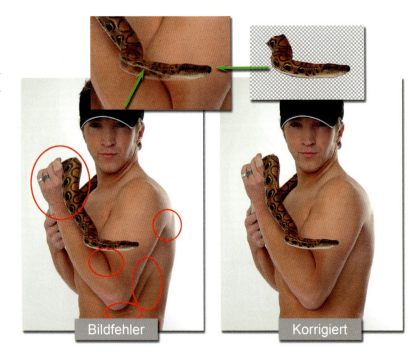

Abb. 6–33

Das Original …

Abb. 6–34

… und das fertig retuschierte Ergebnis

7 Gesichtsform anpassen

7.1 Wie viel Formgebung verträgt ein Gesicht?

Wenn alle Arbeiten in Bezug auf das Bodyforming erledigt sind, steht der nächste Schritt in der Bearbeitungskette an. So wie wir Körperformen anhand bestimmter Änderungen in der empfundenen Attraktivität steigern können, besteht auch die Möglichkeit, das Gesicht einer Person durch Verformungen attraktiver erscheinen zu lassen. Bereits in Kapitel 1, in dem es um die Erkenntnisse der Attraktivitätsforschung und die daraus resultierenden Faktoren für ein schönes Gesicht ging, wurde das Gesicht einer Frau vor und nach einer Optimierung gezeigt. An dieser Stelle geht es jetzt um den Weg dorthin. Dieser wird in diesem Kapitel sehr ausführlich, mit den dazugehörigen Überlegungen aufgezeigt.

Auch in diesem Kapitel werde ich relativ selten Angaben zu den verwendeten Pinselstärken, Einstellungen der Auswahlkanten oder anderen bildspezifischen Einstellungen machen. Eine Angabe zum Beispiel zur Pinselstärke würde Ihnen definitiv nur etwas für das gezeigte Beispielbild nützen. Nehmen wir an, ich nenne hier bei einem Bild mit 4.288 x 2.848 Pixeln als Wert für eine Werkzeugspitze 10 Pixel. Sie wollen nun die Arbeitsschritte an einem eigenen Bild nachvollziehen, das eine Auflösung von 3000 x 2000 Pixeln besitzt. Da ist es leicht sich vorzustellen, dass eine Werkzeugspitze von 10 Pixeln Breite bei beiden Bildern ganz unterschiedlich wirkt. Daher sind Sie immer auf der sicheren Seite, wenn Sie von Anfang an selber mit den Einstelloptionen experimentieren und Ihre eigenen Erfahrungen machen. Zusätzlich bekommen Sie so viel schneller ein Gefühl für die eingesetzten Werkzeuge.

Damit wir uns bei dem sensiblen Bereich des Gesichtes nicht verschätzen oder uns vom eigenen Geschmack zu sehr leiten lassen, nutzen wir die Liste der attraktivitätssteigernden Merkmale aus Kapitel 1 als Grundlage. Das soll natürlich nicht dazu führen, dass jedes Gesicht, das Sie zukünftig retuschieren, in ein Kunstprodukt verwandelt wird, das sich nur noch an wissenschaftlichen Erkenntnissen orientiert. Sinn der folgenden Arbeitsschritte ist es aber, das Gesicht einer Person anhand bestimmter Faktoren in seiner jeweils individuellen Attraktivität zu steigern.

Vor allem bei Porträts von Privatpersonen sollte es Ihnen nicht passieren, dass Ihr Kunde sich auf den Bildern nicht mehr erkennt. Bei allen Möglichkeiten, die uns Photoshop bietet, geht es hier vor allem auch um den Erhalt der Persönlichkeit. Die Arbeit wird uns erneut durch den Umstand erleichtert, dass jede Person eine eigene, individuelle Selbstwahrnehmung besitzt. Diese Selbstwahrnehmung bietet für Retuschearbeiten einen großen Spielraum. Bewegen wir uns innerhalb dieses Bereiches, bleibt uns reichlich Platz für das Optimieren und Herausarbeiten der attraktivitätssteigernden Merkmale, denn genauso wie beim Bodyforming werden Korrekturen bis zu einem bestimmten Maß vom Betrachter nicht bewusst wahrgenommen. Zu beachten ist allerdings auch, dass unsere Wahrnehmung auf Veränderungen im Gesicht empfindlicher reagiert als auf Veränderungen am Körper.

Für die in diesem Kapitel verwendeten Bilder wird ein Teil der Punkte aus der Liste mit den attraktivitätssteigernden Merkmalen angewendet:

❑ Schmaleres Gesicht
❑ Schmalere Augenbrauen
❑ Schmalere Nase
❑ Lippenkorrektur

Zusätzlich werden die Augen noch etwas weiter geöffnet und in der Größe einander angepasst, die Nase wird etwas in der Länge verkürzt.

Was sich bewährt hat, behalten wir bei und schlagen daher den mittlerweile gewohnten Arbeitsweg ein. Der erste Schritt ist daher wieder das Markieren der zu verformenden Bereiche.

 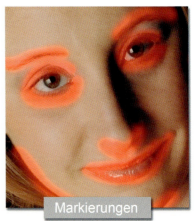

Original   Markierungen

7.2   Schmaleres Gesicht

Im ersten Moment stellt das Verformen eines Gesichtes keine neue Herausforderung dar. Die Werkzeuge sind bekannt und es kann losgehen.

Nachdem Sie eine Kopie der zu bearbeitenden Ebene angelegt haben, wählen Sie wie gewohnt den Filter *Verflüssigen* sowie das Werkzeug *Vorwärts krümmen* und beginnen damit die Gesichtskonturen langsam von außen nach innen zu verschieben.

Die Arbeitsweise mit dem Filter Verflüssigen *und der Transformation* Verkrümmen *wurde im vorherigen Kapitel Bodyforming erläutert. Sollten Sie hier zuerst aufgeschlagen haben und die Werkzeuge noch nicht kennen, bitte ich Sie, sich zuerst dem Kapitel 6, Bodyforming zuzuwenden.*

> Bei allen Verformungen gilt es auch umliegende Hautbereiche zu berücksichtigen! Verschieben Sie nicht nur den Randbereich, sondern auch die Hautbereiche, die etwas innerhalb oder außerhalb liegen. Mit dieser Methode werden die Verzerrungen umliegender Hautbereiche abgemildert, was den Nachbearbeitungsbedarf reduziert und die Qualität des Ergebnisses erhöht.

Abb. 7–2

Bei allen Änderungen im Gesicht ist besondere Sorgfalt geboten. Nehmen Sie sich Zeit und führen Sie gegebenenfalls mehrere Versuche durch.

Wenn Sie mehrere Korrekturen an einem Stück ausführen möchten, überprüfen Sie regelmäßig das Ergebnis Ihrer Arbeit, indem Sie die Checkbox bei der Option *Hintergrund einblenden* deaktivieren. Zu weitgehend durchgeführte Änderungen nehmen Sie mit dem Rekonstruktions-Werkzeug wieder zurück. Nachdem Sie aber den OK-Button des Filters *Verflüssigen* geklickt haben, besteht keine Möglichkeit der Änderung mehr. Natürlich können Sie im Protokollbedienfeld den gesamten Arbeitsschritt rückgängig machen, aber eben nur komplett.

Eine weitere, bereits bekannte Möglichkeit ist das grobe Freistellen der zu verformenden Bereiche und das Verflüssigen auf einer separaten Ebene. Kommt es zwischen den separaten Ebenen aber zu Überlappungen, kann es passieren, dass beim späteren Zusammenfügen durch das gegenseitige Verdecken von Ebenenbereichen ungewollte Effekte auftreten.

Abb. 7–3

Bei dem mittleren Bild zum ersten Versuch wurde die eigentliche Gesichtsform zu stark verändert, das Gesicht wirkt zu länglich. Der zweite Versuch erhält die Gesichtproportionen besser.

Abb. 7–4

Sind bei einem Porträt andere Körperbereiche klar erkennbar, zum Beispiel der Hals, müssen diese bei Änderungen an der Gesichtsform ebenfalls verformt werden, um die Proportionen zueinander zu erhalten.

© Nadine Nowak

7.3 Nasenfaktor

Änderungen an der Nase betreffen häufig die Nasenspitze und somit die Nasenlänge oder -breite. Natürlich kann auch beides zusammen verformt werden.

In dem gezeigten Beispiel soll die Nasenspitze verkürzt und etwas schmaler gestaltet werden. Beide Veränderungen ergeben zusammen eine insgesamt etwas kleinere Nase und die Gesichtszüge erhalten somit einen unbewusst wahrnehmbaren kindlichen Anteil und steigern – gemäß dem Kindchenschema – die Attraktivität.

Für das Verkürzen der Nasenspitze eignet sich einmal mehr das Werkzeug *Vorwärts krümmen* des Filters *Verflüssigen*.

Arbeiten Sie immer mit unterschiedlichen Pinselgrößen. Der kleine Vorsprung im Bereich der Nasenspitze erfordert selbstverständlich eine kleinere Pinselgröße als bei Veränderungen der gesamten Nasenspitze (rote Pfeile in Abbildung 7–5).

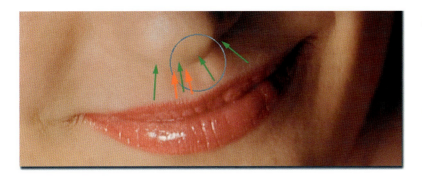

Abb. 7–5

Das Verkürzen der Nasenspitze erfolgt durch gleichmäßige Verschiebungen von der Oberlippe in Richtung Nasenwurzel. Die roten Pfeile markieren den kleinen Vorsprung, der mit einer verringerten Pinselgröße angepasst werden muss.

Aufgrund des schmalen Bereichs zwischen Oberlippe und Nase kommt es beim Verschieben schnell dazu, dass die Oberlippe ungewollt mitverzerrt. Selbst wenn im Anschluss an die Nasenkorrektur noch die Lippen verformt werden sollen, bitte keine ungewollten Verzerrungen im Vorfeld.

Legen Sie bei einer Nasenkorrektur immer eine Fixierungsmaske um Bereiche, die unbemerkt ebenfalls verformt werden können. Hierzu zählen vor allem der Mund und die Augen.

Die Alternative, ausschließlich mit einer kleinen Pinselgröße zu arbeiten, würde das Problem der Verzerrungen auch verhindern, dafür ist das Erzielen einer gleichmäßigen Verformung erheblich schwieriger und wird nur in wenigen Fällen zu einem vergleichbaren Ergebnis führen.

Für die modifizierte Nase in Abbildung 7–6 wurde nach dem Werkzeug *Vorwärts krümmen* noch der Bereich von der Nasenspitze in Richtung Nasenwurzel mit dem Werkzeug *Zusammenziehen* geringfügig schmaler gemacht. Da die Wirkungsweise dieselbe ist wie beim Aufblasen-Werkzeug, erfolgen die Werkzeugeinstellungen und die Anwendung in gewohnter Form (vgl. Kapitel 6). Wichtig ist auch beim Zusammenziehen von Bildteilen, dass die Schatten und Proportionen beobachtet werden.

Bei Veränderungen an der Nase besteht ein relativ großer Spielraum, in dem die gemachten Änderungen immer noch überzeugen, was nicht darüber hinwegtäuschen darf, dass trotzdem mit viel Fingerspitzengefühl gearbeitet werden muss.

Abb. 7–6

Bei einer kleinen Abbildungsgröße ist nur bei genauem Hinsehen erkennbar, dass sich die Oberlippe mitverzerrt hat. Nur mit einer Fixierungsmaske lässt sich dies verhindern.

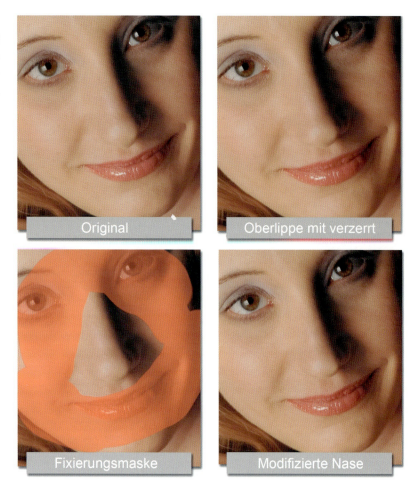

Bei genügend Zeit und hohen Qualitätsansprüchen kann die bereits modifizierte Nase noch verfeinert werden. Rechts an der Nasenspitze befindet sich ein sehr kleiner Schatten, der die Nase ungünstig betont, und die Nasenspitze selber könnte noch etwas schmaler ausfallen. Erzeugen Sie dazu eine Kopie der Ebene mit dem bisherigen Bearbeitungsstand und passen die Form des Schattens im Bereich der grünen Markierung in Abbildung 7–8 mit dem Filter *Verflüssigen* an.

Als weiteres Feintuning wird der Schatten mit dem Nachbelichter- und dem Ausbessern-Werkzeug an der rechten Nasenspitze so angeglichen, dass der Schattenwurf eine gerade Linie ergibt. Danach kommt noch einmal der Filter *Verflüssigen* zum Einsatz, um die Nasenspitze insgesamt etwas schmaler zu gestalten.

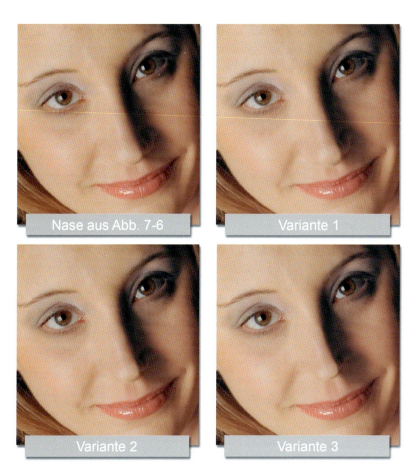

Abb. 7–7

Ausgehend von der modifizierten Nase in Abb. 7–6 sind hier zum Vergleich drei weitere Varianten abgebildet. Während Variante 1 und 2 direkt übernommen werden könnten, würde bei Variante 3 Nachbearbeitungsbedarf bestehen, da Größe und Proportionen der Nase nicht mehr zum Gesicht passen.

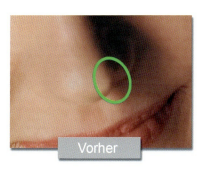
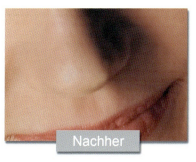

Abb. 7–8

Minimale Korrekturen an der Nasenspitze perfektionieren das Ergebnis.

Durch die Änderungen ist der Schatten entlang der Nasenspitze auf dem Nasenrücken sehr hart geworden. Dieser muss wieder etwas weicher gestaltet werden. Hierfür duplizieren Sie die Ebene und wenden auf der Ebenenkopie den Gaußschen Weichzeichner mit einem geringen Radius an. Mit Hilfe einer Ebenenmaske können Sie den Gaußschen Weichzeichner nur auf den Kantenbereich wirken lassen. Alternativ können Sie den

Gaußschen Weichzeichner auf die aktuelle Ebene anwenden, dann diesen Arbeitsschritt im Protokollbedienfeld als Quelle für den Protokollpinsel auswählen, im Protokollbedienfeld einen Arbeitsschritt zurückgehen und jetzt mit dem Protokollpinsel-Werkzeug über den Kantenbereich zeichnen.

Abb. 7–9

Das Feintuning der Nasenkorrektur mit

Nachbelichter, Verflüssigen-Filter und dem

Gaußschen Weichzeichner

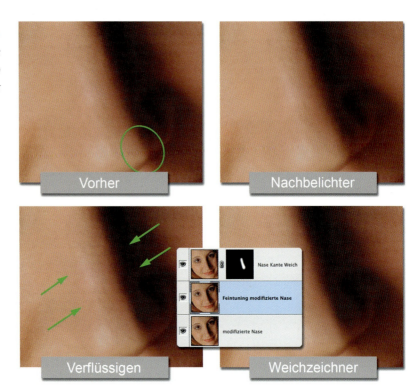

Abb. 7–10

Der Vergleich mit und ohne Feintuning der

Nasenkorrektur

Vor allem die Feinarbeiten kosten oftmals eine Menge Arbeitszeit. Hier ist es besonders wichtig, die Wirtschaftlichkeit nicht aus den Augen zu verlieren, zumal man sich auch immer die Frage stellen sollte, ob der Kunde diese Feinheiten wirklich sieht. Manchmal werden Sie im fertigen Bild die Feinheiten selber nicht mehr wahrnehmen, nämlich dann, wenn die Ausgabegröße solche Details schlicht und ergreifend verschluckt. Schicken Sie eine solche Datei über ein Minilab und lassen das Bild in der Größe 9 × 13 cm anfertigen, werden Sie kaum mehr den Unterschied bei dem eben durchgeführten Feintuning erkennen können. Sie werden auch hier, bei dem Druck im Buch, bereits sehr genau hinsehen müssen, um die letzten Modifikationen wirklich zu erkennen. Arbeiten Sie dagegen an einer Aufnahme, die in einem Posterformat ausgegeben werden soll, kann sich der Aufwand lohnen, vorausgesetzt, die Kalkulation stimmt.

7.4 Augenbrauen

Schmale und gleichmäßige Augenbrauen gehören zu einem schönen Frauengesicht dazu. Doch auch bei Männern gilt, dass Augenbrauen à la Theo Waigel nicht auf der Liste der attraktivitätssteigernden Merkmale zu finden sind und auch bei ihnen zusammengewachsene Augenbrauen unbedingt bearbeitet werden müssen.

Bei dem Beispielbild in diesem Kapitel sind die Augenbrauen sauber gezupft und bedürfen keiner wesentlichen Korrektur. Die rechte Augenbraue geht in ihrer Wachstumsrichtung aber nach oben. Hier ist eine kleine Korrektur durchaus angebracht.

Das Werkzeug der Wahl für diese Aufgabe ist dieses Mal ohne Einschränkung die Funktion *Verkrümmen*. Erstellen Sie eine großzügige Auswahl um den linken Bereich der zu verformenden Augenbraue und erzeugen Sie eine weiche Auswahlkante. Diesen Bereich kopieren Sie in eine separate Ebene rufen bei den Transformationswerkzeugen die Funktion *Verkrümmen* auf. Jetzt verändern Sie die Form der Augenbraue so, dass diese zur Augenbraue auf der anderen Gesichtshälfte passt.

Die großzügige Auswahl stellt sicher, dass nach dem Verformen die bisherige Form der Augenbraue durch die neue Ebene verdeckt bleibt.

> Wählen Sie nicht die gesamte Augenbraue aus! In diesem Fall können Sie mit der Funktion *Verkrümmen* nicht optimal arbeiten, da sich anschließend beim Verkrümmen die gesamte Augenbraue verzerrt und das äußere Ende, um welches es bei der Korrektur geht, nicht exakt genug positioniert werden kann.

 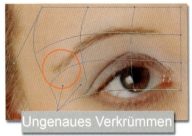

Abb. 7–11

Mit der Funktion Verkrümmen lässt es sich bei kleineren Bereichen genauer arbeiten als bei zu großen. In diesem Fall kann das Ende der Augenbraue nicht richtig in die neue Position gebracht werden. Außerdem gibt es Verzerrungen, die sich auf die gesamte Augenbraue auswirken.

Beim Verkrümmen wird die gesamte Ebene verkrümmt, weshalb auch jene Hautbereiche, die mit der Augenbraue ausgewählt wurden, verformt werden. Zum einem ist das wichtig, um unerwünschte Bereiche der darunter liegenden Ebene zu verbergen, zum anderen sorgt dies natürlich auch dafür, dass Bereiche, die eventuell nicht verdeckt werden sollen, ebenfalls nicht mehr sichtbar sind. In unserem Fall wird ein Teil des Auges von der Ebene mit der korrigierten Augenbraue verdeckt (siehe Abbildung 7–12, Verkrümmen). Die schnellste und einfachste Methode, um Abhilfe zu schaffen, ist das Anlegen einer Ebenenmaske.

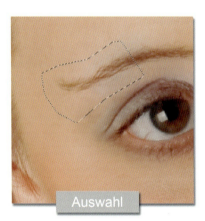 

Abb. 7–12

Wurde der Bereich, auf den die Funktion Verkrümmen angewendet wird, passend gewählt, ist ein sehr exaktes Arbeiten möglich. Passend heißt beim Verkrümmen so viel auszuwählen wie nötig und so wenig wie möglich.

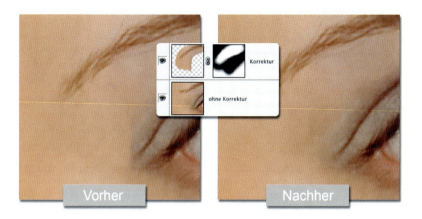

Abb. 7–13

*Im Anschluss an die Korrektur der Augenbraue
werden Teile des Auges verdeckt. Mit einer
Ebenenmaske ist die Ausbesserung schnell und
unkompliziert erledigt.*

Augenbrauen zupfen

Für das Zupfen der Augenbrauen kommen einmal mehr die klassischen Retuschewerkzeuge zum Einsatz, weshalb diese Aufgabe auch in den Bereich der Retuschearbeiten passen würde. Da wir uns hier aber ohnehin mit dem Thema Augenbrauen beschäftigen, finde ich es durchaus passend, an dieser Stelle ein kleines Beispiel zum digitalen Zupfen von Augenbrauen zu zeigen.

Legen Sie eine neue Ebene an, wählen den Kopierstempel als Werkzeug aus und den Effektmodus *Aufhellen* für den Kopierstempel.

Als zu kopierenden Bereich wählen Sie Hautbereiche, die sich direkt neben den zu zupfenden Augenbrauen befinden. Da die Hautbereiche heller sind als dunkle Augenbrauen, wird die Haut zwischen den Haaren der Augenbrauen nicht oder nur minimal verändert, während die Haare selbst überstempelt werden.

Sie werden feststellen, dass bei einer Deckkraft des Kopierstempels von 100 % die retuschierten Stellen viel zu hell werden. Reduzieren Sie daher die Deckkraft deutlich. Nicht selten reichen für die Deckkraft Werte von 20 % bis 30 %, manchmal benötigen Sie aber auch Werte von 60 % oder mehr.

Zu Erinnerung: Im Effektmodus Aufhellen werden nur die Pixel verändert, welche dunkler sind als jene Pixel, welche zuvor mit der Alt-Taste als zu kopierender Bereich definiert wurden.

Sollten Sie es mit einem Porträt einer braun gebrannten Person zu tun haben, die über sehr helle Augenbrauen verfügt, dann müssen Sie als Effektmodus gegebenenfalls den Modus Abdunkeln wählen.

> Während der Arbeit mit dem Kopierstempel müssen Sie für ein optimales Ergebnis auch öfter die Werte für Deckkraft, Pinselgröße und Härte ändern! Nur weil eingestellte Werte im linken Bereich der Augenbraue ein gutes Ergebnis erzielen, heißt das noch lange nicht, dass mit diesen Werten an anderen Stellen der Augenbraue ein gleich gutes Ergebnis erzielt wird.

Je nach Struktur der Bildbereiche und Anwendung des Kopierstempels erreichen Sie unterschiedliche Ergebnisse. Befinden sich um die Augenbrauen herum Schattenbereiche oder unterschiedliche Hautstrukturen, werden Sie nach der Arbeit mit dem Kopierstempel leichte, aber dennoch sichtbare Störungen erkennen. Diese Störungen lassen sich auch durch unterschiedliche Einsatzarten des Kopierstempels fast nie vermeiden und sind unabhängig davon, wie Sie den Kopierstempel einsetzen.

Abb. 7–14

Die Abfolge der Retuschearbeit Augenbrauen zup-fen. Zum jetzigen Zeitpunkt erfolgt die Retusche lediglich mit dem Kopierstempel im Effektmodus Aufhellen und mit verringerter Deckkraft.

Original

Bearbeitungsstufe 1

Bearbeitungsstufe 2

Augenbraue fertig

Beim Verschmälern der Augenbrauen entfernen Sie nach Möglichkeit immer mehr Haare von der Unter- als von der Oberseite. Durch das Entfernen von Haaren an der Unterseite vergrößert sich der Abstand zwischen Augen und Augenbrauen. Rein optisch wirken bei den meisten Personen die Augen dadurch bereits größer. Außerdem verdient der höchste Punkt der Augenbraue unsere Aufmerksamkeit. Dieser sollte nach der Korrektur über der Pupille sitzen.

Wenn Sie den Kopierstempel mit einer Ziehbewegung einsetzen, dann erhalten Sie oftmals eine mehr flächige Struktur. Versuchen Sie diesem Problem durch echtes Stempeln, also durch eine Unmenge von Klicks mit der Alt-Taste und drauffolgende Stempelklicks zu entgehen, haben Sie zwar mehr Arbeit, aber ebenfalls keine Garantie für eine optimale Struktur. Mögliche Fehler bei dieser Methode sind sichtbare Ränder der Werkzeugspitze oder Strukturfehler.

Nach meiner Erfahrung ist die schnellste Methode zum Entfernen überschüssiger Augenbrauen der Einsatz des Kopierstempels mit einer Ziehbewegung und der lokalen Anpassung von Deckkraft, Pinselgröße und Härte. Falls Störungen in der Hautstruktur entstanden sind, werden diese im Anschluss mit dem Ausbessern-Werkzeug beseitigt. Dank seiner Eigenschaft, die Struktur, Beleuchtung und Schattierung eines gewählten Bereiches an einen zweiten Bereich anzupassen, eignet es sich hervorragend zum Ausbessern von Hautbereichen. Das Reparatur-Werkzeug passt zwar ebenfalls Struktur, Beleuchtung und Schattierung an, kann aber nicht so exakt wie das Ausbessern-Werkzeug in genau definierten Bereichen eingesetzt werden.

Abb. 7–15

Beim rechten Auge, der Schattenseite, sind sichtbare Störungen durch die Arbeit mit dem Kopierstempel entstanden. Die Nachher-Abbildung zeigt, wie perfekt das Ausbessern-Werkzeug diese Aufgabe meistert und die Störungen entfernt.

Abb. 7–16

Der Gesamteindruck nach dem Bearbeiten der Augenbrauen und weiterer Merkmale der Attraktivitätsforschung (u. a. schmaleres Gesicht, kleinere Nase) und vor allem der Hautretusche, die im nächsten Kapitel behandelt wird.

Vorher

Nachher

7.5   Augenkorrektur

Dass die Korrekturen der Augen und der Augenbrauen in einem Zusammenhang erfolgen sollen, lässt sich leicht nachvollziehen. Welchen der beiden Arbeitsschritte Sie als Erstes ausführen, ist eine Entscheidung, die explizit für jedes Bild getroffen werden muss. Sollen die Augen deutlich vergrößert werden, dann ist es sinnvoller, die Augenbrauen erst im Anschluss zu korrigieren. Bei kleinen Änderungen können aber auch die Augenbrauen als Erstes bearbeitet werden. Als grundsätzliche Regel kann die Empfehlung gelten, dass der Arbeitsschritt, der den größeren Aufwand bedeutet, zuerst ausgeführt wird.

In diesem Kapitel habe ich zuerst die Augenbrauen retuschiert und jetzt folgen die Korrekturen an den Augen. Als Erstes gilt, dass bei den wenigsten Personen die Augen symmetrisch sind. Weitere Faktoren, die eine Korrektur erforderlich machen können, sind die Aufnahmeperspektive, das gesetzte Licht, die Augengröße selbst oder eine unterschiedlich große Augenöffnung bei der porträtierten Person. Wie auch immer, auf jeden Fall gibt es wieder genug Spielraum für uns, um auch die Augen einer Optimierung zu unterziehen.

Beginnen wir mit der Symmetrie. Sind die Augen nicht symmetrisch, reicht meistens eine Korrektur mit dem Werkzeug *Vorwärts krümmen* des Verflüssigen-Filters.

Beachten Sie, dass sich beim Verformen der Augenränder auch die Pupillen immer in irgendeiner Form mitverzerren! Diese müssen dann wieder in eine runde Form gebracht werden, was kein leichtes Unterfangen ist. Ein Fehler in der Pupille wird schnell wahrgenommen. Besser ist es daher, wenn Sie beim Anwenden des Verflüssigen-Filters eine Fixierungsmaske um die Pupille angelegen.

Fixierungsmaske um die Pupille

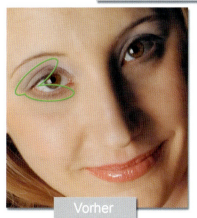

Vorher

Nachher

Abb. 7–17

Das Auge wurde lediglich mit dem Werkzeug Vorwärts krümmen des Verflüssigen-Filters in die korrekte Form gebracht. Um der Gefahr einer Mitverformung der Pupille zu entgehen, wurde diese mit einer Fixierungsmaske geschützt.

Das rechte Auge wirkt noch etwas kleiner als das linke und wird jetzt von uns in der Größe angepasst. Am leichtesten kann dies mit dem Aufblasen-Werkzeug des Verflüssigen-Filters durchgeführt werden, aber bitte nur mit sehr viel Feingefühl! Schnell werden übergroße Augen mit riesigen Pupillen produziert, die eher an einen gerade getätigten Augenarztbesuch und die Anwendung von Mydriatikum (pupillenerweiterndes Medikament) oder an ein Manga-Comic erinnern.

Auf jeden Fall ist wieder eine Fixierungsmaske für die Pupillen erforderlich, welche diesmal aber nicht mit maximaler Fixierung, also nicht mit 100 % Pinseldruck und Pinseldichte, erfolgt. Bei 100 % Fixierung würden die Pupillen sich überhaupt nicht mitvergrößern, was in diesem Fall auch nicht wünschenswert ist, da sonst der umgekehrte Fall zur übergroßen Pupille eintritt, nämlich ein riesiges Auge und eine Mini-Pupille.

Abb. 7–18

Die Pinselgröße für das Aufblasen-Werkzeug sollte nach Möglichkeit größer sein als das gesamte Auge. Bei kleinen Änderungen kann es auch reichen, das Werkzeug Vorwärts krümmen einzusetzen.

Abb. 7–19

Die Vergrößerung der Augen wurde mit dem Aufblasen-Werkzeug bei einer Teilfixierung der Pupillen durchgeführt.

Vorher   Nachher

Eine Alternative zu dem Aufblasen-Werkzeug bei kleinen Änderungen ist der Einsatz der Transformation *Verkrümmen*. Hierfür muss das Auge mit genügend Randbereich ausgewählt werden und kann dann auf der separaten Ebene verkrümmt werden. Mit etwas Übung lassen sich so ebenfalls sehr überzeugende Ergebnisse erzielen. Bei stärkeren Vergrößerungen empfiehlt sich aber dann doch das Aufblasen-Werkzeug, da beim Verkrümmen die Pupille nicht fixiert werden kann und schnell an Form verliert.

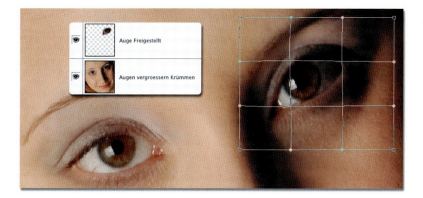

Abb. 7–20

Die Transformation Verkrümmen kann ebenfalls für geringe Vergrößerungen der Augen eingesetzt werden.

7.6 Lippen

Volle und gepflegte Lippen sind auf jeden Fall ein wichtiger Punkt auf der Liste der attraktivitätssteigernden Merkmale. Da liegt es nahe, dass so manche Person auch bei einem Porträt nichts gegen eine kleine Korrektur der Lippen einzuwenden hat.

So leicht, wie die Änderung der Nase sein kann, so schwer ist eine glaubhafte Korrektur der Lippenform. Während die Lippenfarbe leicht geändert werden kann, ist das Verformen der Lippe wesentlich mühsamer. Nicht nur, dass die Lippenform an dem gesamten Gesichtsausdruck entscheidend beteiligt ist: Die Lippe ist nie glatt und gleichmäßig, sondern enthält eine Vielzahl feiner Hautvertiefungen. Für die Arbeit mit dem Verflüssigen-Filter und den einhergehenden Verzerrungen sind das harte Bedingungen.

Wie immer hängt das Ergebnis von dem Original ab. Aufnahmen, bei denen die Lippen relativ frontal aufgenommen und sauber ausgeleuchtet sind, können wir bis zu einem bestimmten Vergrößerungsgrad mit dem Verflüssigen-Filter und dort mit den Werkzeugen *Aufblasen* und *Vorwärts krümmen* bearbeiten. Sollte sich die Lippenform durch die Anwendung des Aufblasen-Werkzeuges ungewollt verändert haben, werden diese Bereiche anschließend mit dem Werkzeug *Vorwärts krümmen* wieder in die gewünschte Position gebracht.

Auch wenn vollere Lippen bei Männern ebenfalls gefragt sind, so ist trotzdem Vorsicht geboten. Zu volle Lippen bei einem Mann werden unter Umständen als zu weiblich eingestuft und es kommt eher zu einer Attraktivitätsminderung. Also wie immer: Weniger ist oftmals mehr.

Abb. 7–21

Ein leichtes Vergrößern ist mit den Werkzeugen des Verflüssigen-Filters oftmals gut möglich. Bei stärkeren Vergrößerungen (Abb. rechts) bleibt letztlich die Frage, ob das Ergebnis überzeugen kann.

Während die erste Vergrößerung noch einen guten Eindruck hinterlässt, gilt für die zweite bereits, dass genau überlegt werden muss, ob dieses Ergebnis noch überzeugt und auch für eine Großvergrößerung geeignet ist. Für kleinere Vergrößerungen der kompletten Lippe kann gut mit dem Filter *Verflüssigen* gearbeitet werden. Andere Mittel sind gefragt, wenn eine stärkere Vergrößerung erzielt werden soll oder eine Aufnahme die Lippen nicht frontal präsentiert. Eine Retuschearbeit, die durchaus öfters vorkommt und schwieriger ist als das Vergrößern der gesamten Lippe, ist das getrennte Verändern der Ober- und der Unterlippe. Hier führt ein einfaches Aufblasen zu keinem guten Ergebnis. Um eine Oberlippe allein in ihrer Form zu verändern, wird sie als Erstes freigestellt und auf eine separate Ebene kopiert. Oberhalb der Lippe sollte etwas Haut mit freigestellt und kopiert werden.

Abb. 7–22

Mit dem Polygon-Lasso-Werkzeug und der Funktion Kante verbessern ist die Oberlippe schnell freigestellt und auf eine separate Ebene kopiert.

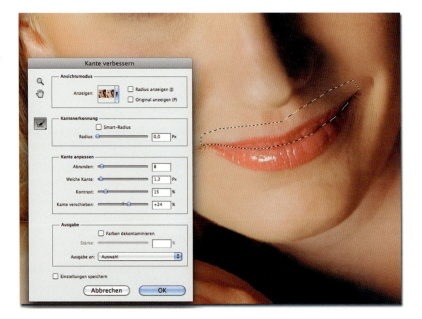

Das Verformen der so freigestellten Oberlippe kann entweder mit dem Filter *Verflüssigen* erfolgen oder aber mit der Transformationsfunktion *Verkrümmen*. Persönlich nutze ich in solchen Fällen lieber die Funktion *Verkrümmen*, da die Proportionen der Oberlippe leichter zu erhalten sind als beim Filter *Verflüssigen*.

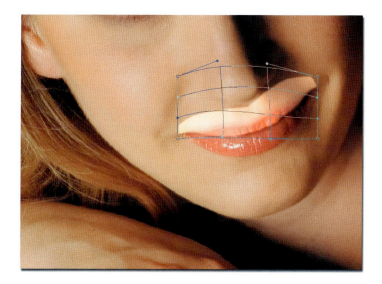

Abb. 7–23

Beim Anwenden der Transformationsfunktion Verkrümmen können zum besseren Vergleich mit der Originalebene entweder eine vorher reduzierte Ebenendeckkraft, eine andere Ebenenfüllmethode oder beide Methoden eingesetzt werden.

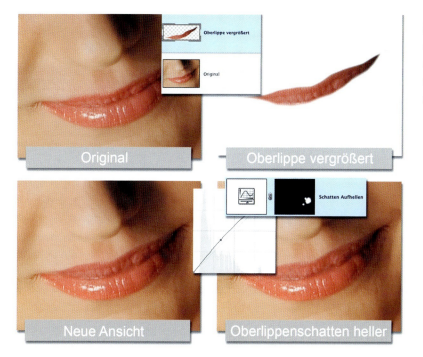

Abb. 7–24

Ausgehend vom Originalbild wird die Oberlippe separat vergrößert. Als letzter Arbeitsschritt erfolgte eine leichte Aufhellung des Schattens über der Oberlippe.

Aus rein optischen Erwägungen kann als Abschluss ein leichtes Aufhellen des Schattenbereiches über der Oberlippe ausgeführt werden. Erstellen Sie dafür eine Einstellungsebene vom Typ *Gradationskurve* und hellen Sie den Bereich der Schatten auf. Mit Hilfe der Ebenenmaske begrenzen Sie die Aufhellung dann auf die gewünschten Bildbereiche.

Die Alternative: Fremdhilfe

Das Kreieren einer überzeugenden Lippenform kann ein schwieriges Unterfangen werden, was besonders dann gilt, wenn bisher wenig Erfahrungen in diesem Bereich gesammelt wurden. Doch warum das Rad ein zweites Mal erfinden? Es gibt so viele Fotos, Zeitschriften und Abbildungen im Internet, die uns perfekt gestylte Gesichter mit ihren tollen Lippen präsentieren. Und haben wir nicht schon in der Schule mit Butterbrotpapier abgepaust? Gut, Butterbrotpapier benutzen wir nicht mehr, aber Photoshop stellt uns bekanntermaßen alles zur Verfügung, um nach demselben Prinzip zu arbeiten.

Wenn Sie eine Abbildung haben, auf der ein Modell mit tollen Lippen abgebildet ist und von denen Sie denken, dass sie zu dem in Bearbeitung befindlichen Porträt passen, nutzen Sie diese doch einfach als Vorlage. Handelt es sich bereits um eine digitale Datei, kann es sofort losgehen; liegt das Bild noch in gedruckter Form vor, dann scannen Sie es. Qualität und Auflösung der Vorlage sind nicht entscheidend. Wichtig ist, dass die Form gut erkennbar ist und vor allem die Perspektiven beider Bilder annähernd passen!

Der erste Arbeitsschritt ist, die Abpausvorlage in die zu bearbeitende Datei zu kopieren. Kopieren Sie nicht die ganze Vorlage, sondern stellen Sie die Lippen grob frei und fügen nur diese ein. Die Lippen in der zu verändernden Datei stellen Sie ebenfalls frei. Lassen Sie um die Lippen herum genug Haut stehen, um Platz für das Verformen zu haben. Danach passen Sie Größe und Lage der Lippen einander an.

Sollten Sie noch nicht mit einzelnen Kanälen gearbeitet haben, finden Sie in Kapitel 3 die entsprechende Vorgehensweise, um einzelne Farbkanäle als Ebene einzusetzen.

Sorgen Sie dafür, dass sich die Vorlage gut von Ihrem Bild unterscheidet. Gerne nutze ich hierfür einer einzelnen Farbkanal. In diesem Fall empfiehlt sich der Blaukanal, da dieser den höchsten Kontrast besitzt.

Sie können natürlich auch andere Methoden anwenden, wie den Kontrast sehr stark zu steigern oder mit dem Konturenfilter zu arbeiten. Welche Methode Sie auch benutzen: Wichtig ist, dass Sie nach dem Überlagern beider Ebenen deutlich die Konturen der Abpausvorlage erkennen können.

Jetzt wird die Abpausvorlage so verformt, dass die Mundbreite und die grundsätzliche Form der Lippen deckungsgleich sind. Je nachdem, wie gut die Abpausvorlage zum Original passt, sind hier nicht besonders große Modifikationen nötig. Diese Arbeit ist am schnellsten mit der Transformation *Verkrümmen* erledigt.

Abb. 7–25

Die Abpausvorlage und die zu verändernde Lippe

Theoretisch könnte die Lippe jetzt abgepaust werden. Wie zuvor soll aber nur die Oberlippe etwas vergrößert werden (vgl. Abbildungen 7–22 und 7–23).

Zum Vergrößern der Oberlippe anhand der Abpausvorlage kommt wieder unser beliebter Filter *Verflüssigen* zum Einsatz. Schalten Sie außer für die Abpausvorlage und die Ebene mit der Oberlippe, die verändert werden soll, die Sichtbarkeit aller Ebenen aus!

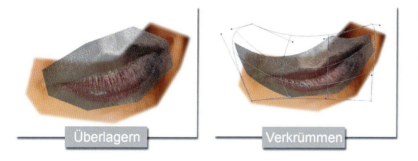

Abb. 7–26

Nach dem groben Ausrichten beider Ausschnitte zueinander erfolgt das Verkrümmen der Abpausvorlage, damit Grundform und Länge zum Original passen.

Rufen Sie den Filter *Verflüssigen* auf, stellen bei der Option *Hintergrund einblenden* die gewünschte sichtbare Deckkraft der Abpausvorlage ein und legen eine Fixierungsmaske an, um die Unterlippe vor ungewollter Verformung zu schützen. Ist die Originaloberlippe recht schmal, achten Sie darauf, beim Fixieren der Unterlippe sehr genau zu arbeiten. Werden bei einer schmalen Oberlippe noch Bereiche fixiert, bleibt unter Umständen zu wenig Fläche von der Oberlippe verfügbar, um eine gute Verformung ausführen zu können.

Eine weitere Überlegung gilt dem Umstand, dass bei den meisten Menschen die Oberlippe etwas schmaler ist als die Unterlippe. Damit bei einer starken Vergrößerung der Oberlippe das auch so bleibt, sollte in diesem Fall auch das Volumen der Unterlippe etwas zunehmen. Am einfachsten geht das, indem die Fixierungsmaske für die Unterlippe, mit etwas verringerten Werten für Pinseldichte und -druck angelegt wird. Allerdings muss die Fixierungsmaske dann über die Trennlinie zwischen Ober- und Unterlippe reichen, was andererseits bei sehr schmalen Oberlippen zu dem genannten Problem der geringen Verformungsfläche führt. In unserem Beispiel wird nur eine geringe Vergrößerung der Oberlippe angestrebt, sodass eine 100-prozentige Fixierung der Unterlippe ausreicht.

Dank der Abpausvorlage ist es – im Gegensatz zum freien Gestalten der Lippenform – jetzt erheblich einfacher, eine gewünschte Form zu erreichen. Benutzen Sie nicht nur das Werkzeug *Vorwärts krümmen*, sondern in geringem Maße auch das Aufblasen-Werkzeug.

Abb. 7–27

Ansicht im Filter Verflüssigen. Die Unterlippe wurde mit einer Fixierungsmaske geschützt.

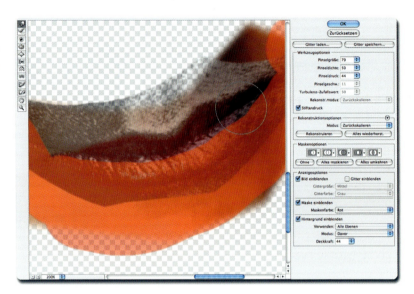

Wie immer, wenn Verformungen mit dem Filter *Verflüssigen* erfolgt sind, haben wir es mit Verzerrungen der Originalstruktur zu tun. Diese müssen je nach Auffälligkeitsgrad ausgebessert werden.

Das Ausbessern der betroffenen Stellen ist zügig erledigt, da die meisten Verzerrungen im Bereich der Trennlinie von Ober- und Unterlippe aufgetreten sind. Entnehmen Sie einfach die Trennlinie aus der Originalebene mit den unveränderten Lippen und kopieren diese in eine separate Ebene. Für den Fall, dass geringe Formanpassungen nötig sind, führen Sie diese aus. Danach reduzieren Sie die Ebene mit der darunter liegenden und gleichen eventuell sichtbare Kanten und Verzerrungen mit den Standardretuschewerkzeugen wie dem Kopierstempel, dem Reparaturpinsel oder dem Ausbessern-Werkzeug aus.

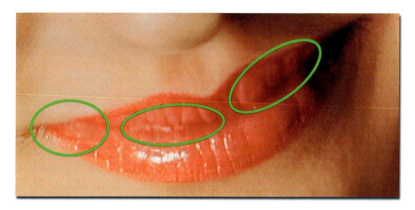

Abb. 7–28

Durch das Anwenden des Verflüssigen-Filter ist es wie üblich zu Verzerrungen gekommen.

Was jetzt noch bleibt, ist die Korrektur der Trennlinie zwischen Ober- und Unterlippe, die nicht bis in den rechten Mundwinkel reicht. Zum Ausgleich kopieren Sie erneut ein kleines Teilstück aus dem Bereich der Trennlinie und fügen dieses als Verlängerung an. Gegebenenfalls müssen Sie das neue Teilstück etwas skalieren, um bis in den Mundwinkel zu gelangen (siehe Abbildung 7–29). Die Randbereiche hingegen müssen auf jeden Fall angepasst werden. Als alternative Methode zum Kopieren des Teilstücks können Sie die Trennlinie auch mit dem Kopierstempel verlängern.

An dieser Stelle ist das Ergebnis schon recht zufrieden stellend, lediglich die Proportionen zwischen Ober- und Unterlippe sind noch nicht perfekt. Die Oberlippe erscheint jetzt im Verhältnis zur Unterlippe etwas zu breit. Die Änderung wird vorsichtig mit dem Werkzeug *Vorwärts krümmen* ausgeführt. Diese Anpassung ist minimal und erfordert keine erneute Ausbesserung.

Die Überzeugungskraft einer Retusche liegt im Detail, und beim genauen Betrachten der modifizierten Lippen ist erkennbar, dass die Lippenränder an Ober- und Unterlippe eine unterschiedliche Kantenschärfe besitzen. Natürlich können Sie jetzt versuchen, etwas Weichzeichner bei der Oberlippe anzuwenden und so die Kantenschärfe anzugleichen. Deutlich überzeugender ist es aber, den oberen Rand der Originaloberlippe zu verwenden. Dieser wird über die Ebene mit der neuen Oberlippe gelegt und mit der Transformation *Verkrümmen* an die neue Form angepasst. Das Ergebnis wird überzeugender, wenn die Ebenendeckkraft des einkopierten Lippenrandes um ca. 50 % reduziert wird.

Wie bereits erwähnt, sind die Lippen ein Merkmal, das entscheidenden Einfluss auf die Persönlichkeit hat und deshalb sehr schwer zu verändern ist. Geht es um eine Arbeit, bei der die äußeren Attribute im Vordergrund stehen, also darum, sich möglichst nahe der maximalen Attraktivität anzunähern, und nicht um die Erkennbarkeit der abgebildeten Person, stellt das kein Problem dar. Für mich persönlich und meinen beruflichen Alltag im Porträtbereich lautet die Devise allerdings, dass ich die Lippenform nur in

Ausnahmefällen verändere. Anders sieht es natürlich im Rahmen von Schulungen, Auftragsarbeiten etc. aus.

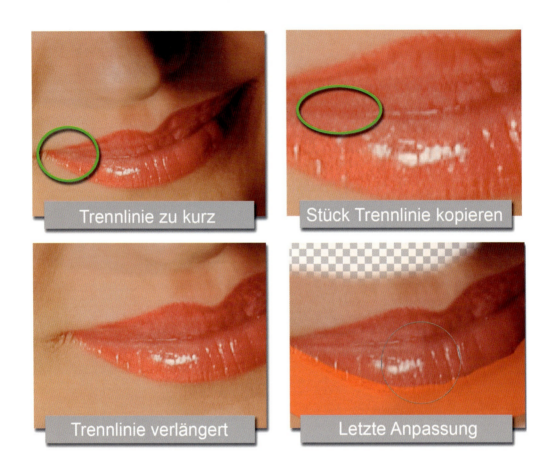

Abb. 7–29

Die Trennlinie zwischen Ober- und Unterlippe wird bis in den Mundwinkel verlängert und die Proportionen zwischen Ober- und Unterlippe werden noch optimiert.

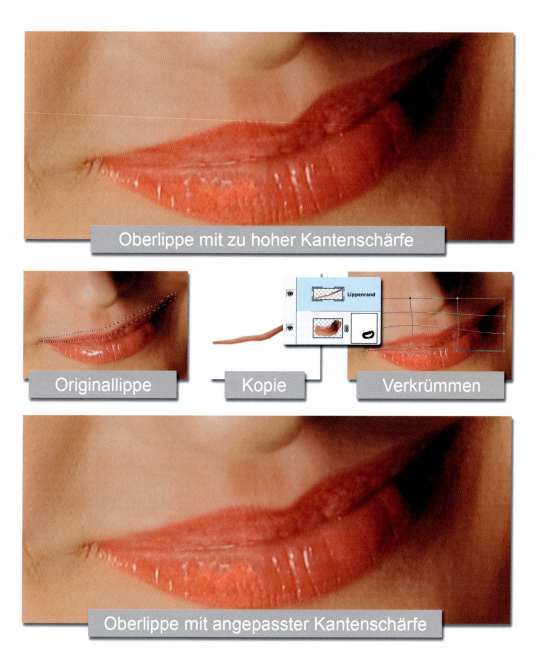

Abb. 7–30

Der Randbereich der Originaloberlippe wird über die verformte Lippe gelegt. Nach dem Anpassen der
Lippenform und der Reduzierung der Deckkraft ist das Ergebnis stimmig.

Damit erkennbar wird, wie sehr eine Änderung der Lippenform Einfluss
auf die Persönlichkeit haben kann, zeigt Abbildung 7–31 den direkten Vergleich zwischen dem Original und verschiedenen Anpassungen.

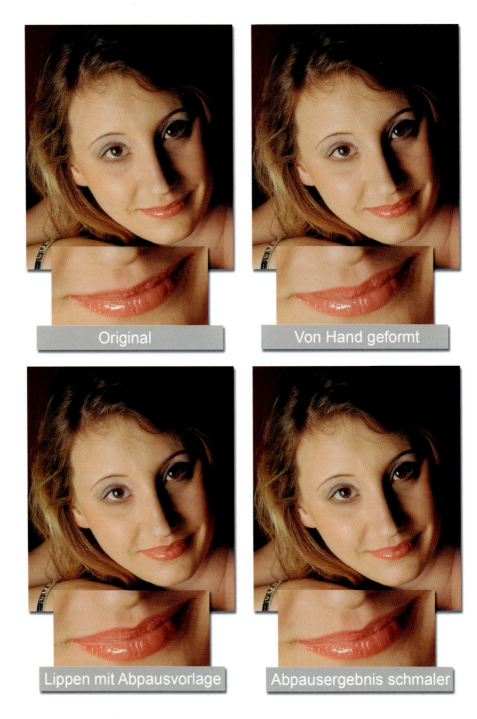

Abb. 7–31

Es zeigt sich, dass Abpausen eine gute Hilfe zum Erzielen einer realistischen Lippenform darstellt. Aller-

dings muss gegebenenfalls trotzdem nachgearbeitet werden. Die Bildversion Abpausergebnis schmaler

hinterlässt den besten Eindruck.

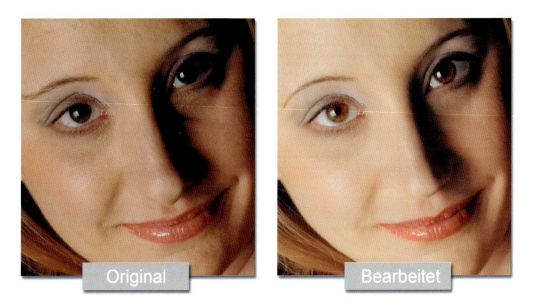

Abb. 7–32

Am Ende darf der Vergleich zwischen dem Original und der bearbeiteten Version nicht fehlen.

8 Hautretusche

8.1 Makellose Haut?

Makellose Haut ist das Topkriterium für Attraktivität – eine Erkenntnis, die von allen Untersuchungen auf dem Gebiet der Attraktivitätsforschung geteilt wird. Allerdings muss unsere Haut jeden Tag mit Umwelteinflüssen, unseren individuellen guten oder auch schlechten Angewohnheiten, mit Krankheiten, dem Altern und vielen anderen Einflüssen, denen wir ausgesetzt sind, zurechtkommen. Jeder einzelne der Faktoren und erst recht alle zusammen hinterlassen nun einmal Spuren auf der Haut. Falten, Pickel, Pigmentstörungen und vieles mehr werden von uns im Alltag beim täglichen Miteinander weniger stark wahrgenommen als auf Bildern. Trotzdem sind wir bestrebt, auch im Alltag eine möglichst gute Haut zu präsentieren, und was bereits für den Alltag gilt, gilt erst recht für Porträtaufnahmen. Während wir uns dem Beseitigen von Pickeln und Hautunreinheiten bereits in Kapitel 5 gewidmet haben, geht es jetzt ausschließlich um das Optimieren der Haut.

Wie stark muss Haut retuschiert werden?

Ob das Ergebnis einer Hautretusche wirklich als Ziel eine makellose Haut haben soll, ist wie bei allen anderen Arbeitsschritten von den Wünschen der fotografierten Person und dem Verwendungszweck abhängig. Allerdings habe ich noch nie erlebt, dass sich jemand über eine gesunde Gesichtsfarbe und eine gute Haut beschwert hat. Etwas anderes ist es, wenn nur der Gaußsche Weichzeichner über das Bild gekippt und alles gleichmäßig verschwommen dargestellt wird. Ich habe nichts gegen den Gaußschen Weichzeichner, es kommt aber darauf an, wie er eingesetzt wird.

Im Hinblick auf die Retuschestärke gibt es sehr viele unterschiedliche Ansichten. Generell gilt aber, dass für eine natürlich wirkende Retusche die Persönlichkeit erhalten werden muss und die Hautstruktur nicht zerstört werden darf. Im Falle größerer Retuschearbeiten, die eventuell die originale Hautstruktur zerstören, sollte am Ende wieder eine Struktur hergestellt werden – entweder künstlich oder aus der Originaldatei, doch dazu mehr in Kapitel 10.

Wenn gewünscht, zum Beispiel bei Bildern, die für die Werbung oder für Zeitschriften retuschiert werden, darf erheblich mehr retuschiert werden. Wie viel, hängt dann oftmals einfach vom Kundenwunsch ab. Ein Beispiel für eine sehr umfangreiche Retusche ist das Eingangsbild zu diesem Kapitel.

Die optimale Methode zur Hautretusche

Jetzt muss ich Sie leider enttäuschen, denn die optimale Methode zur Hautretusche gibt es nicht! Es gibt so viele unterschiedliche Hauttypen, dass jede noch so ausgeklügelte Methode mal zu besseren und mal zu schlechteren Ergebnissen führt. Im Zweifelsfall ist die Abkehr von der genutzten Standardmethode gefragt und Kreativität gefordert. Neben dem zu erzielenden Ergebnis kommt es – zumindest im kommerziellen Bereich – wie immer auch auf die Wirtschaftlichkeit an. Was nützt mir die beste Methode, bei der ich allein für den Bereich der Hautretusche fünf Stunden Arbeit investieren muss und einen Retuschepreis von 60 Euro berechnen kann?

Viele Retuscheure haben sich im Laufe ihrer Berufspraxis eine Lieblingsmethode erarbeitet, auf die sie jetzt schwören. Dagegen ist gar nichts einzuwenden, auch ich habe immer eine aktuell bevorzugte Vorgehensweise, aber bitte lassen Sie sich eine solche Methode nicht als den Stein der Weisen verkaufen. Vielleicht passt die so gepriesene Methode ja gar nicht zu Ihrem Workflow oder sie ist so umfangreich und nutzt eine Vielzahl von Ebenen, deren Zusammenspiel für Sie nicht praktikabel ist. Probieren Sie verschiedene Methoden aus – und wenn Sie dann eine gefunden haben, die momentan Ihr persönliches Optimum darstellt: Bleiben Sie offen für Neues.

8.2   Wirkungsweise eines Weichzeichners

Bevor wir uns der eigentlichen Hautretusche widmen, an dieser Stelle noch etwas über die grundlegenden Eigenschaften von zwei wichtigen Weichzeichnern für die Beautyretusche: dem Gaußschen Weichzeichner und dem Filter *Matter machen*. Die Detailanwendung folgt in den weiteren Unterkapiteln.

Der Gaußsche Weichzeichner

Der Gaußsche Weichzeichner erhielt seinen Namen aufgrund des ihm zugrunde liegenden Algorithmus, welcher auf den Erkenntnissen des Mathematikers Johann Carl Friedrich Gauß (* 30. April 1777 in Braunschweig, † 23. Februar 1855 in Göttingen) basiert.

Fangen wir mit dem Gaußschen Weichzeichner an, der lediglich über einen Einstellregler verfügt. Dieser Regler mit der Bezeichnung *Radius* gibt vor, wie viele der umliegenden Pixel für eine Mittelwertbildung herangezogen werden. Doch wofür ist die Mittelwertbildung gut?

Der Gaußsche Weichzeichner wirkt immer auf jeden einzelnen Pixel der aktiven Bildebene, daran ändert auch der Regler *Radius* nichts. Besteht Ihr Bild aus 1000 Pixeln, dann werden vom Gaußschen Weichzeichner für 1000 Pixel neue Farbwerte errechnet. Die Grundlage für die neuen Farbwerte legt der Regler *Radius*, denn dieser gibt vor, wie viele der umliegenden Pixel für diese Neuberechnung herangezogen werden. Betrachten Sie die Abbildung 8–2, welche ausgehend von einer Fläche, die zu gleichen Teilen aus Schwarz und Weiß besteht, die Wirkungsweise veranschaulicht.

Ein Pixel innerhalb der schwarzen Fläche wird nur von schwarzen Pixeln umgeben. Werden jetzt einige der umliegenden schwarzen Pixel für eine Mittelwertbildung herangezogen, bleibt der Pixel immer noch schwarz. Anders ist es dort, wo die schwarze und die weiße Fläche aneinanderstoßen. Wenn Sie einen schwarzen und einen weißen Pixel nebeneinanderlegen, haben diese digital betrachtet eine Differenz von 256 Tonwerten. Der Mittelwert aus 256 bei 2 Pixeln beträgt 128 und dieser digitale Wert repräsentiert ein Grau. Diesen Effekt sehen Sie in Abbildung 8–1 bei einem Radius von 0,5. Je größer jetzt der Wert für den Radius eingestellt wird, desto mehr der umliegenden Pixel werden für die Neuberechnung herangezogen.

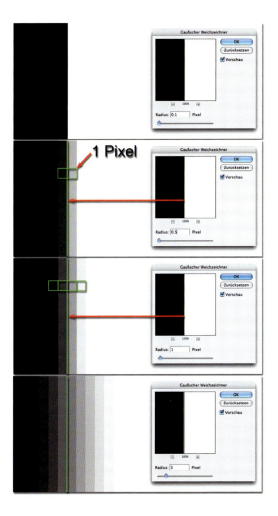

Abb. 8–1

Anhand einer schwarzen und einer weißen Fläche lässt sich die Arbeitsweise des Gaußschen Weichzeichners gut veranschaulichen.

So weit zu der grundlegenden Theorie. In der Praxis ist es aber so, dass jeder neu berechnete Pixel sofort die Werte der nach ihm berechneten Pixel beeinflusst. Die im Bild sichtbare Folge ist ein Aufhellen dunkler Bildbereiche und ein Abdunkeln heller Bereiche. Für die Stoßstellen unserer schwarzen und weißen Fläche bedeutet das ein Aufweichen der Kantenschärfe. Somit gilt: Je höher der Wert für den eingestellten Radius, desto stärker die Weichzeichnung.

Wird der Radius immer weiter erhöht, verstärkt sich die Aufhellung der schwarzen und die Abdunklung der weißen Pixel. Im Extremfall kann dieser Effekt so weit gehen, dass aus Schwarz und Weiß am Ende ein neutrales Grau entsteht (siehe Abbildung 8–2).

Abb. 8–2

Ausgehend von der vorherigen Abbildung ein weiteres Beispiel für die Arbeitsweise anhand eines Graubalkens

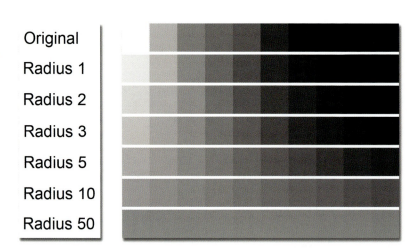

Abb. 8–3

Das Gleiche lässt sich, wenn auch weniger deutlich, an einem Bildausschnitt mit Hauttönen erkennen.

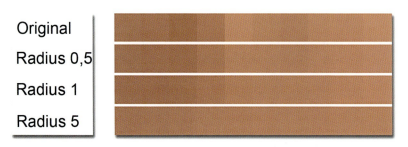

Die Abbildungen 8–1 bis 8–3 zeigen sehr deutlich, wie gut der Gaußsche Weichzeichner durch die Mittelwertbildung in der Lage ist, Hautunregelmäßigkeiten zu glätten. Soll allerdings bei einer Person mit großporiger Haut eine Glättung erfolgen, muss der Einsatz theoretisch sehr massiv – mit einem hohen Wert für den Radius – erfolgen. Wie Abbildung 8–4 zeigt, führt ein hoher Wert für den Radius aber zu unbefriedigenden Ergebnissen.

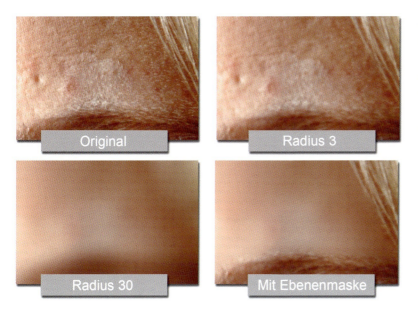

Abb. 8–4

Bei einer geringen Weichzeichnung ist der Effekt sehr gering (Radius 3). Sollen alle Störungen beseitigt werden (Radius 30), bleiben keine Bilddetails mehr übrig und je nach Hauttyp kann es sein, dass die Haut fleckig wird. Der Einsatz einer Ebenenmaske verbessert die Situation nicht entscheidend, sodass auch dieses Ergebnis nicht den Anspruch an eine gute Retusche erfüllt.

Auch wenn die Beispiele in Abbildung 8–4 zugegebenermaßen sehr plakativ sind, so wird dabei doch deutlich, dass sich der Gaußsche Weichzeichner nicht als alleiniges Hilfsmittel für die Beautyretusche eignet. Je nach Hauttyp und der im Bild verfügbaren Pixel benötigt er spezielle Einstellungen und etwas Unterstützung, egal ob in ergänzenden Filtern, einem Schutz für die Objektkanten, Deckkraftreduzierung oder Ebenenmasken.

Problem Objektkanten

Bevor im nächsten Abschnitt der Filter *Matter machen* besprochen wird, möchte ich noch die Besonderheit der weichgezeichneten Objektkanten näher beleuchten. An den weichgezeichneten Objektkanten kommt es durch die Mittelwertbildung zu Farbverschiebungen. Die in Abbildung 8–5 eingezeichnete grüne Linie markiert den Originalkantenverlauf entlang des Bustiers. Bei einer Anwendung des Gaußschen Weichzeichners mit dem Radius 20 kommt es durch die starke Weichzeichnung gleichzeitig zu unerwünschten Farbverläufen in den Hautbereichen und umgekehrt auch im Bereich des Bustiers. Auch das Anlegen einer Ebenenmaske zum Schutz der Objektkanten hilft nicht, da eine Ebenenmaske nur verdeckt, aber nicht verhindert, dass die Kante weichgezeichnet wird. Erst durch die Reduzierung der Ebenendeckkraft der weichgezeichneten Ebene gelingt es, denn störenden Nebeneffekt so weit zu minimieren, dass er optisch nicht mehr ins Gewicht fällt.

Abb. 8–5

Ein hoher Wert für den Radius des Gaußschen Weichzeichners beeinträchtigt die Objektkanten sehr stark (Gaußsch Radius 20). Auch eine Ebenenmaske bringt kein optimales Ergebnis (Ebenenmaske). Erst eine Reduzierung der Ebenendeckkraft auf 40 % bringt eine Besserung (Deckkraft 40 %).

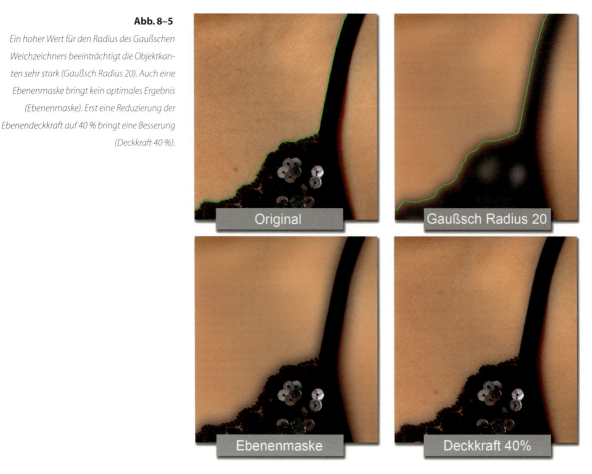

Die Abbildung 8–5 legt somit als Schlussfolgerung nahe, dass es wichtig ist, den Wert *Radius* des Gaußschen Weichzeichners sehr genau zu dosieren, damit die unerwünschten Farbverläufe an den Objektkanten vermieden werden. Grundsätzlich gilt, dass ein geringer Wert weniger Farbverläufe an den Objektkanten verursacht, umgekehrt kann es aber sein, dass dann die gewünschte Stärke der Weichzeichnung nicht erreicht wird.

Wirkungsweise des Filters Matter machen

Ein zweiter wichtiger Weichzeichner ist der Filter *Matter machen*. Er bietet gegenüber dem Gaußschen Weichzeichner den Vorteil, dass Objektkanten erhalten bleiben.

Der Weichzeichner *Matter machen* besitzt zwei Einstellmöglichkeiten: zum einen wieder einen Regler *Radius* und zum anderen einen Schwellenwert-Regler. Mit der Option *Radius* wird wieder angegeben, wie viele der umliegenden Pixel in die Berechnung einfließen. Allerdings wirkt das

Ergebnis je nach Stärke der Anwendung mehr gemalt und sehr geglättet, fast so wie aufgesprühte Farbe. Mit dem Regler *Schwellenwert* wird festgelegt, welche Pixel weichgezeichnet werden (vgl. Abbildung 8–6).

Abb. 8–6

Wirkungsweise des Filters Matter machen mit deutlich sichtbaren Einstellungen. Mit Hilfe einer Ebenen-maske und verringerter Deckkraft wurde die Wirkung optimiert.

Abb. 8–7

Im Gegensatz zum Gaußschen Weichzeichner bleiben beim Filter Matter machen die Objektkanten wesentlich besser erhalten und auch die optische Wirkung ist eine ganz andere.

Anwendung der Regler Radius und Schwellenwert

Für den Regler *Schwellenwert* ist der kleinste Wert 2 und der größte 255. Je kleiner der eingestellte Schwellenwert gewählt wird, desto weniger findet eine Weichzeichnung statt. Stellen Sie daher zu Beginn den Schwellenwert auf den Wert 2. Für den Radius bietet sich ein Wert von 20 bis 30 an, da hier später auf jeden Fall eine Weichzeichnung erkennbar ist.

Ziehen Sie nun den Regler *Schwellenwert* nach links. Wie Sie sehen, werden immer mehr Bereiche in die Weichzeichnung mit einbezogen. Im Bereich der Porträtretusche wird in den meisten Fällen ein Schwellenwert zwischen 10 und 20 zu einem guten Ergebnis führen. Abschließend wird mit dem Regler *Radius* die endgültige Stärke der Weichzeichnung festgelegt (vgl. Abbildung 8–8).

Erliegen Sie nicht dem Irrglauben, dass Werte, die Ihnen einmal oder auch mehrmals ein gutes Ergebnis geliefert haben, für den Rest Ihrer Photoshop-Tage Bestand haben. Je nach Hauttyp, Belichtung und Tonwertumfang müssen ganz unterschiedliche Werte eingestellt werden. Ebenso erspart Ihnen die korrekte Einstellung von Schwellenwert und Radius nur in den seltensten Fällen den Einsatz einer Ebenenmaske (vgl. Abbildung 8–6).

Der Filter Matter machen *lässt sich auch als Smartfilter ausführen. Wandeln Sie die Ebene, auf der Sie den Filter anwenden, zuerst in ein Smart-Objekt um und rufen Sie dann den Filter* Matter machen *auf.*

Die besten Ergebnisse erreichen Sie aber nicht durch den alleinigen Einsatz des Filters Matter machen *oder des Gaußschen Weichzeichners, sondern indem Sie verschiedene Filter und Methoden kombinieren.*

Abb. 8–8

Arbeitsablauf zum Einstellen
des Filters Matter machen

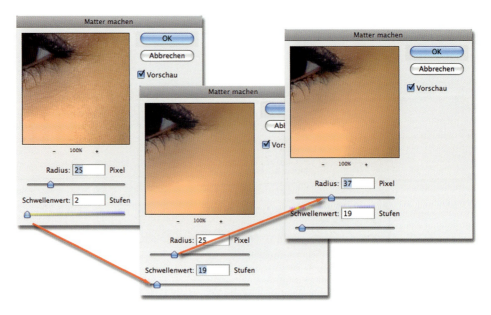

8.3   Hautretusche im Rahmen der Retuschekategorien

In Kapitel 1 wurden die einzelnen Retuschekategorien mit einem empfohlenen Zeitansatz dargestellt. Nun sollen Wege aufgezeigt werden, die es Ihnen ermöglichen, mit etwas Übung dieses Ziel auch zu erreichen.

Retuschekategorie Basic

Die Hautretusche in der Kategorie Basic unterscheidet sich von den anderen Retuschekategorien vor allem darin, dass die Hautretusche ausschließlich mit den Werkzeugen aus Kapitel 5 durchgeführt wird. Die Anwendung des Gaußschen Weichzeichners und des Filters *Matter machen* wird ausführlich in der folgenden Kategorie Advanced gezeigt.

Da es bei der Retuschekategorie Basic in erster Linie um das Beseitigen von Pickeln und Ausbessern von Hautunreinheiten geht, ist diese Arbeit in den meisten Fällen schnell erledigt. Sofern Sie das Ausbessern-Werkzeug einsetzen, muss die Retusche auf einer Ebenenkopie erfolgen, da dieses Werkzeug nicht ebenenübergreifend arbeitet. Beim Einsatz des Reparatur- oder Bereichsreparaturpinsels kann die Retusche auf einer leeren Ebene durchgeführt werden. Den Kopierstempel würde ich an dieser Stelle nicht verwenden, da die anderen Werkzeuge bessere Ergebnisse erzielen.

Um die Schatten in den Augen aufzuhellen oder Glanzstellen zu reduzieren, gibt es eine Reihe von Möglichkeiten. Eine schnelle Methode und daher für die Retuschekategorie Basic bestens geeignet besteht darin, die zu retuschierenden Bereiche als Erstes komplett mit dem Ausbessern-Werkzeug zu beseitigen.

Abb. 8–9

Das Erscheinungsbild nach der Anwendung des
Bereichsreparaturpinsels und des Ausbessern-
Werkzeugs

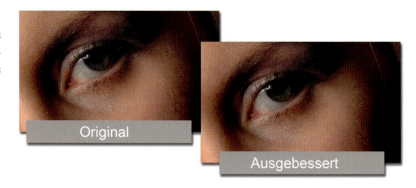

Abb. 8–10

Die zu retuschierenden Bereiche werden als Erstes
komplett mit dem Ausbessern-Werkzeug beseitigt.

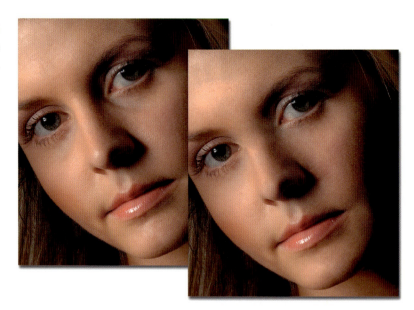

Durch das Beseitigen der Glanzstellen und der Augenringe verliert das Bild an Tiefe. Der einfachste Weg, um wieder mehr Tiefe in das Bild zu bekommen, wäre die Reduktion der Ebenendeckkraft. Hierbei kann allerdings keine Unterscheidung für die Tiefen und die Lichter getroffen werden. Daher legen wir von der ausgebesserten Ebene eine Kopie an und erhalten damit zwei identische Ebenen, bei denen die Augenringe und die Glanzstellen komplett entfernt wurden. Für die eine der beiden Ebenen wird die Ebenenfüllmethode jetzt von *Normal* auf *Aufhellen* und für die andere auf *Abdunkeln* gesetzt. Über die Ebenendeckkraft der beiden Ebenen kann die Wirkung jetzt getrennt für die Tiefen und die Lichter erfolgen.

Bei dem Beispielbild ist es sinnvoll, die Augen noch etwas aufzuhellen. Am einfachsten ist das mit einer Einstellungsebene vom Typ *Gradationskurve* und einer Ebenenmaske möglich.

Abb. 8–11

Über zwei separate Ebenen mit unterschiedlichen Ebenenfüllmethoden kann die Wirkung viel genauer

eingestellt werden.

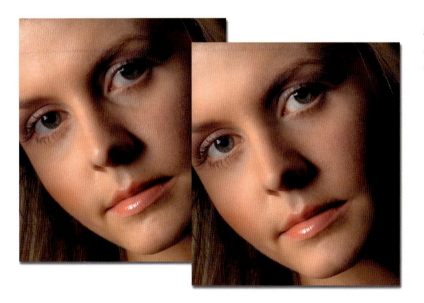

Abb. 8–12

Links das Original und rechts das Ergebnis im

Rahmen der Retuschekategorie Basic

Retuschekategorie Advanced

Wie bereits eingangs zu diesem Kapitel erwähnt, gibt es die perfekte Methode nicht. Die hier vorgestellte Variante repräsentiert eine von vielen und soll es Ihnen ermöglichen, im Rahmen eines definierbaren Zeitansatzes eine Hautretusche der Kategorie Advanced innerhalb von 15 bis 20 Minuten zu realisieren. Sie basiert grundsätzlich auf den am Anfang des Kapitels vorgestellten Filtern *Gaußscher Weichzeichner* und *Matter machen*. Ich weiß, dass es eine Vielzahl anderer Möglichkeiten zur Hautretusche gibt (später im Kapitel werden noch weitere Methoden vorgestellt). Es gibt schnellere Methoden und es gibt noch wesentlich aufwendigere. Entscheidend ist aber, dass Sie die gezeigten Arbeitsabläufe und Werkzeuge verinnerlichen. Wenn Sie nach einer Lernphase wissen, was Sie tun, und nicht immer wieder etwas nur nachklicken, dann haben Sie keine Probleme, jede Methode zu übernehmen und selber auch neue zu probieren.

Ziel der Retuschearbeit ist es jetzt, dem Kunden eine glatte und makellose Haut zu liefern. Sofern noch nicht geschehen, ist der erste Schritt das Entfernen unerwünschter Glanzstellen (vgl. Kapitel 5). Bei unserem Beispiel ist dies bereits geschehen.

Fast jede Hautretusche geht einher mit einem bestimmten Weichzeichnereffekt, und dieser soll sich natürlich nicht über die Haare, Augen oder Zähne erstrecken. Daher wird hier mit Ebenenmasken gearbeitet. Damit Sie eine Ebenenmaskierung sauber erstellen können, müssen Sie klar erkennen können, welche Bereiche des Bildes bereits über eine Maskierung verfügen und welche nicht. Dies ist nicht möglich, wenn Sie zum Beispiel auf einer Ebenenkopie den Gaußschen Weichzeichner mit geringer Stärke anwenden und dann die Maskierung anlegen möchten. Sie werden nicht zuverlässig erkennen können, wo die Ebenenmaske wirkt und wo nicht.

Wie immer bietet uns Photoshop Bordmittel, um bessere Ergebnisse zu erzielen. Drücken Sie die Alt+Shift-Taste, halten diese gedrückt und klicken auf die Ebenenmaskenminiatur. Jetzt erhalten Sie die Ebenenmaske in Form einer roten Maskierung im Bild und können die Maskierung exakt anfertigen (vgl. *Zum weiteren Verständnis von Ebenenmasken* in Kapitel 3). Ich selber verwende lieber den Rotkanal, da er mir zusätzlich bereits eine glattere Haut liefert und eventuelle Schatten etwas aufhellt. Zum anderen bietet er durch seine Graustufen zu einer darunter liegenden Ebenen ausreichenden Kontrast, um ohne Schwierigkeiten eine Ebenenmaske in der gewünschten Form anlegen zu können (vgl. Kapitel 3.5, *Kanalarbeiten*). Den Rotkanal erhalten Sie als separate Ebene, indem Sie das Kanalbedienfeld und dort den Rotkanal auswählen und in die Zwischenablage kopieren. Von dort kann er als normale Ebene eingesetzt und mit einer Ebenenmaske versehen werden.

Eine weiße Füllung macht die Ebene mit dem Rotkanal zu 100 % sichtbar. Für uns ist es bei der Beautyretusche jedoch sinnvoller, das Gesicht – und bei unserem Beispielbild zusätzlich den Oberkörper – zunächst komplett auszusparen und die gewünschten Bereiche anschließend mit dem Pinsel- werkzeug zu maskieren, weshalb wir als Erstes die Ebenenmaske invertie- ren oder bereits beim Anlegen der Ebenenmaske die Alt-Taste gedrückt halten. Beim Maskieren der nun komplett schwarzen Ebenenmaske wer- den je nach Gesichtsbereich unterschiedliche Pinseldurchmesser und ver- schiedene Kantenhärten verwendet. Versuchen Sie aber nicht, zu exakt zu arbeiten. Augen, Lippen oder Schmuck absolut genau auszusparen, erfor- dert nicht nur sehr viel Aufwand, sondern wird am Ende stärker erkenn- bar sein als unscharfe Kanten dank einer weicheren Pinselspitze. Wenn Sie ein Grafiktablett nutzen, werden Ihnen die Pinselstriche ohnehin leicht von der Hand gehen.

Wie immer wird es schwierig, wenn Haare ins Spiel kommen. Im Rah- men einer Beautyretusche gilt: Es ist nicht nötig, diese freizustellen oder ganz exakt zu maskieren. Viel einfacher ist es, in Bereichen des Haaransat- zes oder bei Haaren auf den Schultern die Pinseldeckkraft zu reduzieren (ca. 20–40 %) und einzelne oder kleine Strähnen zu übermalen. Große Strähnen oder die Außenbereiche der Augenbrauen werden im Randbe- reich etwas maskiert.

Abb. 8–13

Das Bild im Original und daneben mit überlager- tem Rotkanal. Die Ebenenmaske wurde für das Gesicht und den Oberkörper angelegt.

Der Gesamteindruck des Bildes erinnert im Moment noch eher an das Por- trät einer Frau mit einer Hautpflegemaske. Damit der Rotkanal die von uns gewünschten Eigenschaften der gleichmäßigeren Haut und der aufgehell- ten Schatten in dem Bild sichtbar macht, setzen wir die Ebenenfüllmethode auf *Luminanz*.

Die Füllmethode Luminanz verändert nicht den Farbton und die Sättigung der darunter liegenden Ebene, sondern lediglich deren Luminanz (Helligkeitswerte, Leuchtdichte). Während somit Farbe und Sättigung erhalten bleiben, werden die Helligkeitswerte des Rotkanals zur Verrechnung herangezogen.

Ebenenmasken können einfach auf andere Ebenen kopiert werden: Halten Sie die Alt-Taste gedrückt und verschieben einfach die zu kopierende Ebenenmaskenminiatur zur gewünschten Ebene. Ohne Alt-Taste erfolgt keine Kopie, sondern die Ebenenmaske wird verschoben.

Aufgrund der Verrechnung mit der darunter liegenden Ebene wird das Bild im Bereich der Ebenenmaske deutlich aufgehellt und die Haut glatter. In manchen Fällen kann es für einen guten Effekt reichen, die Ebenendeckkraft deutlich zu verringern. Meistens ist es jedoch hilfreich, den Rotkanal zusätzlich mit einer Einstellungsebene *Gradationskurve* etwas abzudunkeln. Das Abdunkeln sollte so stark erfolgen, dass ungefähr ein Helligkeitseindruck entsteht wie auf der Originalebene, es sei denn, es wird bewusst eine Aufhellung angestrebt. Als Letztes wird dann die Ebenendeckkraft der Ebene *Rotkanal* angepasst.

Abb. 8-14

Damit die Abdunkelung mittels Gradationskurve nur auf die Ebene mit dem Rotkanal wirkt, wird die Einstellungsebene als Schnittmaske angelegt.

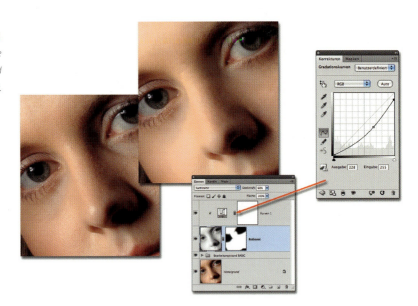

Gesamte Arbeitsfläche auswählen:
Strg/⌘+A
Auf eine Ebene reduziert kopieren:
Strg/⌘+Alt/⌥+⇧+E

Sie können die folgenden Arbeitsschritte auch durchführen, ohne mit Smart-Objekten zu arbeiten. Hierfür müssen Sie dann lediglich für die einzelnen Filter einzelne Ebenen anlegen und können die Filtereinstellungen später nicht mehr ändern (vgl. Abbildung 8–17).

Für den nächsten Arbeitsschritt kopieren Sie das bisherige Ergebnis auf eine eigene Ebene. Hierfür steht im Menü *Bearbeiten* der Befehl *Auf eine Ebene reduziert kopieren* zur Verfügung. Zuvor muss mit *Strg/Befehlstaste+A* die gesamte Arbeitsfläche ausgewählt werden. Schneller geht es mit dem Tastenkürzel *Strg/Befehlstaste+Alt+Shift+E*. Die so entstandene Ebene wird in ein Smart-Objekt umgewandelt und anschließend werden der Gaußsche Weichzeichner und der Filter *Matter machen* eingesetzt.

Ich empfehle, als Erstes den Filter *Matter machen* einzusetzen und danach den Gaußschen Weichzeichner. In dem gezeigten Beispiel wurde der Filter *Matter machen* mit einem Radius von 37 und dem Schwellenwert von 31 angewendet. Der Gaußsche Weichzeichner kam mit einem Radius von 2,8 Pixeln zum Einsatz. Als Letztes wurde die Ebenenmaske von dem Rotkanal zum Smart-Objekt *Weichzeichner* kopiert und in den Bereichen einzelner Konturen wie Hals und Achselhöhle etwas angepasst (vgl. Abbildung 8–15).

Innerhalb eines Smart-Objektes können die einzelnen Smartfilter wie eine normale Ebene mit dem Augensymbol sichtbar oder nicht sichtbar geschaltet werden (linke rote Markierung in Abbildung 8–15). Wird der Filtername angeklickt, können die Filtereinstellungen überarbeitet werden. Rechts neben dem Filternamen befindet sich ein Symbol, über welches die Filter-Füllmethoden zugänglich sind. Standard ist hier die Füllmethode *Normal* und eine Deckkraft von 100 %, genauso wie bei einer normalen Ebene.

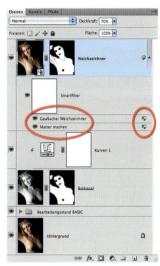

Abb. 8–15

Smartfilter werden unterhalb des Smart-Objektes angeordnet.

Abb. 8–17

Das vordere Bild zeigt den Bearbeitungsstand nach der Hautretusche.

Mehr Brillanz mit der Luminanzmaske

Nach der gezeigten Hautretusche kommt es oft vor, dass die Haut an Brillanz eingebüßt hat. Schnelle Abhilfe schafft hier die Luminanzmaske.

Damit wir die Luminanzmaske von dem jetzigen Bearbeitungsstand aller Ebenen erhalten, benötigen wir eine Hilfsebene, welche nach dem Anlegen der Luminanzmaske wieder gelöscht werden kann. Wählen Sie hierfür die gesamte Arbeitsfläche aus und wenden den Befehl *Auf eine Ebene reduziert kopieren* an.

Im Anschluss wechseln Sie in die Kanalansicht, halten die *Strg*/Befehlstaste gedrückt und klicken auf den Composite-(RGB)-Kanal (vgl. Abbildung 8–18). Mit dem Klick wird in dem Bild eine Auswahl für die Helligkeitsinformationen angezeigt. Um die ausgewählten Bereiche direkt in eine neue Ebene zu übernehmen, muss als Erstes wieder in das Ebenenbedienfeld gewechselt werden. Dort kann mit dem Befehl *Ebene durch Kopie* der ausgewählte Inhalt in eine neue Ebene kopiert werden. Damit wir jetzt wie

Abb. 8–16

Derselbe Effekt kann mit Ebenengruppen erreicht werden, allerdings können die Filtereinstellungen nicht mehr nachträglich verändert werden.

Eine Luminanzmaske enthält die Helligkeitsinformationen des Bildes. Wird sie als Auswahl geladen, enthält die Auswahl die Lichter (weiße Bereiche) zu 100 % und die Tiefen (schwarze Bereiche) überhaupt nicht. Alle Bereiche dazwischen sind prozentual enthalten.

gewünscht mehr Brillanz erhalten, muss die Ebenenfüllmethode noch von *Normal* auf *Ineinanderkopieren* geändert werden (bis einschließlich CS2 hieß die Füllmethode *Überlagern*). Falls eine Begrenzung des Effekts auf bestimmte Bildbereiche gewünscht wird, kopieren Sie entweder die bestehende Ebenenmaske oder legen eine neue an. Durch die anschließende Reduzierung der Ebenendeckkraft wird die gewünschte Effektstärke erreicht. Sollte durch die Füllmethode *Weiches Licht* eine zu starke Farbsättigung erfolgen, muss diese etwas reduziert werden – in unserem Fall mit einer Einstellungsebene vom Typ *Dynamik* (vgl. Abbildung 8–19).

Abb. 8–18

Das Auswählen der Luminanzmaske erfolgt über das Kanalbedienfeld.

Auswahl invertieren: ⇧+Strg/⌘+I
Ebene durch Kopie: Strg/⌘+J

Wird die Auswahl mit der Luminanzmaske invertiert, sind die Tiefen des Bildes ausgewählt. Durch die Wahl einer entsprechenden Ebenenfüllmethode (zum Beispiel *Multiplizieren*) können diese ebenfalls verstärkt werden.

Abb. 8–19

Der Bearbeitungsstand nach der Anwendung von Luminanzmasken

Retuschekategorie Supreme

Da der Hauptteil der Hautretusche bereits in den Kategorien Basic und Advanced erfolgt ist, geht es jetzt darum, das gewisse Etwas aus einem Bild herauszuholen. Das kann bedeuten, Haut oder Figur weiter zu vervollkommnen und natürlich Augen, Wimpern zu betonen etc. Hier kommt es schnell vor, dass die Grenzen zu der Retuschekategorie Effects verschwimmen, da etwa das Betonen von Accessoires oder das Kreieren eines Looks an dieser Stelle erfolgen.

Sofern im Vorfeld bekannt ist, dass eine Retusche der Kategorie Supreme gewünscht wird, erfolgen das Bodyforming und das Anpassen der Gesichtsform gemäß dem Workflow für die Beautyretusche bereits vor der Hautretusche. Soll ein Bild zu einem späteren Zeitpunkt weiter optimiert werden, gilt es darauf zu achten, dass zum Beispiel beim Einsatz des Filters *Verflüssigen* die Hautstruktur nicht sichtbar verändert wird.

Das Coverbild dieses Buches zeigt sehr anschaulich den Unterschied zwischen der grundlegenden Retusche Basic und einer Retusche der Kategorie Supreme. Nicht nur die Haut wurde bearbeitet, sondern auch die Reflexe (vor allem der vom Studioblitz) in der Sonnenbrille reduziert und eine zum Teil starke selektive Schärfe in das Bild gelegt, um so Accessoires zu betonen und die Bildwirkung zu steigern (vgl. Kapitel 9). In den Haaren ist dies auch im Druck recht gut zu erkennen.

Abb. 8–20

Ausschnitt aus dem Coverbild nach einer Retusche der Kategorie Basic

Abb. 8–21

*Derselbe Ausschnitt wie in Abbildung 8–20 nach
einer Retusche der Kategorie Supreme*

Bild selektiv schärfen

Der letzte Arbeitsschritt ist immer das Schärfen eines Bildes. Der Klassiker unter den Scharfzeichnern ist der Filter *Unscharf maskieren*. Ebenfalls im Filtermenü *Scharfzeichner* befindet sich der *Selektive Scharfzeichner,* der mehr Einstelloptionen bietet als *Unscharf maskieren* (Einzelheiten zur Wirkungsweise in *Pupille und Iris zum Strahlen bringen,* Kapitel 9). In den meisten Fällen soll die Scharfzeichnung die soeben retuschierte Haut nicht wieder scharfzeichnen. Sofern Sie die Ebenenmaske von Ihrer Hautretusche aufgehoben haben, lässt sich das ganz einfach verhindern.

Auf eine Ebene reduziert kopieren:
Strg/⌘+Alt/⌥+⇧+E
Ebene invertieren: Strg/⌘+I

Aktivieren Sie die oberste Ebene in Ihrem Ebenenstapel und führen den Befehl *Auf eine Ebene reduziert kopieren* aus. Zu dieser Ebene kopieren Sie die Ebenenmaske von Ihrer Hautretusche und invertieren diese. Jetzt wirkt die Ebenenmaske genau umgekehrt, das heißt, jetzt sind alle Bereiche der Ebene aktiv, die keine Haut enthalten. Führen Sie nun die gewünschte Schärfung durch. Eine weitere sehr bekannte Methode zum Scharfzeichnen ist das Schärfen mit dem Hochpassfilter. Diese Methode wird ebenfalls in Kapitel 9 gezeigt.

Die Retuschekategorien und Schwarzweiß

Im Rahmen der einzelnen Retuschekategorie erfolgt auch die Schwarzweiß-Umwandlung unterschiedlich aufwendig. Gerade für das Umwandeln eines Bildes in Schwarzweiß gibt es in Photoshop eine enorme Zahl von Möglichkeiten. Der folgende Workshop zeigt exemplarisch eine dieser möglichen Vorgehensweisen. Aus Gründen der Übersichtlichkeit wurde das zuvor retuschierte Bild auf die Hintergrundebene reduziert.

Für die Schwarzweiß-Umwandlung wurde als Erstes eine Einstellungsebene vom Typ *Verlaufsumsetzung* mit der Ebenenfüllmethode *Normal* angelegt (vgl. Abbildung 8–22). Hierdurch ist das Bild bereits ein Schwarzweiß-Bild, allerdings soll das Ergebnis noch verfeinert werden.

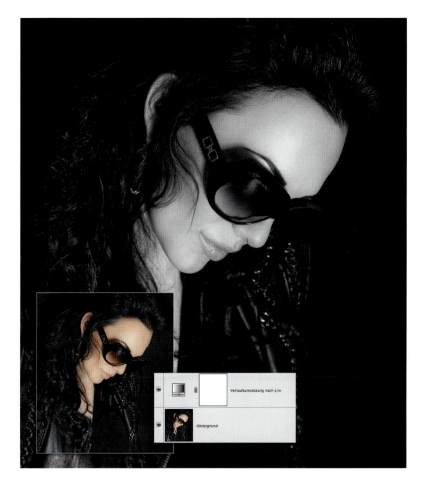

Abb. 8–22

Eine Einstellungsebene vom Typ Verlaufsumsetzung erzeugt eine Schwarzweiß-Darstellung.

Danach erfolgte eine Optimierung der Bildhelligkeit und Kontraste mit einer Gradationskurve. Damit die äußeren Bildbereiche ihre Schwärze behalten und nicht aufgehellt werden, wurden diese mit einer Ebenenmaske ausgespart (vgl. Abbildung 8–23).

Als Nächstes wird der Schärfeeindruck erhöht. Dafür wird der bisherige Bearbeitungsstand auf eine Ebene reduziert kopiert. Die so entstandene Ebene wird anschließend invertiert und mit *Matter machen* weichgezeichnet (geringer Schwellenwert und geringer Radius). Durch diese Vorgehensweise werden dunkle Bildbereiche aufgehellt und helle Bereiche abgedunkelt. Um jetzt eine gesteigerte Detailwirkung mit einem höheren

Schärfeeindruck zu erzielen, wird die Ebenenfüllmethode von *Normal* auf *Ineinanderkopieren* gesetzt (vgl. Abbildung 8–24). Wird die Wirkung als zu stark empfunden, kann die Deckkraft reduziert oder anstatt *Ineinanderkopieren* die Füllmethode *Weiches Licht* eingesetzt werden. Die zuvor retuschierte Haut soll sich nicht verändern und wird deshalb mit einer Ebenenmaske geschützt.

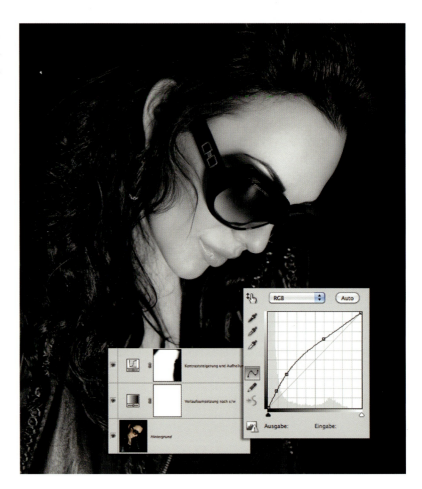

Abb. 8–23

Optimierung der Kontraste und der Bildhelligkeit

mittels einer Gradationskurve

Damit das Bild einen kühleren Look erhält, wird eine Einstellungsebene vom Typ *Farbfläche* (früher *Volltonfarbe*), verbunden mit der seit CS5 verfügbaren Füllmethode *Subtrahieren*, angelegt (vgl. Abbildung 8-25). Je nach verwendeter Farbe kann nun eine farbliche Stimmung über das Bild gelegt werden. Die neue Füllmethode *Subtrahieren* erzielt hierbei sehr schöne Ergebnisse mit differenzierten Kontrasten. Allerdings ist zu beachten, dass durch die Subtraktion verkehrt herum gedacht werden muss. Für eine kühlere Stimmung muss daher kein bläulicher Farbton gewählt werden, sondern eher ein gelblicher. Und eine Aufhellung erfolgt mit einem dunklen Tonwert und nicht mit einem hellen.

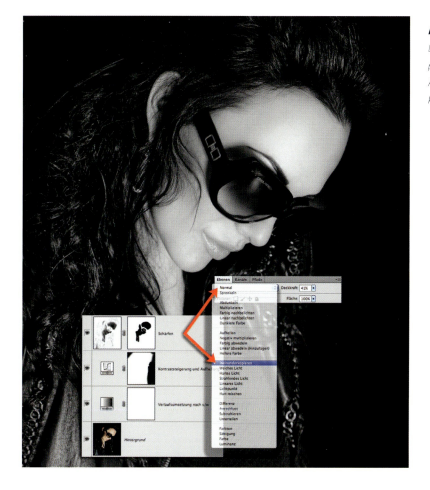

Abb. 8–24

Das bisherige Ergebnis wird auf eine Ebene kopiert, invertiert und weichgezeichnet. Durch das Ändern der Ebenenfüllmethode auf Ineinanderkopieren entsteht ein höherer Schärfeeindruck.

Den Abschluss bildet eine letzte Korrektur der Tonwerte mit einer Einstellungsebene *Tonwertkorrektur,* um eine optimale Verteilung der Tonwerte sicherzustellen.

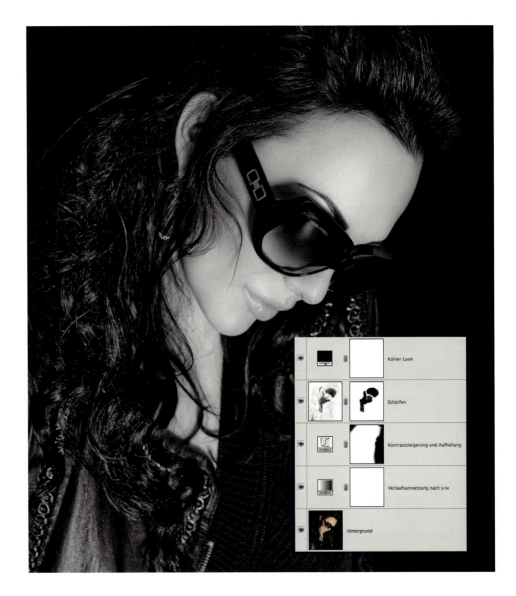

Abb. 8–25

Der kühle Look wird mit einer Einstellungsebene Farbfläche und der Ebenenfüllmethode Subtrahieren

erzeugt.

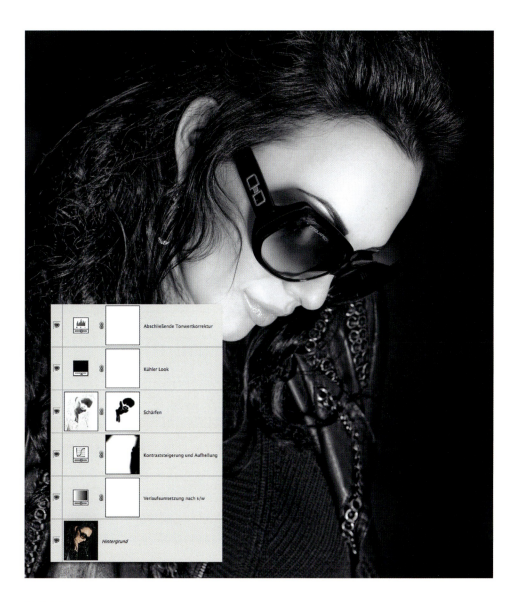

Abb. 8–26

Den Abschluss bildet eine Standard-Tonwertkorrektur.

Abb. 8–27

Das Coverbild in einer monochromen Version

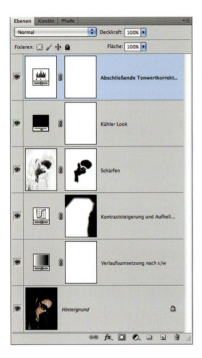

Abb. 8–28

Der komplette Ebenenstapel zu der eben durchge-

führten Monochromumwandlung (Abbildungen

8–22 bis 8–26)

Hochglanz-Hautretusche

Von Calvin Hollywood gibt es eine Reihe DVDs mit entsprechenden Tutorials (www. calvinhollywood.com/calvinize.asp).

Die folgende Anleitung zeigt eine Möglichkeit, um eine Hautretusche durchzuführen, die dem Look von Hochglanzmagazinen entspricht. Kern der folgenden Methode ist der Einsatz des Filters *Helligkeit interpolieren* in Verbindung mit dem Filter *Hochpass*. Diese Kombination habe ich zuerst bei Calvin Hollywood gesehen und nutze diese Vorgehensweise seitdem selber regelmäßig.

Bei meinem Beispielbild ist die Bildoptimierung sowie das Beseitigen kleinerer Hautunreinheiten bereits erfolgt, sodass mit der Hautretusche gestartet werden kann.

Abb. 8–29

Das vorretuschierte Ausgangsbild

Als Erstes kopieren Sie den Rotkanal als Ebene in das Ebenenbedienfeld (vgl. Kapitel 3.5, *Kanalarbeiten*). Dieser dient vor allem zum Anlegen der Ebenenmaske und hilft uns, helle Hautbereiche etwas abzudunkeln und dunkle etwas aufzuhellen (vgl. *Retuschekategorie Advanced*). Zusätzlich erreichen wir bereits eine leichte Weichzeichnung der Haut. Beim Anlegen der Ebenenmaske ist darauf zu achten, dass Bereiche am Haaransatz mit verringerter Deckkraft gemalt werden. Das Gleiche gilt für die Randbereiche der Nase. In der Ebenenmaske rechts (Abbildung 8–30) ist zu sehen, dass mit unterschiedlicher Pinseldeckkraft beim Anlegen der Ebenenmaske gearbeitet wurde.

Abb. 8–30

Rechts ist die angelegte Ebenenmaske zu sehen und links der Rotkanal zu der Ebenenmaske.

Damit der Rotkanal, der lediglich ein Graustufenkanal ist, mit dem farbigen Bild überlagert werden kann, muss die Ebenenfüllmethode für die Ebene mit dem Rotkanal von *Normal* auf *Luminanz* geändert werden. Im nächsten Schritt muss die Helligkeit der Rotkanalebene mit Hilfe der Gradationskurve angepasst werden (vgl. *Retuschekategorie Advanced*). Die Einstellungsebene für die Gradationskurve wird als Schnittmaske definiert, um so die Wirkung auf die direkt darunter liegende Ebene zu begrenzen. In Abbildung 8–31 ist die Deckkraft der Ebene mit dem Rotkanal für die Erkennbarkeit im Druck auf 100 % eingestellt. Normalerweise stelle ich diese nur auf 15–20 %, selten höher ein. Das Gesicht verliert durch den Helligkeitsausgleich sonst sehr schnell an Tiefe.

Abb. 8–31

Der linke Ausschnitt zeigt das Bild ohne den Einsatz des Rotkanals. In der rechten Abbildung ist die Wirkung des Rotkanals unter dem Auge und am Nasenrand erkennbar. Die Ebenendeckkraft der Ebene mit dem Rotkanal wird später noch deutlich reduziert.

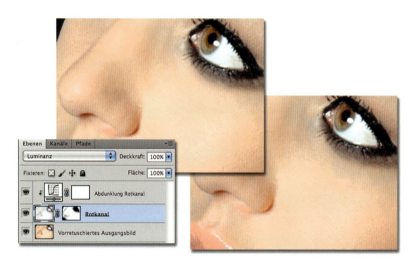

Je nach Bild, Licht und Tonwertumfang kann es beim Weichzeichnen zu Abrissen innerhalb von Farbverläufen kommen. Hier hat die Vorarbeit mit dem Rotkanal den Vorteil, dass die Tonwertunterschiede im Bild verringert werden. Ein weiterer Faktor ist das verwendete Dateiformat. Eine RAW-Datei mit 12, 14 oder sogar 16 Bit Farbtiefe ist wesentlich belastbarer bei Korrekturen und Farbverläufe werden erheblich besser dargestellt als bei einem JPEG-Bild mit 8 Bit Farbtiefe.

Auf eine Ebene reduziert kopieren:
Strg/⌘+Alt/⌥+⇧+E

Ebenenkopie erstellen: Strg/⌘+J

Der bisherige Bearbeitungsstand wird jetzt auf eine Ebene reduziert kopiert. Die so erzeugte Ebene muss im Ebenenstapel ganz oben angeordnet werden. Benennen Sie diese Ebene mit »Helligkeit interpolieren«. Mit *Strg/Befehlstaste+J* wird jetzt eine Kopie dieser Ebene erstellt, diese benennen Sie mit »Hochpass«. Die Sichtbarkeit der Ebene *Hochpass* schalten Sie mit dem Augensymbol vorerst aus (siehe Abbildung 8–32).

Rufen Sie jetzt im Filtermenü in der Rubrik *Rauschfilter* den Filter *Helligkeit interpolieren* auf. Stellen Sie den Filter so stark ein, dass sämtliche Störungen in der Haut verschwunden sind. Meistens liegt dieser Wert zwischen 25 und 45.

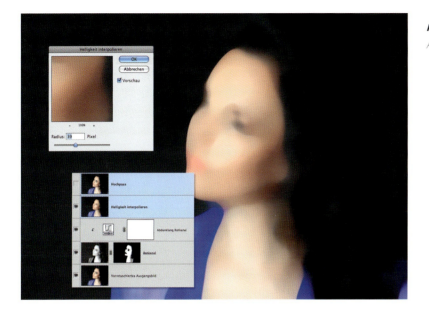

Abb. 8–32

Anwendung des Filters Helligkeit interpolieren

Im nächsten Arbeitsschritt wird die Ebene *Hochpass* wieder auf Sichtbarkeit geschaltet und die Ebenenfüllmethode von *Normal* auf *Weiches Licht* geändert. Jetzt wenden Sie den Hochpassfilter auf diese Ebene an (Menü *Filter → Sonstige Filter*). Der Hochpassfilter wird oftmals auch zum Scharfzeichnen eingesetzt, da er die Konturen betont. Bei einem Radius von 0 Pixel findet lediglich eine leichte Aufhellung des Bildes statt. Wird der Wert für den Radius erhöht, kommt die in der Ebene *Hochpass* vorhandene Hautstruktur wieder zum Vorschein. Ab einem bestimmten Radius kippt der Prozess wieder mehr in Richtung Weichzeichnung. In unserem Fall sollen die Gesichtskonturen zwar wieder betont, aber die Hautstruktur nur leicht sichtbar werden.

Zwecks besserer Einstellbarkeit werden die beiden Ebenen *Helligkeit interpolieren* und *Hochpass* in einer Ebenengruppe zusammengefasst, welche in unserem Beispiel mit dem Namen *Hautretusche* bezeichnet wird (vgl. Abbildung 8–34).

Die bei dem Rotkanal angelegte Ebenenmaske wird als Maske für die Gruppe kopiert (Alt-Taste gedrückt halten und die Ebenenmaske verschieben). Anschließend muss in den meisten Fällen noch eine Anpassung der Ebenenmaske erfolgen. Eine Ursache für mögliche Anpassungen ist, dass der Filter *Helligkeit interpolieren* in bestimmten Randbereichen oftmals ein Ineinanderfließen der Farben an Kantenkonturen verursacht mit der Folge, dass es zu Farbstörungen kommt. Anschließend kann innerhalb der Gruppe

Ebenen können in einer Gruppe zusammengefasst werden. Entweder werden die gewünschten Ebenen markiert und gemeinsam auf das Symbol für die Ebenengruppe gezogen. Oder Sie gehen nach dem Markieren in das Menü Ebenen *und dort auf* Neu. *Anschließend steht die Funktion* Neue Gruppe aus Ebenen *zur Verfügung. Natürlich können Ebenen auch einfach in bestehende Gruppen verschoben werden.*

Hautretusche die Deckkraft für die Ebenen *Helligkeit interpolieren* und *Hochpass* separat eingestellt werden. Eine letzte Feinjustage erfolgt dann über die Deckkraft der gesamten Gruppe.

Abb. 8–33

Der aktuelle Bearbeitungsstand nach der Anwendung der Filter Helligkeit interpolieren und Hochpass

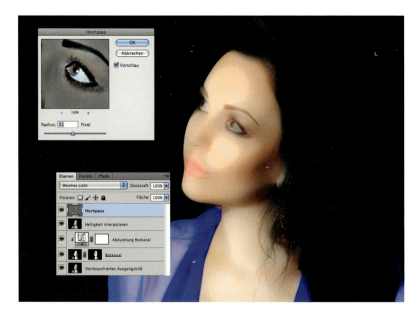

Abb. 8–34

Nach dem Anpassen der Ebenenmaske für die erstellte Gruppe und dem Einstellen der einzelnen Deckkraftwerte ergibt sich dieser Bearbeitungsstand.

Im Bereich der Wange sieht die Haut durch den vorhandenen Schatten noch nicht sehr schön aus. Eine schnelle Methode zur Nachkorrektur besteht in diesem Fall darin, die Ebenengruppe zu kopieren und eine neue Ebenenmaske für die Wange anzulegen.

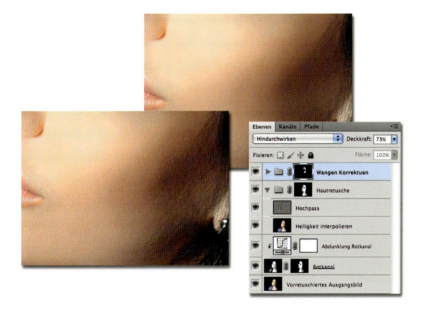

Abb. 8–35

Die Nachkorrektur des Wangenbereiches erfolgt schnell mit einer Kopie der Ebenengruppe und einer entsprechenden Ebenenmaske.

Damit das Gesicht etwas mehr Tiefe erhält, erzeugen wir eine Luminanzmaske. Hierfür brauchen wir, wie bereits gezeigt (vgl. *Mehr Brillanz mit der Luminanzmaske* im Unterkapitel *Retuschekategorie Advanced)*, als Erstes eine Hilfsebene. Diese erzeugen wir mit dem Befehl *Auf eine Ebene reduziert kopieren*. Ganz wichtig hierbei ist, dass sich diese Ebene ganz oben im Ebenenstapel befindet und aktiv ist. Der Rest vollzieht sich wie dort beschrieben. Als Ebenenfüllmethode für die Luminanzmaske sollte *Ineinanderkopieren* oder *Weiches Licht* gewählt werden. *Weiches Licht* sorgt für eine mildere Wirkung des Effekts. Die endgültige Effektstärke wird, je nach gewünschter Wirkung, mit der Ebenendeckkraft eingestellt. Die eigentliche Hautretusche ist jetzt abgeschlossen.

Persönlich stört mich noch der leichte Schatten im Bereich des Kiefers, kurz vor dem Ohr. Der Schatten wird auf einer separaten Ebene mit dem Ausbessern-Werkzeug und der Ebenenfüllmethode *Aufhellen* retuschiert. Wer will, kann die Gesichtskonturen noch mit dem Aufheller und Nachbelichter auf einer neutralen Grauebene weiter herausarbeiten (vgl. *Dodge and Burn* in Kapitel 10). Auch können die Konturen des Schmucks und der Wimpern mit dem Hochpassfilter weiter herausgearbeitet und die Strahlkraft der Augen mit etwas mehr Kontrast erhöht werden (Gradationskurve).

Auf eine Ebene reduziert kopieren: Strg/⌘+Alt/⌥+⇧+E

Abb. 8–36

Der fertige Ebenenstapel am Ende der Retusche

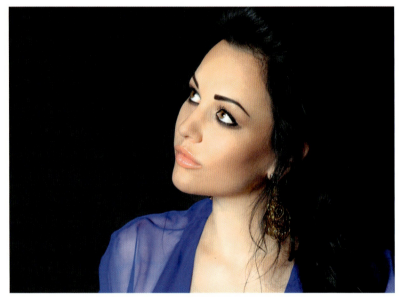

Abb. 8–37

An dieser Stelle noch einmal der Vergleich zwischen dem vorretuschierten Ausgangsbild und dem fertig retuschierten Ergebnis

Abb. 8–38

Das fertig retuschierte Bild

9 Akzente und Accessoires

9.1 Worum es geht ...

Bei Ihren Aufnahmen sollten zum jetzigen Zeitpunkt die Bildoptimierung, die Farbkorrektur, ein eventuelles Bodyforming und vor allem die Hautretusche abgeschlossen sein. Was nützt aber die schönste Haut, wenn der Zustand der Zähne dem nicht entspricht oder wenn den Augen noch der richtige Glanz fehlt? Ein weiterer Schritt ist das Herausarbeiten bestimmter Bildelemente, um so Akzente zu setzen, die bestimmte Bildbereiche in einem Porträt herausheben. Die Haare können ebenso betont werden wie Schmuck, Haarspangen und andere Modeaccessoires.

Darüber hinaus kann ein Bild mit bestimmten Effekten versehen werden, um die Bildaussage zu steigern oder gänzlich zu verändern. Dazu gehört unter anderem das Erstellen einer Bildstimmung oder das Verändern der gesamten Bildaussage, zum Beispiel durch das Austauschen des Hintergrundes (dazu mehr in Kapitel 10).

In diesem Kapitel finden Sie eine Sammlung verschiedener Methoden. Auch hier gibt es in Photoshop immer viele Wege. Wie immer gilt daher, dass probiert werden darf und soll.

9.2 Die Augen

Ein Porträt lebt von den Augen der Menschen, die es abbildet, und daher muss ihnen besondere Aufmerksamkeit gewidmet werden. Augen sollten in der Porträtfotografie lebendig wirken und Lebensfreude ausstrahlen. Sie müssen glänzen, wobei der weiße Bereich des Auges nicht wirklich weiß sein darf und nicht zu viele rote Äderchen haben sollte.

Rote Äderchen abmildern

Sofern in dem weißen Teil der zu bearbeitenden Augen noch rote Äderchen (erweiterte Bindehautgefäße) erkennbar sind, sollten diese abgeschwächt werden. Ein komplettes Entfernen hingegen kann schnell künstlich wirken und sollte daher sehr gut überlegt sein.

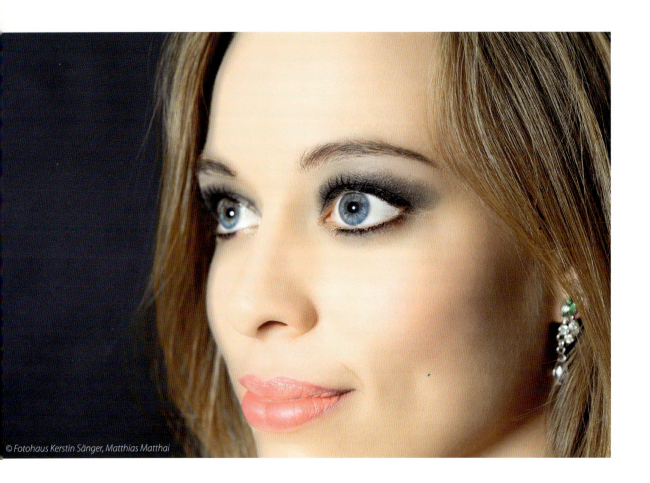

© Fotohaus Kerstin Sänger, Matthias Matthai

Eine schnelle Methode zum Abschwächen der roten Äderchen ist denkbar einfach:

Mit dem Farbaufnehmerwerkzeug (eingestellt auf 1 Pixel) nehmen Sie den Farbton eines »weißen« Augenbereiches auf. Danach legen Sie eine neue leere Ebene an, wählen das Füllwerkzeug (Farbeimer) aus und füllen die Ebene mit der zuvor aufgenommenen Farbe. Für diese Ebene erstellen Sie eine Ebenenmaske mit gedrückter Alt-Taste. Durch das Drücken der Alt-Taste wird die Ebenenmaske schwarz gefüllt. Als Nächstes übermalen Sie mit einem weißen Pinsel in der Ebenenmaske die weißen Augenbereiche. Jetzt folgt das Ändern der Ebenenfüllmethode von Normal auf Aufhellen. Dadurch werden nur die Pixel verändert, die dunkler sind als unser mit dem Farbaufnehmerwerkzeug festgelegter Farbwert. Als Letztes passen Sie noch die Ebenendeckkraft an.

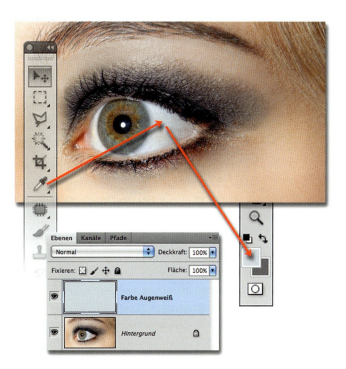

Abb. 9–1

Abmildern der roten Äderchen im Augenweiß

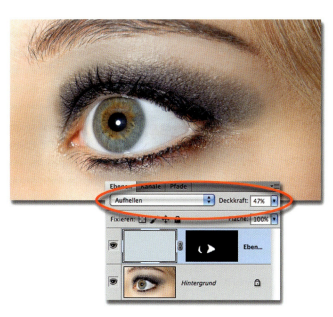

Je nach Bild und Belichtung kann es sinnvoll sein, für das zweite Auge den Vorgang zu wiederholen und damit einen eventuellen Farbunterschied zwischen den Augen zu berücksichtigen. Sollte das Augenweiß in seiner Gesamtheit noch zu dunkel erscheinen, genügt es, die Ebene mit der

Farbe des Augenweißes, zum Beispiel mit der Gradationskurve, etwas aufzuhellen.

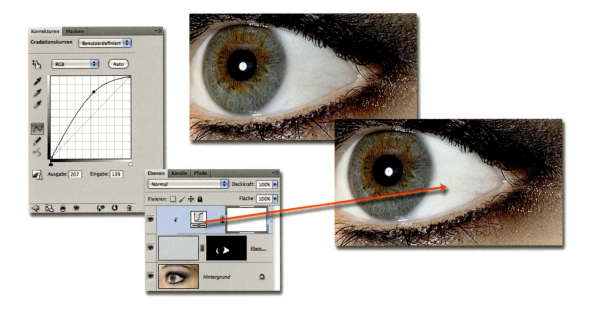

Abb. 9–2

Aufhellen der weißen Augenbereiche mit der Gradationskurve

Pupille und Iris zum Strahlen bringen

Nach dem Augenweiß bringen wir die Augen zum Strahlen. Hierfür werden die Pupillen und die Iris zusätzlich betont. Für diese Aufgabe gibt es viele Varianten, denen aber immer dasselbe Prinzip zugrunde liegt: Es geht um eine Kontraststeigerung in der Pupille. Der Klassiker hierfür ist die Gradationskurve, effektvoller ist oftmals aber der Einsatz der Filter *Unscharf maskieren* und *Hochpass*. Aber auch eine Einstellungsebene vom Typ *Belichtung* bringt viele Details und Glanz zum Vorschein.

Methode Gradationskurve

Erstellen Sie eine Einstellungsebene vom Typ *Gradationskurve*. Wenn Sie jetzt eine Standard-S-Kurve anlegen, werden Sie mit dem Ergebnis nicht zufrieden sein, da diese Kurve eine Kontrastanhebung über den gesamten Tonwertbereich erzeugt. Wir wollen aber die Kontrastanhebung auf den Bereich der Pupille beschränken. Das erreichen wir durch den Einsatz von Fixierungspunkten innerhalb der Gradationskurve. Fixierungspunkte können Sie setzen, wenn Sie zuvor das Handsymbol im Fenster der Gradationskurve angeklickt haben (rote Kreismarkierung in Abbildung 9–3).

Danach klicken Sie an die gewünschten Stellen in Ihr Bild. In der Gradationskurve werden die dazugehörigen Fixierungspunkte gesetzt. Sofern Sie eine Photoshop-Version vor CS4 verwenden, halten Sie die Strg-/Befehlstaste gedrückt und klicken dann in Ihrem Bild auf die gewünschte Stelle.

Mit Hilfe der Fixierungspunkte erzeugen Sie nun Ihre S-Kurve. Die wirkt jetzt nur auf den festgelegten Tonwertbereich (siehe Abbildung 9–3). Begrenzen Sie den Effekt mit einer Ebenenmaske auf den Bereich der Pupille. Bei einer starken Kontraststeigerung mit der Gradationskurve kommt es auch zu einer Farbverstärkung. Diese kann vorteilhaft sein, aber auch störend. Trifft der zweite Fall zu, setzen Sie die Ebenenfüllmethode der Einstellungsebene *Gradationskurve* von *Normal* auf *Luminanz*.

Für die Maskierung innerhalb der Ebenenmaske verwende ich im Rahmen der Beautyretusche überwiegend das Pinselwerkzeug. Es gibt aber immer wieder Aufgaben, wie hier bei den Augen, bei denen schnell eine Auswahl angelegt ist. Wenn Sie diesen Weg bevorzugen, wählen Sie die Pupille mit einer Kreisauswahl aus und setzen eine weiche Auswahlkante. Wenn Sie bis jetzt noch keine Ebenenmaske angelegt haben, wird die Auswahl beim Anlegen einer Ebenenmaske direkt übernommen, im anderen Fall können Sie anhand der Auswahl bequem Ihre bestehende Maskierung überarbeiten.

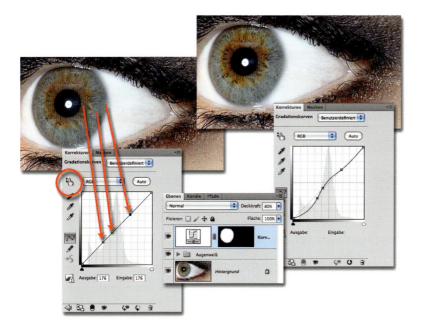

Abb. 9–3
Strahlende Augen mit der Gradationskurve

Strahlen durch Unscharf maskieren und den Hochpassfilter

Eine weitere Methode, um den Augen mehr Brillanz zu verleihen, ist das Überschärfen der Pupille. Wenn Sie sich für diese Variante entscheiden, beachten Sie, dass Sie diese Form der Betonung nicht zu stark vornehmen. Wenn Sie am Ende der Bearbeitung Ihr Bild dem abschließendem Schärfen unterziehen, werden die Augen ein weiteres Mal geschärft, was dann zu viel des Guten sein kann. Natürlich können Sie die Augen, wenn nötig, mit einer Ebenenmaske schützen, um ein weiteres Schärfen zu vermeiden.

Das Schärfen eines Bildes mit dem Filter *Unscharf maskieren* dürfte eine der ersten Methoden sein, die man mit Photoshop lernt. Für moderates Schärfen eines Bildes empfiehlt es sich, immer einen kleinen Wert für den Radius einzustellen, um so die Wirkung nur auf die Objektkante zu

Damit Sie ein Gefühl für die Arbeitsweise erhalten, öffnen Sie den Filter Unscharf maskieren, stellen einen Wert von über 100 % bei Stärke ein und erhöhen dann langsam den Wert, beginnend bei 0, für den Regler Radius. Sie werden sehen, dass der Effekt bei einer Scharfzeichnung beginnt, langsam in den überschärften Bereich mit sehr vielen Details übergeht und am Ende kippt – und Details wieder verloren gehen.

beschränken. Die eigentliche Schärfung, der Schärfegrad, wird über den Regler *Stärke* eingestellt.

In unserem Fall wünschen wir jetzt kein Schärfen über das ganze Bild, sondern wollen bewusst überschärfen. Als Erstes erzeugen Sie eine Kopie der Ebene, auf der sich das Auge befindet (z.B. mit *Strg/Befehlstaste+J*). Gehen Sie über den Menüpunkt *Filter → Scharfzeichnungsfilter* zum Filter *Unscharf maskieren*. Stellen Sie den Regler für den Radius auf einen hohen Wert. In dem gezeigten Beispiel ist der Wert 31,5 Pixel. Dadurch wird die Schärfung deutlich über die Objektkanten hinaus vorgenommen. Für die Stärke wählen Sie ebenfalls einen hohen Wert (im Beispiel 136 %). Damit der Effekt nur auf die Pupille und die Iris wirkt, legen Sie auf der Ebene mit der Scharfzeichnung eine Ebenenmaske an. Ein sehr ähnlicher Effekt wird mit dem Hochpassfilter erreicht.

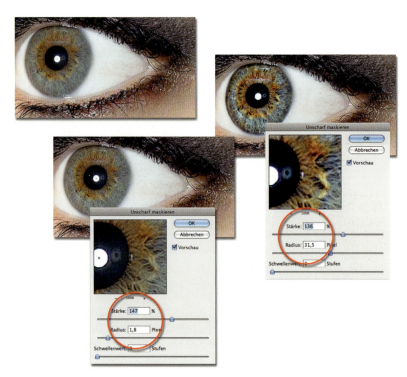

Abb. 9–4
Das Original (links oben) im Vergleich zum »normalen« Schärfen (links unten) und dem Überschärfen (rechts).

Der Hochpassfilter zeigt auf einer Grauebene sehr schön die Objektkanten, was ihn zu meinem Favoriten auch in Bezug auf normales Schärfen macht. Das abschließende Schärfen von Porträts ist ebenfalls sehr schön mit dem Hochpassfilter möglich. Hier wird sehr gut erkennbar, ab wann die Wirkung auch Hautbereiche betrifft und diese somit von der Schärfung ausgespart werden sollten.

Wirkungsweise des Hochpassfilters

Nach dem Aufruf des Hochpassfilters (*Filter → Sonstige Filter*) wird die gesamte Ebene grau eingefärbt. Dieses Grau ist neutral und wirkt sich beim Auswählen einer entsprechenden Ebenenfüllmethode nicht auf die darunter liegenden Ebenen aus. Die von mir am häufigsten eingesetzten Ebenenfüllmethoden für den Hochpassfilter sind *Ineinanderkopieren* und *Weiches Licht*. Mit dem Regler *Radius*, dem einzigen beim Hochpassfilter, wird der Bereich festgelegt, in dem die Objektkanten, ausgehend von dem neutralen Grau, aufgehellt oder abgedunkelt werden. In Verbindung mit der Ebenenfüllmethode *Ineinanderkopieren* führt dies dazu, dass dunkle Bereiche mehr Schwärze bekommen und helle Bereiche aufgehellt werden (vgl. Abbildung 9–5).

Anwendung des Hochpassfilters

Erzeugen Sie erneut eine Kopie der Ebene, auf der die Pupille und die Iris des Auges nicht bearbeitet sind.

Beim Einstellen des Reglers *Radius* erzeugt ein niedriger Wert eine moderate Schärfung, hohe Werte hingegen überschärfen das Bild. Während bei kleinen Werten die Wirkung unmittelbar gut beurteilt werden kann, fällt die Beurteilung bei hohen Werten sehr schwierig aus.

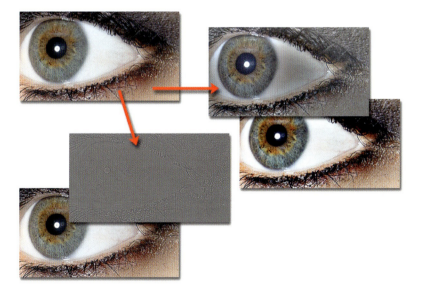

Abb. 9–5

Bei der grauen Fläche links wurde ein Radius von 1,8 eingestellt. Die Konturen sind gut erkennbar. Rechts wurde eine Radius von 64 eingestellt. Der Effekt kann erst nach dem Ändern der Ebenenfüllmethode zuverlässig beurteilt werden.

Ausgehend von Abbildung 9–5 bietet es sich an, für eine moderate Schärfung den Hochpassfilter anzuwenden und im Anschluss die Ebenenfüllmethode für den Effekt zu wählen. Geht es um das Überschärfen, ist der spätere Effekt schwerer zu beurteilen. Sie erleichtern sich die Arbeit, wenn Sie in diesem Fall, vor der Anwendung des Hochpassfilters, die Ebenenfüllmethode (z.B. *Ineinanderkopieren*) auswählen. In beiden Fällen können Sie die entsprechende Ebene auch in ein Smart-Objekt umwandeln und erhalten sich damit die Möglichkeit für spätere Korrekturen. In dem gezeigten Beispiel sollen lediglich die Iris und die Pupille betont werden, was durch eine entsprechende Ebenenmaske realisiert wird (vgl. Abbildung 9–6).

Abb. 9–6

*Anwendung des Hoch-
passfilters zum Schärfen
als normale Ebene (oberer
Teil der Abbildung) und
zum Überschärfen als
Smartfilter (unterer Teil der
Abbildung)*

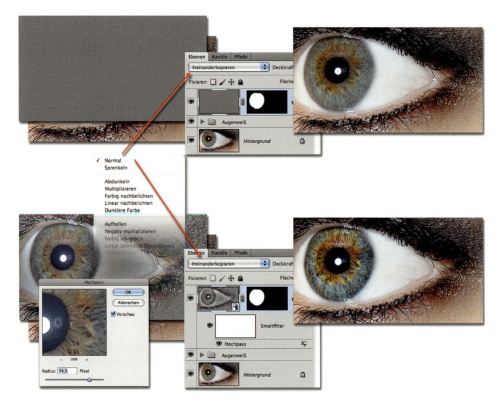

Mehr Details durch die Einstellungsebene Belichtung

Eine weitere, sehr schnelle Möglichkeit, den Augen mehr Glanz zu verleihen, ist das Anlegen einer Einstellungsebene vom Typ *Belichtung*. Diese
Funktion lässt zuerst eine normale Funktion zur Belichtungskorrektur vermuten. Ein Nachlesen in der Photoshop-Hilfe offenbart folgenden Satz:
»Die Belichtungs- und HDR-Tonungskorrekturen wurden in erster Linie
für 32-Bit-HDR-Bilder konzipiert. Sie können sie jedoch auch auf 16-Bit-
und 8-Bit-Bilder anwenden, um HDR-ähnliche Effekte zu erstellen.« Das
ist also genau das, was wir brauchen, um mehr Glanz und Zeichnung in
das Auge zu bekommen. Bei der Funktion *Belichtung* haben wir es mit drei
Reglern zu tun:

❏ *Belichtung:* Beeinflusst hauptsächlich die Lichter des Bildes und versucht
extreme Tiefen zu erhalten, also nicht zulaufen zu lassen.

❏ *Spreizung:* Ist für das Abdunkeln der Mitteltöne und Tiefen zuständig
und nimmt nur geringen Einfluss auf die Lichter. Behält diese weitest-
gehend bei.

❏ *Gammakorrektur:* Die Funktion dieses Reglers besteht darin, ein HDR-
Bild, das mit einem Gamma von 1 erzeugt wird, unserem menschlichen

Sehen anzupassen. Der Regler ist standardmäßig auf 1 eingestellt. Ganz nach rechts verschoben verringert sich der Wert bis auf 0, am linken Randbereich reicht der Regler bis zu einem Gamma von 10.

Anwendung der Belichtung

Für mehr Glanz im Auge muss lediglich der Gammaregler auf einen Wert kleiner 1 eingestellt und die dabei entstehende Abdunklung mit dem Regler *Belichtung* ausgeglichen werden. Ein ganz leichtes Abdunkeln der Mitteltöne und Tiefen kann bei Bedarf mit dem Regler *Spreizung* zusätzlich eingestellt werden (siehe Abbildung 9–7). In den meisten Fällen ist eine anschließende Reduzierung der Ebenendeckkraft sinnvoll.

Das Einsatzgebiet der Belichtungseinstellungen kann natürlich auf andere Bildbereiche oder ganze Bilder angewendet werden, um den Detailkontrast im Bild zu verstärken.

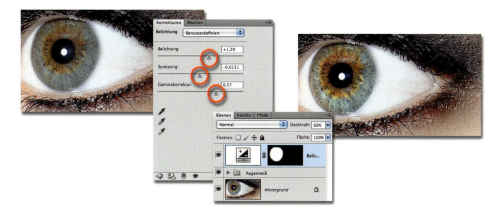

Abb. 9–7

Eine Ebenenmaske begrenzt die Wirkung der Funktion Belichtung auf die Pupille.

Ändern der Augenfarbe

Nachdem wir uns schon mit dem Betonen der Iris und der Pupille beschäftigt haben, soll das Ändern der Augenfarbe nicht fehlen. Auch hier gibt es eine ganze Reihe verschiedener Weg zum Ziel: angefangen bei dem Umfärben mittels Gradationskurve über die Funktion *Schwarzweiß* bis hin zum Werkzeug *Farbe ersetzen*. Da die Vorgehensweise in allen Fällen nahezu identisch ist, folgt an dieser Stelle lediglich die sehr schnelle Methode mittels einer Einstellungsebene vom Typ *Farbton/Sättigung*.

Nach dem Aufruf von *Farbton/Sättigung* aktivieren Sie die Checkbox *Färben* und können die gewünschte Farbe mit den Reglern *Farbton* und *Sättigung* einstellen. Den Effekt begrenzen Sie wie immer mit einer Ebenenmaske. Die bisher verwendete Ebenenmaske kann dafür wieder mit gedrückter Alt-Taste kopiert, muss aber modifiziert werden. Die Ebenenmaske muss jetzt berücksichtigen, dass auch in dem Lichtreflex auf der Pupille eine partielle Einfärbung stattzufinden hat und das Augenweiß ganz von dem Umfärben ausgeschlossen wird. Wählen Sie hierfür eine verringerte Pinseldeckkraft und passen die Ebenenmaske an. Danach muss noch

Alle in diesem Buch genannten Funktionen, die über Einstellungsebenen ausgeführt werden, sind auch über die Menüpunkte Bild → Korrekturen erreichbar. Dann werden diese Funktionen aber direkt auf der Ebene ausgeführt, sind somit keine Einstellungsebenen mehr mit der Konsequenz, dass die eingestellten Werte nicht mehr nachträglich geändert werden können.

die Ebenendeckkraft verringert werden, um eine überzeugende Umfärbung zu erhalten. Das erzielte Ergebnis lässt sich durch den Einsatz einer anderen Ebenenfüllmethode als *Normal* weiter verbessern. Ein schönes kräftiges Ergebnis liefert die Füllmethode *Weiches Licht*. Da das Ergebnis für eine Abdunklung sorgt, muss hier zusätzlich zu den Reglern *Farbton* und *Sättigung* der Helligkeitsregler eingestellt werden. Andere Füllmethoden kommen natürlich auch in Frage, hier heißt es ausprobieren.

Abb. 9–8

Ändern der Augenfarbe mit einer Einstellungsebene Farbton/Sättigung

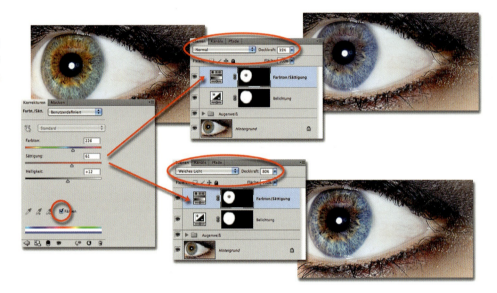

9.3   Zahnpflege

Wer hat schon perfekte Zähne? Das Alter, der tägliche Kaffee oder auch Zigaretten sorgen dafür, dass die Farbe der Zähne im Laufe der Zeit immer gelblicher wird. Hinzu kommen Füllungen oder angestoßene und ungleichmäßig gewachsene Zähne. Dank moderner Zahnmedizin und besserer Prophylaxe haben junge Leute heute zwar deutlich bessere Zähne als noch vor 20 Jahren, doch das strahlend weiße Hollywoodgebiss gibt es von Natur aus nur selten.

Implantate und Ausrichten

Gibt es bei einem Porträt größere Zahnlücken, Ungleichmäßigkeiten oder sogar Löcher, gehören diese korrigiert. Weitere Korrekturen können bei abgebrochenen oder zu kurzen Zähnen nötig sein. Eine bewährte Methode ist das digitale Implantat, weshalb wir jetzt einen etwas zu kleinen Zahn durch einen besseren ersetzen werden.

© Fotohaus Kerstin Sänger, Matthias Matthai

Das Begradigen der Zahnreihen kann schnell und unkompliziert durch das Kopieren und Einsetzen anderer Zähne erfolgen. Der »neue« Zahn wird (z.B. mit dem Lasso-Werkzeug) grob ausgewählt, mit *Strg/Befehlstaste+J* auf eine neue Ebene kopiert und über dem zu ersetzenden Zahn positioniert. Um bei den nächsten Arbeitsschritten die Qualitätseinbußen so gering wie möglich zu halten, empfehle ich, die Ebene mit dem einzelnen Zahn in ein Smart-Objekt umzuwandeln. Verringern Sie jetzt die Ebenendeckkraft des Zahnes und passen seine Form mit dem Transformationswerkzeug *Verkrümmen* so an, dass er sich sauber in das Gebiss einfügt. Durch die verringerte Ebenendeckkraft können Sie gut beurteilen, wann der Zahn den richtigen Sitz hat. Nach dem Einpassen setzen Sie die Ebenendeckkraft wieder auf 100 %. Legen sie jetzt eine Ebenenmaske an, um überflüssige Bereiche im Zahnbereich zu maskieren. Den letzten Feinschliff, sofern nötig, erledigen Sie mit dem Verflüssigen-Werkzeug.

Das Verflüssigen-Werkzeug funktioniert nur, wenn die Ebene, die verflüssigt werden soll, kein Smart-Objekt ist. Ein Smart-Objekt wird durch Rastern wieder in eine normale Ebene konvertiert. Dies erfolgt über den Menüpunkt Ebene → Smart-Objekte → Rastern oder über das Kontextmenü der Ebene. Hierfür muss man im Ebenenbedienfeld bei der gewünschten Ebene die rechte Maustaste drücken und im Kontextmenü Ebene rastern anklicken.

Abb. 9–9

Das Ersetzen eines Zahneas durch das Klonen
eines anderen Zahnes

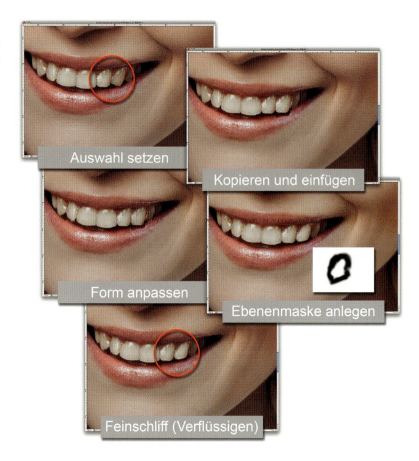

Abb. 9–10

Mit den gezeigten Methoden kann das gesamte
Gebiss nachgearbeitet werden.

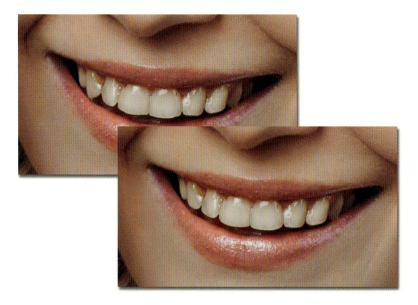

Strahlend weiße Zähne

Bei den folgenden Arbeitsschritten zum Aufhellen der Zähne und zum Entfernen des Farbstichs ist die gezeigte Reihenfolge nur beispielhaft. Für das Endergebnis ist es unerheblich, ob Sie zuerst den Farbstich entfernen oder die Zähne aufhellen. Allerdings habe ich die Erfahrung gemacht, dass vielen Seminarteilnehmern die hier gezeigte Reihenfolge scheinbar etwas eingängiger gewesen ist … aber entscheiden Sie selbst.

Das eigentliche Aufhellen der Zähne verläuft im Prinzip genauso wie das Aufhellen der Augen. Sie verwenden die zur Verfügung stehenden Einstellungsebenen für Tonwertkorrektur, Gradationskurve und Farbkorrekturen. Generell bleibt es Ihnen überlassen, ob Sie das Aufhellen mit der Tonwertkorrektur oder der Gradationskurve vornehmen. Gelbliche Zähne können schnell mit einer Einstellungsebene *Farbton/Sättigung* weißer gemacht werden.

Zuerst werden jedoch unerwünschte Glanzstellen oder andere Störungen, zum Beispiel stark unterschiedliche Verfärbungen der Zahnoberfläche, entfernt beziehungsweise angeglichen. Hierfür kommen die normalen Retuschewerkzeuge zum Einsatz, gegebenenfalls zusätzlich mit den Ebenenfüllmethoden *Aufhellen* oder *Abdunkeln*. Wichtig ist bei dem Entfernen von Glanzstellen immer: Nicht alle Glanzstellen dürfen entfernt werden, da diese Tiefe erzeugen. Zähne völlig ohne Glanzstellen wirken nicht mehr natürlich. Danach wird mit einer Einstellungsebene vom Typ *Farbton/Sättigung* der Gelbstich der Zähne verringert.

Wird die Sättigung zu stark verringert, werden die Zähne richtig grau, was auch nicht Sinn der Sache ist. Eine leichte Aufhellung kann mit dem Regler *Helligkeit* bei *Farbton/Sättigung* erfolgen, die eigentliche Aufhellung sollte aber mit einer Tonwertkorrektur oder Gradationskurve durchgeführt werden. Oft ist es so, dass vor allem im Bereich des Zahnansatzes die Zähne wesentlich stärker gelb sind. Hier schafft eine zusätzliche Einstellungsebene *Farbton/Sättigung* mit entsprechender Ebenenmaske Abhilfe.

Abb. 9–11

Bei Farbton/Sättigung können die Gelbtöne gezielt in ihrer Sättigung abgesenkt werden.

Abb. 9–12

Die Zähne nach der Gelbreduzierung und Aufhel-
lung mit den dazugehörigen Ebenen

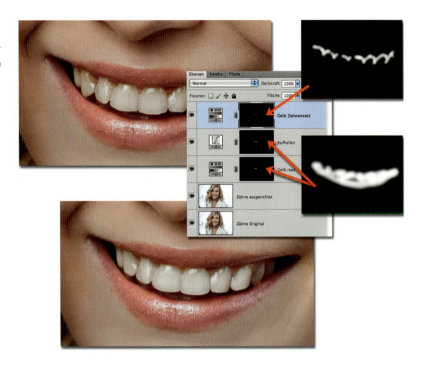

9.4   Accessoires betonen

Was bei einer Retusche schnell vergessen wird, ist, dass Glanzstellen nicht immer entfernt werden müssen, sondern im Gegenteil das Hervorheben kleiner Glanzstellen bei Schmuck, Gürtelschnallen und anderen Accessoires einem Bild mehr Wirkung verleiht. Diese Detailarbeit ist es, die nicht selten den Unterschied ausmacht zwischen einem unscheinbaren Bild und einem Bild, das auffällt. In der folgenden Abbildung erfolgte nach der Hautretusche die separate Behandlung und Betonung aller Metallteile. Das Kreuz in den Augen des Mannes ist kein Werk von Photoshop, sondern das Ergebnis von entsprechenden Kontaktlinsen. Die Effektbearbeitung eines solchen Bildes folgt später in diesem Kapitel.

Viele Techniken, die Sie für das Betonen von Accessoires benötigen, haben Sie in diesem Buch bereits kennen gelernt. Wichtig ist nur, diese zu verinnerlichen und je nach Aufgabenstellung die richtige Variante anzuwenden. Ziel ist es, für die Betonung die jeweiligen Kontraste zu steigern, teilweise sogar zu übersteigern. Hierfür gibt es viele Methoden, angefangen bei dem Klassiker, der Gradationskurve, über das Anwenden des Hochpassfilters bis zur Verwendung einer Kontrastmaske (siehe folgendes Unterkapitel *Kontrastmaske mit Camera Raw*). Für alle gilt aber, dass sie ohne den Einsatz von Ebenenfüllmethoden und Ebenenmasken nicht möglich wären.

Kontrastmaske mit Camera Raw

Entwickeln Sie als Erstes Ihr Bild in Camera Raw. Hierbei ist es egal, ob es sich um eine RAW-, JPEG- oder TIF-Datei handelt, denn alle Formate werden unterstützt. Bei einer RAW-Datei erzielen Sie natürlich das beste Ergebnis, da Sie hier wesentlich mehr Tonwertstufen zur Verfügung haben als zum Beispiel bei einer JPEG-Datei.

Bei einem JPEG stellen Sie als Farbtiefe 8 Bit/ Kanal ein. Wenn Sie mehr einstellen, wird Ihre Datei nur erheblich größer, ohne dass Sie einen qualitativen Vorteil haben.

Ganz unten im Fenster von Camera Raw können die Arbeitsablauf-Optionen in Form einer anklickbaren Textzeile aufgerufen werden. Dort ist es wichtig, die Checkbox für die Option *In Photoshop als Smart-Objekte öffnen* zu setzen.

Die Beschriftung des Buttons *Bild öffnen* ändert sich durch die neue Einstellung in *Objekt öffnen*. Mit *Objekt öffnen* wird die Datei mit den entsprechenden Entwicklungseinstellungen an Photoshop übergeben.

Abb. 9–13

Für die hier gezeigte Methode ist es wichtig, die gewünschte Datei als Smart-Objekt in Photoshop zu öffnen.

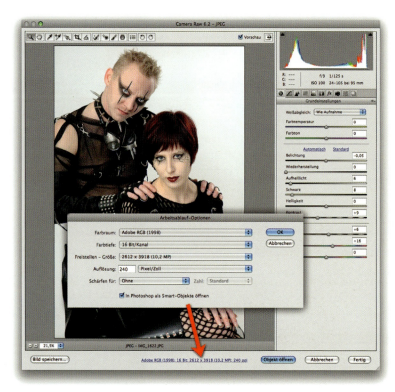

Abb. 9–14

Für unseren Zweck erzeugen wir eine Ebenenkopie mittel der Option Neues Smart-Objekt durch Kopie.

In Photoshop gehen Sie in das Ebenenbedienfeld, klicken die rechte Maustaste und wählen aus dem Kontextmenü die Option *Neues Smart-Objekt durch Kopie* (siehe Abbildung 9–13).

Auf den ersten Blick sieht das Ergebnis aus wie eine einfache Ebenenkopie, aber dem ist nicht so. Wenn Sie die Ebene ganz normal kopieren, zum Beispiel mit *Strg/Befehlstaste+J*, sind beide Ebenen als Smart-Objekt verknüpft. Das heißt, wenn wir wieder nach Camera Raw wechseln, werden dortige Änderungen auf beiden Ebenen übernommen. Das geschieht jedoch nicht bei der Option *Neues Smart-Objekt durch Kopie*. In diesem Fall existiert die Ebenenkopie als neues Smart-Objekt und wird unabhängig behandelt. Daraus folgt: Änderungen an der Kopie haben keinen Einfluss auf das Aussehen des Originals.

Durch einen Doppelklick auf das Ebenensymbol der Ebene *Original Kopie* öffnet sich erneut Camera Raw. Dort setzen Sie als Erstes den Regler *Sättigung* auf 0 und erhalten so ein Schwarzweißbild. Mit den anderen Reglern erzeugen Sie möglichst hohe Kontraste und viele Details in Ihrem Bild. Besonderen Einfluss haben die Regler *Klarheit*, *Kontrast*, *Schwarz* und *Aufhelllicht*. Zusätzlich kann auch mit der Gradationskurve von Camera Raw mehr Kontrast erzeugt werden.

Welche Kombination sich bei welchem Bild als am besten erweist, ist wie immer ganz unterschiedlich und erfordert unter Umständen etwas Ausprobieren. Mit dem OK-Button kehren Sie nach Photoshop zurück und haben jetzt eine Kontrastmaske für Ihr Bild.

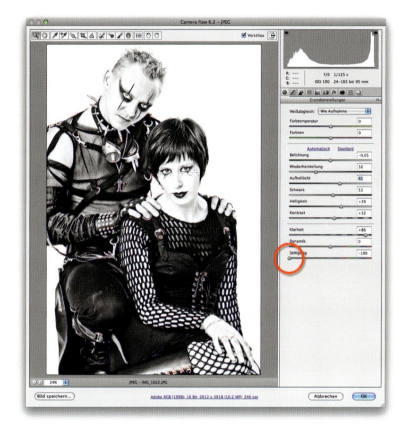

Abb. 9–15

In Camera Raw erstellen Sie eine Schwarzweiß-Version Ihres Bildes mit möglichst vielen Kontrasten und Details.

Die Ebene mit Ihrer Kontrastmaske benötigt nun noch eine andere Ebenenfüllmethode und gegebenenfalls das Ausgrenzen bestimmter Bildbereiche mittels einer Ebenenmaske.

Da die Ebenenfüllmethode *Luminanz*, wie ihr Name schon sagt, lediglich die Helligkeitswerte zur Ebenenverrechnung heranzieht, beeinflusst deren Ergebnis am wenigstens die Farben auf der darunter befindlichen Ebene. Allerdings wird der Gesamteindruck des Bildes immer heller, sodass hier eine Helligkeitskorrektur sinnvoll ist. Diese erzeugen wir mit einer Einstellungsebene *Gradationskurve* und erstellen von dieser Ebene eine Schnittmaske, um so die Wirkung auf die Ebene mit unserer Kontrastmaske zu beschränken. Anschließend werden, wenn gewünscht, Bildbereiche mit einer Ebenenmaske ausgespart. Bei unserem Beispiel sind dies die Hautbereiche. Die dafür nötige Ebenenmaske ist schnell angelegt und über das Maskenbedienfeld wird die Dichte der Ebenenmaske etwas reduziert, sodass die Ebenenmaske nicht zu 100 % wirkt.

Abb. 9–16

Beispiele für die Wirkung einiger
Ebenenfüllmethoden

Wenn gewünscht, können die herausgearbeiteten Details noch etwas mehr Wirkung erhalten. Hierfür wird das Ergebnis auf *eine Ebene reduziert kopiert* und der Hochpassfilter mit einem hohen Wert (ca. 100) auf diese Ebene angewendet. Dann wird als Ebenenfüllmethode *Weiches Licht* gewählt und zum Abschluss die Deckkraft angepasst.

Abb. 9–17

Das Ergebnis, bestehend aus einer Kontrastmaske mit der Ebenenfüllmethode Luminanz, einer Helligkeitsanpassung und dem Hochpassfilter

Wenn wir davon reden, ein Bild zu schärfen, dann machen wir nichts anderes, als einen höheren Schärfeeindruck durch Kontrastanhebung an den Objektkanten herbeizuführen. Das heißt zum Beispiel, dass an der Objektkante zwischen einer Jacke und dem Hintergrund helle Bildinformationen noch heller und dunkle noch dunkler werden (Regler Stärke). Wie groß hierfür der Helligkeitsunterschied sein muss, wird mit dem Regler Schwellenwert eingestellt. Mit Radius wird festgelegt, wie viele Pixel ausgehend von der Objektkante in den Schärfeprozess einbezogen werden.

Wenn es schnell gehen soll – Unscharf maskieren

Die klassische Methode, um einem Bild mehr Schärfe zu geben, ist der Scharfzeichnungsfilter *Unscharf maskieren*. In der Fotografenausbildung wird im Rahmen der Bildoptimierung auch das Scharfzeichnen behandelt. Geht es darum, bei einem Bild für die nötige Schärfe zu sorgen, empfiehlt sich vor allem ein niedriger Wert für den Radius. Die eigentliche Schärfewirkung wird mit dem Regler *Stärke* eingestellt, der durchaus auch höhere Werte erhalten darf.

Geht es nicht einfach nur darum, eine Scharfzeichnung auszuführen, sondern bestimmte Bildbereiche extrem zu betonen, dürfen ganz andere Werte eingestellt werden.

Von der Hintergrundebene wird eine Kopie erzeugt und anschließend der Scharfzeichnungsfilter *Unscharf maskieren* aufgerufen (Menü *Filter → Scharfzeichnungsfilter*). Vergewissern Sie sich, dass die Checkbox für Vorschau im Filterfenster markiert ist, und ziehen Sie den Regler für den *Radius* ganz nach rechts. Den Regler *Stärke* stellen Sie nach Ihrem persönlichen Geschmack ein. In der Regel wird dieser Wert nicht über 100 liegen. Den *Radius* können Sie gegebenenfalls auch etwas reduzieren, das ist wiederum vom Bildmotiv abhängig. Mit dem Regler *Schwellenwert* können Sie die Gesamtwirkung reduzieren. Bleibt der Regler auf Stufe 0 eingestellt, haben Sie die maximale Wirkung.

Damit diese Methode auch bei alten Photoshop-Versionen funktioniert, die noch nicht mit Smart-Objekten arbeiten, verzichte ich in diesem Beispiel auf den Einsatz von Smartfiltern. Wer möchte, kann den Filter Unscharf maskieren natürlich auch auf ein Smart-Objekt anwenden.

Parallel zur Kontraststeigerung tritt eine
mehr oder weniger starke Farbverschiebung
auf. Diese kann durch das Umschalten
der Ebene Unscharf maskieren *auf die*
Ebenenfüllmethode Luminanz *verhindert*
werden.

Der eingestellte Effekt hat für das Bild nicht nur Vorteile. Die Haut der Personen wird wesentlich heller, blasser und in großflächigen Bereichen wie den roten Haaren geht Zeichnung verloren. Daher wird die Wirkung der Scharfzeichnung mit einer Ebenenmaske auf die gewünschten Bereiche begrenzt und im Anschluss die Ebenendeckkraft geringfügig reduziert (siehe Abbildung 9–19).

Abb. 9–18
Der Effekt durch einen maximalen Wert für den
Regler Radius

Wenn der erzielte Effekt noch nicht reicht, kann auf einer weiteren Ebene erneut *Unscharf maskieren* ausgeführt werden. Diesmal werden aber nur einige Bereiche mittels Ebenenmaske sichtbar gemacht.

Auch hier kann wieder mit den Ebenenfüllmethoden experimentiert werden, um so noch eine andere Bildwirkung zu erzielen. Genauso kann natürlich trotz Kontrastmaske noch der Filter *Unscharf maskieren* angewendet werden und so weiter.

Abb. 9–19

Links das Ergebnis mit zwei Ebenen Unscharf

maskieren. Die Ausschnittsvergrößerungen zeigen

die Bildwirkung, wenn nur die jeweilige Ebene

aktiv ist.

9.5   HDR bei einem Porträt

Was ist HDR?

HDR-(High Dynamic Range)-Bilder sind mittlerweile ein etabliertes Stilmittel und vor allem eine Möglichkeit, einen sehr hohen Dynamikumfang innerhalb eines Bildes wiedergeben zu können. Eine andere Technik, um den Dynamikumfang des Bildes zu steigern, ist die Belichtungskombination (Exposure Blending), welche gemeinsam mit der HDR-Technik unter dem Oberbegriff DRI (Dynamic Range Increase) zusammengefasst wird. Während bei Belichtungskombinationen mit Aussparungen in Form von Ebenenmasken gearbeitet wird, geht die HDR-Technik etwas weiter und überlagert nicht nur, sondern verrechnet die Tonwerte der verfügbaren Aufnahmen miteinander. Das Ergebnis kann je nach Motiv und Verarbeitung sehr knallige und grelle Farben mit surrealistischen Effekten enthalten.

Aufgrund der ebenfalls benötigten Überlagerungen mehrerer Aufnahmen eignet sich die HDR-Technik in erster Linie für Stillife-Aufnahmen, wenngleich eine Bewegung ebenfalls sehr interessante Effekte hervorrufen kann. So ist es verständlich, dass in der Porträtfotografie HDR nur schwer zu realisieren ist, denn ein Modell müsste für die Zeit einer Belichtungsreihe unbeweglich bleiben. Da dies nahezu unmöglich ist, erhöht sich der Aufwand für die Nachbearbeitung erheblich. Was aber funktioniert, ist das Erstellen eines Pseudo-HDR. Bis einschließlich Photoshop CS4 musste hierfür eine RAW-Datei mehrmals mit unterschiedlichen Einstellungen entwickelt werden. Danach verfügte man über drei unterschiedlich belichtete Aufnahmen, die anschließend mit der Funktion *HDR zusammenfügen* (unter dem Menüpunkt *Datei → Automatisieren)* zu einem HDR verrechnet werden konnten. Alternativ gibt es auch eine ganze Reihe von Tools, die sich auf das Erstellen von HDRs spezialisiert haben. Bekannte Vertreter sind Photomatix Pro und HDR Efex Pro.

HDR-Tonung

Seit Photoshop CS5 gibt es eine wesentlich einfachere Möglichkeit, ein Pseudo-HDR zu erstellen. Unter dem Menüpunkt *Bild → Korrekturen* ist die Funktion *HDR-Tonung* hinzugekommen. Grundsätzlich kann jede in Photoshop geöffnete Datei mit diesem Dialog bearbeitet werden, allerdings bieten zum Beispiel JPEG-Dateien aufgrund ihrer geringen Farbtiefe von 8 Bit nur begrenzte Möglichkeiten, wenngleich durchaus nette Effekte erzielbar sind. Anders ist es auf jeden Fall, wenn eine RAW-Datei zum Einsatz kommt. Durch die höhere Farbtiefe lassen sich die Bildkontraste deutlich stärker herausarbeiten.

Anwendung nur auf der Hintergrundebene

Ein »echtes« HDR-Bild besitzt eine Farbtiefe von 32 Bit. Eine solche Farbtiefe kann aber weder unser Auge noch ein Monitor oder Drucker wahrnehmen beziehungsweise darstellen. Aus diesem Grund muss bei einem HDR-Bild eine Anpassung der Farbtiefe auf die darstellbaren Werte 8 Bit oder 16 Bit erfolgen. Diese Anpassung wird als Tone Mapping bezeichnet und genau diese Aufgabe erledigt die Funktion HDR-Tonung. Damit das funktioniert, wird beim Aufruf der HDR-Tonung das in Photoshop geöffnete Bild in 32 Bit Farbtiefe konvertiert. Das erfolgt automatisch, erfordert aber die Reduzierung des geöffneten Bildes auf die Hintergrundebene. Falls ein Bild bereits eine Bearbeitung erfahren hat, möchte man seine Ebenen nur ungern verlieren und auch das Anlegen mehrerer Kopien auf der Festplatte ist nicht optimal. Viel einfacher geht es mit einer Dokumentkopie innerhalb von Photoshop. Diese kann durch einen Klick auf das entsprechende Symbol im Protokollbedienfeld erzeugt werden (siehe Abbildung 9–20).

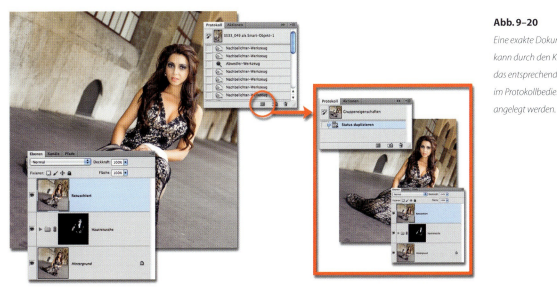

Abb. 9–20

Eine exakte Dokumentkopie kann durch den Klick auf das entsprechende Symbol im Protokollbedienfeld angelegt werden.

In der Dokumentkopie sind alle Ebenen und sonstigen dokumentspezifischen Einstellungen verfügbar. Wird jetzt die Funktion HDR-Tonung aufgerufen, kann bedenkenlos der Meldung: »HDR-Tonung reduziert das Dokument. Möchten Sie fortfahren?« zugestimmt werden. Soll nach der HDR-Tonung das Originaldokument mit dem getonten Dokument vereinigt werden, ziehen Sie das getonte Dokument mit gedrückter Shift-Taste über das Originaldokument.

Einstellungen der HDR-Tonung

Mit der HDR-Tonung kann jetzt das Tone Mapping für das Bild erfolgen. Neben einer Reihe von Vorgaben gibt es insgesamt vier Möglichkeiten, wie bei der HDR-Tonung das Tone-Mapping erfolgen kann.

Abb. 9–21

Nach dem Aufruf von HDR-Tonung wird eine Grundeinstellung auf das Bild angewendet. Hierbei werden die Werte für Detailzeichnung und Sättigung erhöht.

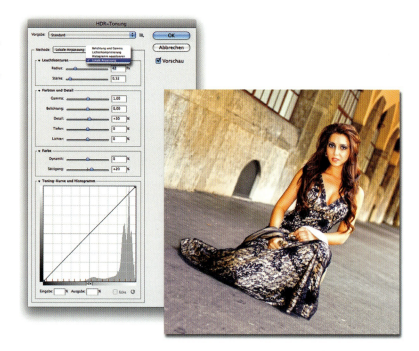

Von den vier Möglichkeiten kann immer nur eine angewendet werden, wenngleich Sie nacheinander die Einstellungen und Wirkungsweisen ausprobieren können. Die erste der vier Methoden ist *Belichtung und Gamma*. Hierbei erfolgt mit dem Regler *Belichtung* die Anpassung der Helligkeit und mit dem Regler *Gamma* die Kontraststeuerung. Als zweite Methode gibt es die *Lichterkomprimierung*. Während Hauttöne weitgehend unberührt bleiben, werden vor allem helle Bildbereiche abgesenkt. Das Ergebnis ist ein zuerst recht flaues und kontrastarmes Bild, das erst durch eine weitere Nachbearbeitung richtig zur Geltung kommt. Wenn Sie aber danach eine weitere Optimierung mit der Gradationskurve und ein paar anderen Einstellungsebenen vornehmen, werden Sie erstaunt sein, was mit dem Bild machbar ist. Bei dem Beispiel in Abbildung 9–22 kam zusätzlich eine auf eine Ebene reduzierte Ebenenkopie hinzu. Auf dieser wurde die Korrektur *Tiefen/Lichter* angewendet, um den Mitteltonkontrast im Bild zu verstärken. Wenn Sie ein gleichmäßiges Bild mit sauberen Verläufen benötigen, ist *Lichterkomprimierung* die beste Methode.

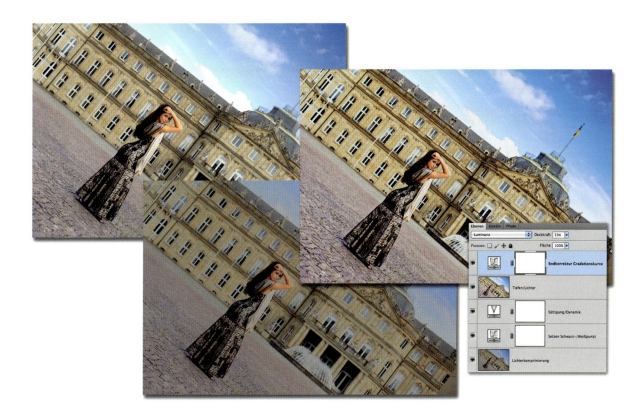

Abb. 9–22

Das Ausgangsbild (links), dann in der Mitte nach der HDR-Tonung Lichterkomprimierung und rechts das Ergebnis einer anschließenden Weiterverarbeitung mit dem dazugehörigen Ebenenstapel

Ebenfalls eine automatisierte Methode ohne Eingriffsmöglichkeiten ist die Variante *Histogramm equalisieren*. Bei Nachtaufnahmen mit vielen Lichtern kommen hierbei interessante Ergebnisse zustande. Im Bereich von Porträtaufnahmen konte mich diese Methode bisher nicht absolut überzeugen. Wenn gleichmäßige Verläufe im Hautbereich gewünscht sind, ist diese Methode nicht geeignet.

Die Methode, die Sie voraussichtlich am häufigsten verwenden werden, ist *Lokale Anpassung*. Sie bietet mit Abstand die meisten Einstellmöglichkeiten und Freunde der Gradationskurve können hier wie gewohnt arbeiten. Der Regler *Radius* hat in etwa den Effekt wie ein Radius beim Scharfzeichnen. Zu stark angewendet, kommt es zu Lichthöfen, die oftmals nicht gewollt sind, hier aber auch mal als Stilmittel eingesetzt werden können. Mit

Lokale Anpassung kann bei sanfter Anwendung ein gleichmäßiges Ergebnis erzielt werden, während extreme Einstellungen für Effekte gut sind.

In Abbildung 9–23 wurden die Details extrem verstärkt, während die Tiefen etwas aufgehellt und die Lichter reduziert wurden. Die Verringerung der Sättigung verhindert, dass die Farben zu kräftig werden. Für etwas mehr Kontrast sorgt die Anpassung mit der Gradationskurve. Sehr nützlich bei der Verwendung der Gradationskurve ist der Button *Kurve zurücksetzen* (roter Kreis in Abbildung 9–23). Hiermit bleiben alle Einstellungen erhalten, lediglich die Gradationskurve wird zurückgesetzt. Bei der Anwendung der Methode *Lokale Anpassung* haben sich die Hauttöne so stark verändert, dass die Haut auf Basis der Originaldatei und mit einer Ebenenmaske teilweise rekonstruiert wurde.

HDR-Tonung und Hochpassfilter

Natürlich können zusätzlich zur HDR-Tonung weitere Schritte zum Herausarbeiten von Details ausgeführt werden. Die Ausgangsversion des Coverbildes wurde in einer separaten Datei mit der HDR-Tonung bearbeitet, das Ergebnis als eigene Ebene über das Ausgangsbild gelegt und komplett mit einer Ebenenmaske ausgeblendet. Anschließend wurden lediglich die Bereiche mit unterschiedlicher Pinseldeckkraft wieder sichtbar gemacht, die extreme Details erhalten sollten. Das so sichtbare Ergebnis wurde auf eine Ebene reduziert kopiert und auf dieser Ebene kam der Hochpassfilter, mit einem Radius von 112 Pixeln, zum Einsatz. Die verwendete Ebenenfüllmethode ist *Weiches Licht*.

Abb. 9–24

HDR-Tonung und Hochpassfilter zum Betonen von Details und Accessoires

10 Effekte

Wie immer bei der Arbeit mit Photoshop, gibt es für bestimmte Fragestellungen mindestens eine Antwort, man muss Sie nur kennen. Daher sehen wir uns auf den folgenden Seiten ein paar Antworten zu Problemstellungen an, die im bisherigen Rahmen des Buches nicht abgedeckt wurden. So geht es jetzt um Fragen, wie ein Zuviel des Guten bei der Hautretusche wieder ausgeglichen werden kann, ein High-Key-Effekt erstellt oder ein Hintergrund relativ schnell ausgetauscht werden kann. Seit CS5 ist zudem das Beseitigen von unerwünschten Bildelementen um einiges leichter geworden, auch diese Funktion wird beleuchtet werden.

Besonders wichtig ist aber das Anpassen des Hauttons, was per Definition kein Teil der Retuschearbeiten ist, sondern eher in den Bereich der Bildoptimierung fällt. Der Alltag zeigt allerdings, dass es immer wieder Fälle gibt, bei denen die Haut doch im Rahmen der Retusche oder sogar erst vor der Bildausgabe ihren endgültigen Farbton erhält. Unabhängig davon, wann dieser Arbeitsschritt durchgeführt wird: Der Hautton steht zusammen mit der Hautbeschaffenheit ganz oben auf der Liste für gutes Aussehen.

10.1 Inhaltssensitives Füllen

In Kapitel 5 wurde bereits bei dem Bereichsreparaturpinsel die seit CS5 verfügbare Option *Inhaltssensitiv* vorgestellt. Dieselbe Option ist für die Funktion *Fläche füllen* verfügbar. Mit dieser Option lässt sich nicht nur die Arbeitsweise des Bereichsreparaturpinsels aufbessern, sondern damit können auch unerwünschte Bildbereiche in einem Rutsch entfernt werden. Betrachten wir noch einmal das Bild des Architekten aus Kapitel 5. Rechts oben in dem Bild befinden sich zwei Gegenstände an der Häuserwand, die stören (siehe Abbildung 10–1). Diese können natürlich mit den Retuschewerkzeugen entfernt werden oder einfacher mit besagter inhaltssensitiver Füllung.

Wie immer sollte zuerst eine Ebenenkopie erfolgen. Zum Entfernen werden die entsprechenden Bereiche mit einer groben Auswahl belegt und über den Menüpunkt *Bearbeiten → Fläche füllen* wird das dazugehörige Optionsfenster aufgerufen (siehe Abbildung 10–2).

Das erzielte Ergebnis hängt immer von dem jeweiligen Bildmotiv ab. In vielen Fällen kommt es zu perfekten Ergebnissen, in anderen Fällen muss nachgebessert werden und es kann auch vorkommen, dass das Ergebnis völlig unbrauchbar ist. Nachfolgend noch das Beispiel einer Außenaufnahme.

Abb. 10–1

*Störende Bildbereiche sollen durch
inhaltssensitives Füllen entfernt werden.*

Abb. 10–2

*Die Auswahl zum Anwenden der Funktion
Fläche füllen kann mit jedem beliebigen
Auswahlwerkzeug erstellt werden.*

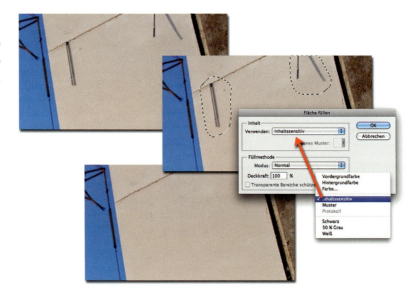

Abb. 10–3

Die roten markierten Bereiche werden mit dem inhaltssensitiven Füllen der Funktion Fläche füllen retuschiert.

Abb. 10–4

Im Detail offenbart sich, in welchen Bereichen sehr gute Ergebnisse erzielt wurden und wo von Hand nachretuschiert werden muss.

10.2 High-Key-Bild in 20 Sekunden

Eine der vielen Möglichkeiten in Photoshop, ein High-Key-Bild zu erzeugen, gefällt mir bis heute besonders gut. Ich benutze diese Methode schon recht lange und leider ist mir entfallen, woher ich sie kenne. Wichtig ist wie bei allen Methoden, dass Ihr Bild eine gewisse Grundvoraussetzung für den Effekt mitbringt. Es macht wenig Sinn, aus einer Nachtaufnahme ein High-Key-Bild erstellen zu wollen, und auch das Modell mit schwarzen Haaren und dem Lederoutfit ist nicht wirklich für ein High-Key-Bild geeignet.

Abb. 10–5

Das High-Key-Bild wurde mit wenigen Klicks innerhalb von knapp 20 Sekunden erzeugt.

© Fotohaus Kerstin Sänger, Matthias Matthai

Für das High-Key-Bild erzeugen Sie als Erstes die obligatorische Ebenenkopie. Danach rufen Sie die Funktion *Bildberechnungen* (Menü *Bild → Bildberechnungen*) auf (diese Funktion arbeitet noch nicht als Smartfilter).

Die wichtigsten Optionen für die Bildberechnung

Wenn Sie *Bildberechnungen* aufrufen, wird unter *Quelle* das in Photoshop aktive Bild angezeigt (siehe Abbildung 10–6). Als Erstes aktivieren Sie die Checkbox *Maske*. Nur dann sehen Sie den unteren Teil des Fensters.

Unter der Option *Ebene* steht als Standardeintrag *Zusammengefügt*. Das entspricht exakt dem Ergebnis, das Sie zuvor mit dem Befehl *Auf eine Ebene reduziert kopieren* erzielt hätten. Alternativ können Sie dort auch eine einzelne Ebene Ihres Bildes auswählen.

Dann folgt die Option *Kanal*. Hier entscheiden Sie, ob die RGB-Darstellung oder ein einzelner Kanal für die Bildberechnung verwendet wird. Für unser High-Key-Bild entscheiden wir uns für einen einzelnen Kanal, und zwar für den hellsten, den Rotkanal.

Unter *Füllmethode* finden sich wieder alle uns bekannten Füllmethoden. Für das High-Key-Bild wählen wir die Füllmethode *Addieren*.

Die *Deckkraft* bestimmt die Stärke des Effekts. In unserem Beispiel liegt sie etwas abgesenkt bei 75 %.

Damit das Ergebnis an unser Bild und die am Anfang erstellte Ebenenkopie übergeben wird, belassen wir die Werte für *Bild* und *Ebene* (unterhalb der Checkbox *Maske*) auf ihrem Standardwert.

Als Kanal für die Berechnung wird wieder der Rotkanal ausgewählt. Wird bei beiden Kanaleinstellungen der Rotkanal und zusätzlich die Ebenenfüllmethode *Addieren* gewählt, wird die stärkste Aufhellung .

Abb. 10–6

Das Fenster für die Funktion Bildberechnungen mit den für das Bild aus Abbildung 10–5 eingestellten Parametern

Nachdem Sie OK geklickt haben, wird die Bildberechnung ausgeführt. Da das Ergebnis auf einer einzelnen Ebene vorliegt, können Sie wie gewohnt weiterarbeiten. Vielleicht wollen Sie ja Bereiche mit einer Ebenenmaske aussparen oder mit anderen Ebenenfüllmethoden eine veränderte Bildstimmung erzielen.

10.3 Lichteffekte malen

Ein Bild kann mehr Tiefe erhalten, indem die vorhandenen Lichter und Schatten verstärkt werden. Alternativ können gegebenenfalls auch gänzlich neue Lichteffekte in ein Bild gebracht werden.

Dodge & Burn

Bis einschließlich Photoshop CS3 wirkte sich die Arbeit mit den beiden Werkzeugen nachteilig auf die Farbstimmung im Bild aus (vgl. Abbildung 10–8, ohne die Option Tonwerte schützen). Mit Photoshop CS4 fand eine Überarbeitung beider Werkzeuge statt, sodass diese jetzt wesentlich behutsamer agieren. Wer noch eine Photoshop-Version vor CS4 verwendet, kann mit einer neutral grauen Ebene arbeiten (siehe unten), um den Abwedler und Nachbelichter auch bei der Photoshop-Version CS3 oder früher gezielt einsetzen zu können.

Die wahrscheinlich bekannteste Methode, um Lichteffekte in ein Bild zu bringen, ist die Vorgehensweise mit Dodge & Burn – das sind die englischen Begriffe für die Werkzeuge Abwedler und Nachbelichter. Mit Hilfe dieser beiden Werkzeuge können Bildbereiche aufgehellt oder abgedunkelt werden. Die Namensgebung ist aus der analogen Dunkelkammertechnik entnommen, wo mit Hilfe des Abwedelns und des Nachbelichtens Bildteile aufgehellt oder abgedunkelt wurden, also auch bestimmte Lichteffekte nachträglich erzeugt werden sollten.

Beide Werkzeuge sind in der Werkzeugbedienfeld verfügbar. Der Nachbelichter dient zum Aufhellen von Bereichen und der Abwedler dunkelt Bildbereiche ab. In der Optionsleiste gibt es die Möglichkeit, den Wirkungsbereich auf die Tiefen, die Lichter oder die Mitteltöne einzustellen. Standardmäßig ist in der Optionsleiste auch die Checkbox *Tonwerte schützen* aktiv. Diese lassen Sie bitte unbedingt aktiv. Andernfalls verfärben sich die bearbeiteten Bildbereiche unter Umständen sehr stark (vgl. Abbildung 10–8).

Abb. 10–7

Die wichtigsten Einstellungen für Abwedler und Nachbelichter

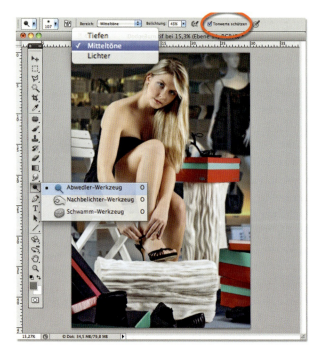

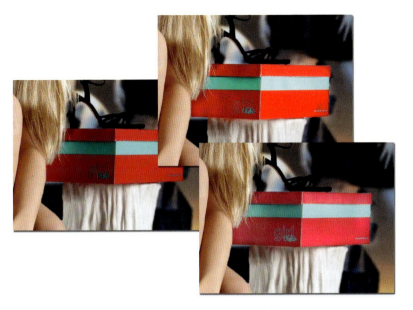

Abb. 10–8

In der Ausschnittvergrößerung ist links das Original zu sehen. Im Vergleich dazu rechts aufgehellt mit dem Abwedler und der Option Tonwerte schützen, darunter aufgehellt ohne die Option Tonwerte schützen.

Bitte verwechseln Sie nicht das neutrale Grau in der digitalen Bildbearbeitung mit dem neutralen Grau einer Graukarte, die bei der Aufnahme eingesetzt wird. Diese reflektiert 18 % des Lichts, ein neutrales Grau in Photoshop hat für Rot, Grün und Blau jeweils einen RGB-Wert von 128 (siehe Abbildung 10–9).

Für ein gezieltes Arbeiten bietet sich die Verwendung einer neutralen grauen Ebene an. Eine neutral graue Ebene hat die Eigenschaft, dass sie bei der Verwendung einer entsprechenden Ebenenfüllmethode unsichtbar wird.

Die bevorzugten Ebenenfüllmethoden hierfür sind *Ineinanderkopieren* und *Weiches Licht*. Hellere Grauwerte wirken sich bei einer der genannten Füllmethoden aufhellend aus und dunklere Grauwerte sorgen für eine Abdunklung. Werden also auf einer solchen Ebene einzelne Bereiche aufgehellt beziehungsweise abgedunkelt, wird die darunter liegende Ebene entsprechend beeinflusst. In der Praxis geht das wie folgt:

Abb. 10–9

Die hellere Fläche zeigt das Grau einer Graukarte und die dunklere das Grau bei einem RGB-Wert von 128.

❏ Als Erstes legen Sie eine neue Ebene an und klicken hierfür auf das Symbol *Neue Ebene erstellen* im Ebenenbedienfeld.

❏ Es öffnet sich das Fenster *Neue Ebene*. Dort wählen Sie den Modus *Weiches Licht*. Da für diesen Modus eine neutrale Farbe, das gewünschte 50 %-Grau, verfügbar ist, können Sie nun die Option *Mit neutraler Farbe füllen* anklicken.

❏ Das Aufhellen und Abdunkeln geschieht nun mit dem Abwedler und Nachbelichter. Hierfür wählen Sie in dem Werkzeugbedienfeld unter *Bereich* die Mitteltöne aus, den Wert für die Belichtung setzen Sie niedrig an. Meistens reichen Werte von 10 % bis 20 %.

❏ Jetzt werden die Bereiche, die in ihrer Wirkung verstärkt werden sollen, bearbeitet. Zu verstärkende Lichter behandeln Sie mit dem Abwedler und die Schatten mit dem Nachbelichter. Diese Arbeit ist von der Technik her einfach, erfordert aber viel Übung, um gute Ergebnisse zu erzielen.Hier gilt: nicht entmutigen lassen, sondern immer weiter üben. Pro-

Alternativ zum Abwedler/Nachbelichter können Sie auch mit dem Pinselwerkzeug arbeiten und schwarze und weiße Farbe mit geringer Deckkraft verwenden.

bieren Sie vor allem verschiedene Belichtungsstärken. Setzen Sie den Abwedler öfter ab und fahren erneut über dieselbe Bildstelle. Sie werden sehen, der Farbauftrag addiert sich und somit ändert sich das Ergebnis.

Abb. 10–10

Für entsprechende Modi gibt es neutrale Farbfül-lungen. Bei weichem Licht ist es das neutrale Grau.

Drücken Sie die Alt-Taste und wechseln so beliebig zwischen dem Abwedler und dem Nachbelichter hin und her. Der kleine Haken dabei: Sie erhalten keinerlei Anzeige, dass Sie zwischen Abwedler und Nachbelichter umschalten, aber es funktioniert trotzdem.

Bei dem Ergebnis in Abbildung 10–11 ist die neutral graue Ebene mit 100 % Deckkraft und der Ebenenfüllmethode *Weiches Licht* angelegt. Das Ergebnis lässt sich natürlich noch optimieren, sowohl über die Ebenendeckkraft als auch über eine andere Ebenenfüllmethode, zum Beispiel *Ineinanderkopieren*. Bei der Füllmethode *Ineinanderkopieren* wird das Ergebnis härter, die Kontraststeigerung stärker.

Abb. 10–11

Links vor der Arbeit mit Dodge & Burn und rechts danach. Oben in der Mitte befindet sich die bearbeitete neutrale graue Ebene mit den jetzt aufgehellten bzw. abgedunkelten Bereichen.

Persönlich finde ich die Änderung durch die Ebenenfüllmethode *Ineinan-derkopieren* für Porträts meistens zu stark. Eine Möglichkeit, die Wirkung anders zu steigern, ist der Einsatz einer Gradationskurve oder der Weg, nicht nur mit einer neutralen Grauebene, sondern mit zweien zu arbeiten und unterschiedliche Ebenenfüllmethoden einzusetzen.

Abb. 10–12

Links wie bereits in Abbildung 10–11 die Wirkung mit der Ebenenfüllmethode Weiches Licht und rechts mit der Füllmethode Ineinanderkopieren.

Soll die Wirkung bei Verwendung der Ebenenfüllmethode *Weiches Licht* mit einer Gradationskurve gesteigert werden, ist es wichtig darauf zu achten, dass sich der Mittelpunkt der Gradationskurve nicht verschiebt, da in diesem Fall das neutrale Grau kein neutrales Grau mehr wäre und somit das gesamte Bild aufgehellt oder abgedunkelt würde. Eine gute Möglichkeit, dem Effekt sanf-tere Übergänge zu geben, ist es, der neutralen Grauebene mit dem Gauß-schen Weichzeichner etwas die Schärfe zu nehmen (siehe Abbildung 10–13).

Eine andere Möglichkeit, Einfluss auf die Bildwirkung zu nehmen, ist die Variante mit zwei neutralen Grauebenen und unterschiedlichen Ebenen-füllmethoden: die eine mit der Ebenenfüllmethode *Weiches Licht* für sanfte und eine weitere mit *Ineinanderkopieren* für stärkere Effekte. Je nachdem, ob Lichter oder Schatten verstärkt werden sollen, wird dann auf der einen oder der anderen Ebene gearbeitet (siehe Abbildung 10–14).

Bei stärkeren Korrekturen oder in bestimmten Einzelfällen kann es trotz der neutralen Grauebene durch die Ebenenfüllmethoden zu Farbverschie-bungen kommen. Hier muss einfach mit einer Einstellungsebene *Dynamik* oder *Farbton/Sättigung* etwas gegengesteuert werden.

Abb. 10–13

Links die Variante mit der Füllmethode Weiches Licht, daneben die Verstärkung mittels Gradationskurve und rechts die Abmilderung der Schärfe mittels Gaußschem Weichzeichner.

Abb. 10–14

Ein Beispiel für die Arbeit mit zwei neutralen Grauebenen. Beide Ebene wurden zusätzlich auch in der Ebenendeckkraft verringert.

Pseudo Dodge & Burn

Vielleicht fehlt am Anfang noch etwas die Übung, die richtigen Konturen zu betonen oder ein Projekt muss fertig werden und die Zeit wird knapp. Dann gibt es natürlich auch Varianten, um sich etwas mehr Arbeit von Photoshop abnehmen zu lassen. Eine dieser Möglichkeiten, die schnell zum Ziel führt, wird hier kurz vorgestellt:

Öffnen Sie Ihr Bild in Adobe Camera Raw, entwickeln es, übergeben es anschließend an Photoshop und erzeugen dort ein neues Smart-Objekt durch Kopie. Jetzt wechseln Sie zurück nach Adobe Camera Raw, konvertieren die Ebene dort in Graustufen und sorgen dafür, dass im Bild möglichst hohe Kontraste sichtbar sind (ausführlich in *Kontrastmaske mit Camera Raw*, Kapitel 9).

Nutzen Sie hierfür auch die Einstellmöglichkeiten unter *HSL/Graustufen*, dort vor allem die Luminanz der einzelnen Farbbereiche.

Zurück in Photoshop – das ist der einzige Wermutstropfen an dieser Methode – konvertieren Sie Ihr Bild von 16 Bit Farbtiefe in 8 Bit. Wir setzen jetzt den Kunstfilter *Tontrennung & Kantenbetonung* (*Filter → Kunstfilter → Tontrennung & Kantenbetonung*) ein und dieser ist nicht für 16-Bit-Bilder verfügbar.

Alternativ gibt es noch die Möglichkeit, eine Dokumentkopie zu erzeugen, auf diese den Kunstfilter anzuwenden und das Ergebnis in die 16-Bit-Fassung des Bildes zurückzukopieren. So hat zumindest die Originaldatei noch ihre volle Farbtiefe.

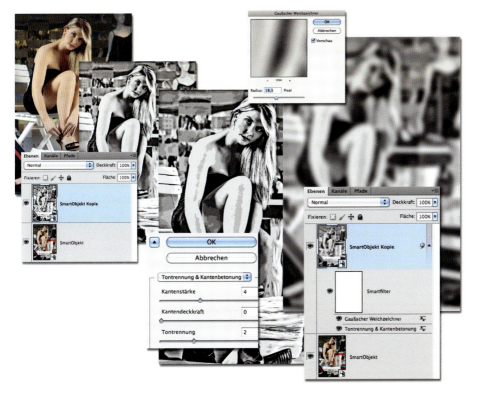

Abb. 10–15

Mittels Smart-Objekten erfolgte eine Konvertierung in eine Kontrastmaske. Diese wurde mit dem Filter Tontrennung & Kantenbetonung weiter bearbeitet und das Ergebnis mit dem Gaußschen Weichzeichner weichgezeichnet.

Von den drei Reglern, die dieser Filter uns bietet, ist der Regler *Tontrennung* der wichtigste. Hier legen Sie fest, wie stark die Tonwerte getrennt werden, also wie deutlich die Unterscheidung sichtbar wird. In Abbildung 10–15 ist das Einstellfeld des Kunstfilters *Tontrennung & Kantenbetonung* mit dem dazugehörigen Ergebnis abgebildet. Dort sieht man bereits, wie gut Schatten und Lichter voneinander getrennt dargestellt werden. Allerdings ist das Ergebnis noch viel zu kantig. Hier kommt jetzt der Gaußsche Weichzeichner zum Einsatz, der dafür sorgt, dass wir eine gute Vorlage für das Ändern der Ebenenfüllmethode erhalten.

Da wir jetzt mit Smart-Objekten gearbeitet haben, können, wenn nötig, die Filtereinstellungen angepasst werden. Als Letztes erfolgt noch die Änderung der Ebenenfüllmethode von *Normal* auf *Weiches Licht*. Danach kann die Kontrastmaske gegebenenfalls durch eine Gradationskurve ergänzt werden, um so die Lichter und Schatten noch stärker zu betonen. Ebenso muss berücksichtigt werden, dass die Kontrastmaske das gesamte Bild beeinflusst: Hier kann, wenn gewünscht, die Wirkung mittels Ebenenmaske auf bestimmte Bildbereiche begrenzt werden.

Abb. 10–16

Das Ergebnis von Pseudo Dodge & Burn. Eine Ebenenmaske begrenzt die Wirkung auf die Person und die Gradationskurve erhöht nochmals den Kontrast für die Kontrastmaske.

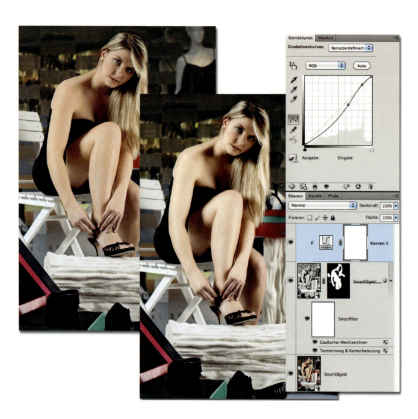

10.4 Hautton anpassen

Was aber nützt die beste Hautretusche, wenn am Ende der Hautton doch nicht der gewünschten Vorstellung entspricht? Vor allem bei Aktaufnahmen kann es gut sein, dass die Haut je nach Körperregion eine gänzlich unterschiedliche Färbung besitzt. Für die Farbkorrekturen eines Bildes bietet uns Photoshop eine enorme Fülle an Korrekturmöglichkeiten, die sich durch Adobe Camera Raw und Lightroom noch weiter vervielfältigt haben. An dieser Stelle nun eine kleine Auswahl der uns zur Verfügung stehenden Korrekturmöglichkeiten.

Festlegen des Hauttons mit Pipette

Pipetten zum Korrigieren des Farbtons sind der Klassiker (vgl. *Tonwertkorrektur* in Kapitel 4) und stehen an mehreren Stellen zur Verfügung. In Adobe Camera Raw und Lightroom gibt es das Weißabgleich-Werkzeug in Form einer Pipette, welches über die Festlegung eines mittleren Grautons (Mitteltöne) arbeitet. In Photoshop selbst verfügt nicht nur die die Tonwertkorrektur, sondern auch die Gradationskurve über insgesamt drei Pipetten zum Entfernen eines Farbstiches: Es gibt eine Pipette für den Weißpunkt (hellste Bildstelle), eine für den Schwarzpunkt (dunkelste Bildstelle) und eine für die Mitteltöne (mittleres Grau).

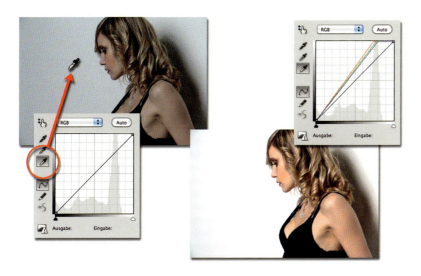

Abb. 10–17

Festlegen des Weißpunktes mit der Pipette der Gradationskurve

Nach dem Aufruf der Tonwertkorrektur oder Gradationskurve wird die gewünschte Pipette ausgewählt und die entsprechende Stelle im Bild angeklickt (hellste, dunkelste oder Mitteltöne). Während die Arbeit über den Schwarz- und Weißpunkt relativ einfach ist, erweist sich das Auffinden eines mittleren Grautons, vor allem bei Bildern mit Farbstich, nicht immer als ganz einfach. Bei dem Bild in Abbildung 10–17 war bekannt, dass die Wand weiß gestrichen ist. Dadurch ist das Setzen des Weißpunktes mit der Pipette ein Leichtes.

Die Arbeit mit der Pipette erzeugt oftmals einen sehr neutralen Farbton, der bei Porträts manchmal für eine eher graue Haut sorgen kann. Hier muss dann noch entsprechend nachkorrigiert werden. Wird mit der Mitteltonpipette gearbeitet, muss fast immer mehrmals in das Bild geklickt werden, bis der richtige Grauton gefunden wurde. Einfacher geht das, wenn bei einer Aufnahme als Referenz eine Graukarte mitfotografiert wird. Alternativ gibt es auch eine Reihe ähnlicher Hilfen, die bei der Aufnahme in das Bild gehalten werden (z.B. den SpyderCube der Firma Datacolor).

Hautton anpassen mit Camera Raw

Die Festlegung eines neutralen Farbtons kann in Lightroom und in Adobe Camera Raw ebenfalls mit der Pipette erfolgen. In Abbildung 10–18 wurde als Erstes die Belichtung (Regler *Belichtung*) korrigiert, was zu einer Verminderung des Farbstiches führte. Danach erfolgte die Korrektur mit der Weißabgleichpipette. Diese sorgt dafür, dass die Farbtemperatur erhöht und so der Blaustich aus dem Bild entfernt wird.

Abb. 10–18

Ausgehend von dem Original (links) wird die Belichtung angepasst und mit dem Weißabgleichwerkzeug die weiße Wand angeklickt (rechts oben). Durch die Korrektur erhöht sich die Farbtemperatur des Bildes (unten).

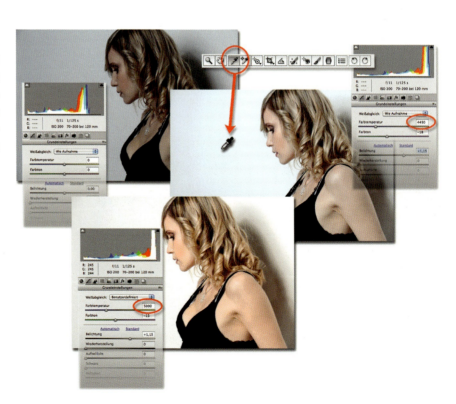

Da in Lightroom und Camera Raw auch TIFF- und JPEG-Dateien geöffnet werden können, kann man grundsätzlich auch bei diesen Dateitypen den gezeigten Weg einschlagen. Vor allem bei JPEG-Dateien sollte aber nicht vergessen werden, dass bedingt durch die Komprimierung und die Begrenzung der Farbtiefe auf 8 Bit der Spielraum für Korrekturen recht eng gesteckt ist.

Hautfarbe verändern

Ein neutrales Bild liefert nicht zwangsläufig den gewünschten Hautton, was in einem solchen Fall weitere Arbeitsschritte nach sich zieht. Auch hier gilt: Versuchen Sie erst gar nicht, den einen Weg für den optimalen Hautton zu finden. Denn je nach Bild, Look oder Ausgabemedium können ganz unterschiedliche Ergebnisse erforderlich sein.

© Fotohaus Kerstin Sänger, Matthias Matthai

Mit der Gradationskurve

Wer gerne mit den Pipetten der Gradationskurve oder der Tonwertkorrektur arbeitet, kann der Mitteltonpipette beziehungsweise den Mitteltönen eine andere Farbe (eben den gewünschten Hautton) zuweisen als das mittlere Grau.

Legen Sie dazu eine neue Einstellungsebene vom Typ *Gradationskurve* an und öffnen Sie die Bedienfeldoptionen (grüne Markierung in Abbildung 10–19). Dort gehen Sie auf die *Auto-Optionen* und wählen den Farbwähler für die Mitteltöne aus. Jetzt wählen Sie den gewünschten Hautton.

Sie müssen hierfür nicht zwangsweise über den Farbwähler gehen, sondern können den Hautton auch von einem anderen geöffneten Bild aufnehmen.

Wenn Sie bei den *Auto-Farbkorrekturoptionen* die Option *Neutrale Mitteltöne ausrichten* anklicken, wird die gewählte Farbe sofort in das Bild übernommen. Ohne die Option legen Sie den Bereich nach dem Schließen der Auto-Optionen mit der Mitteltonpipette fest.

Abb. 10–19

Ändern des Hauttons mit der Mitteltonpipette

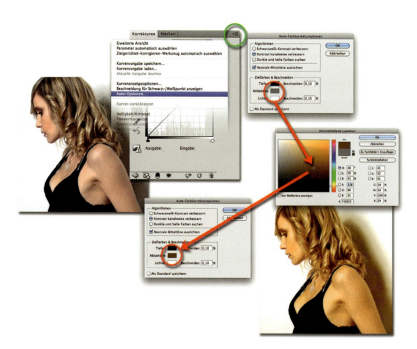

Wenn Sie der Mitteltonpipette eine Farbe zuweisen, stellt Photoshop beim Schließen der Gradationskurve oder der Tonwertkorrektur die Frage, ob Sie die neue Zielfarbe als Standardfarbe speichern möchten. Klicken Sie auf jeden Fall auf Nein, weil ansonsten der zuvor gewählte Referenzhautton zukünftig immer als mittleres Grau genommen wird.

Die Begrenzung der Farbveränderung auf die Hauttöne erfolgt wie immer mit einer Ebenenmaske und durch eine geeignete Ebenenfüllmethode, zum Beispiel *Farbe* oder *Weiches Licht*. Den Abschluss bildet das Festlegen der Ebenendeckkraft.

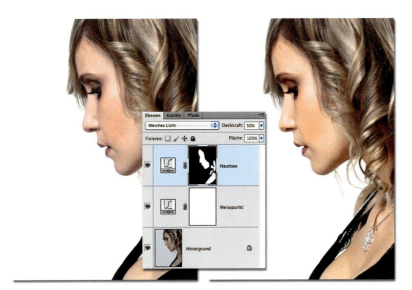

Abb. 10–20

Das Ergebnis nach dem Anlegen einer Ebenen-maske, dem Ändern der Ebenenfüllmethode auf Weiches Licht und der Reduzierung der Ebenendeckkraft

Einstellungsebene Farbfläche und Farbton/Sättigung

Ein fast identisches Ergebnis kann mit einer Einstellungsebene vom Typ *Farbfläche* erreicht werden. Legen Sie einfach eine entsprechende Einstel-lungsebene an und weisen ihr den gewünschten Hautton zu. Anschließend begrenzen Sie wieder die Wirkung mit einer Ebenenmaske und wählen eine passende Ebenenfüllmethode aus. Wie zuvor bietet sich vor allem die Füll-methode *Weiches Licht* an, aber auch *Farbe* kann gute Ergebnisse erzielen.

Eine Einstellungsebene vom Typ *Farbton/Sättigung* leistet Gleiches. Hierzu muss lediglich die Checkbox *Färben* angeklickt, der gewünschte Farbtton eingeregelt und ebenfalls eine entsprechende Ebenenfüllmethode einge-stellt werden.

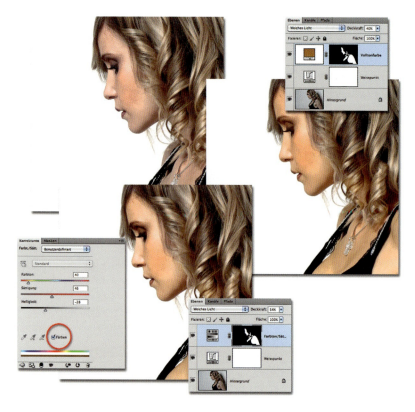

Abb. 10–21

*Ausgehend vom Original rechts das Ergebnis bei
Verwendung einer Volltonfarbe und unten mit
Farbton/Sättigung*

10.5 Hautstruktur wiederherstellen

Je nach durchgeführter Retuschierung kann es auch mal passieren, dass man es etwas zu gut meint und am Ende feststellen muss, dass die Retusche zu stark ausgefallen ist. In einem solchen Fall muss wieder eine Hautstruktur hergestellt werden. Hierfür gibt es zwei sehr gute Methoden: Bei der ersten wird die Struktur komplett mit Photoshop-Filtern erzeugt, während bei der zweiten Methode auf die Farbkanäle der entsprechenden Aufnahme zurückgegriffen wird.

Hautstruktur wiederherstellen mit Photoshop-Filtern

Neue Ebene: Strg/⌘+⇧+N

Im ersten Schritt wird eine neue leere Ebene angelegt. In dem Bedienfeld mit den Ebenenoptionen wählen Sie den Modus *Ineinanderkopieren* und die Option *Mit neutraler Farbe für den Modus Ineinanderkopieren füllen* (50 % Grau).

Im nächsten Schritt wird die graue Ebene in ein Smart-Objekt umgewandelt. Alle Filter, die jetzt zum Einsatz kommen, sind als Smartfilter einsetzbar, einer jedoch nur für Bilder mit 8 Bit Farbtiefe (Filter *Relief*).

Der erste Filter, der auf die Smart-Objekt-Ebene angewendet wird, ist der Filter *Rauschfilter → Rauschen hinzufügen*. Bei den Filteroptionen wählen Sie als Störungsart die *Gaußsche Normalverteilung* und aktivieren die Option *Monochromatisch*. Die Stärke für die Störung selbst sollte eher niedrig gewählt werden. In den meisten Fällen haben sich Werte zwischen 2 % und 10 % bewährt (vgl. Abbildung 10–22).

Das hinzugefügte Rauschen ist zu glatt und scharf für eine Hautstruktur und erfordert daher den Einsatz des Gaußschen Weichzeichners. Damit die feine Struktur des Rauschens danach aber trotzdem noch vorhanden ist, muss die Weichzeichnung sehr dosiert erfolgen. Auch hier sind niedrige Werte angeraten. Das heißt, dass Werte zwischen 0,3 und 0,7 meistens ausreichen (vgl. Abbildung 10–22).

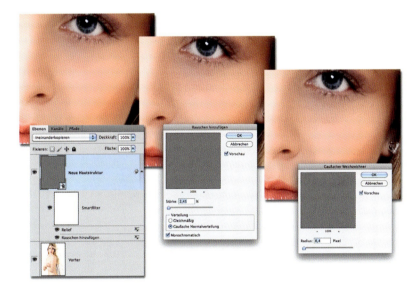

Abb. 10–22

Das Ergebnis nach dem Einsatz der Filter Rauschen hinzufügen und Gaußscher Weichzeichner auf einer neutral grauen Ebene, die als Smart-Objekt angelegt wurde

Was zu einer realistischen Hautstruktur noch fehlt, ist etwas Tiefe in der neuen Struktur. Damit wir einen solchen Effekt erzeugen können, greifen wir auf den Filter *Relief* zurück (befindet sich im der Filterbedienfeld *Stilisierungsfilter*). Während der Wert für die Höhe niedrig gewählt werden sollte, empfiehlt es sich, den Wert für die Stärke recht hoch anzusetzen. Die Winkelangabe und damit die Richtung des Reliefverlaufs ist motivabhängig und muss optisch angepasst werden.

Als Letztes muss nur noch die Ebenendeckkraft der Grauebene reduziert und – sofern nicht bereits vorhanden – eine Ebenenmaske angelegt werden, um die Wirkung auf den Bereich der Haut zu begrenzen.

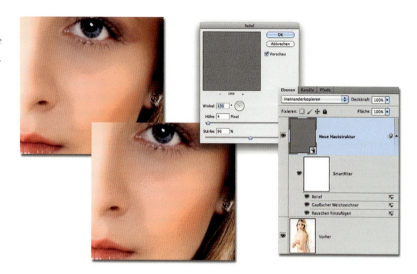

Hautstruktur wiederherstellen aus Kanälen

Eine andere Methode, die Hautstruktur wiederherzustellen, setzt voraus, dass Sie im Besitz der Originaldatei oder aber zumindest einer Bildversion sind, in welcher die Hautstruktur noch vorhanden ist. Während der Rotkanal eine Hilfe bei der Hautretusche darstellt, kann der Grünkanal für die Rekonstruktion der Hautstruktur genutzt werden.

Wenn Sie in die Kanalansicht wechseln und dort nur den Grünkanal auswählen, können Sie sehen, dass dieser die Hautstruktur in der Form enthält, wie wir sie in der RGB-Ansicht wahrnehmen. Bei einer sehr schlechten Haut kann es natürlich auch mal sein, dass der Rotkanal besser geeignet ist. Damit der Grünkanal für die Rekonstruktion der Hautstruktur eingesetzt werden kann, muss dieser in eine eigene Ebene kopiert werden. Wechseln Sie im Ebenenbedienfeld in die Ansicht *Kanäle*, wählen dort den Grünkanal und danach die gesamte Arbeitsfläche aus.

Anschließend kopieren Sie den Grünkanal mit *Strg/Befehlstaste+C* in die Zwischenablage, wechseln zurück in die Ebenenansicht und fügen den Grünkanal mit *Strg/Befehlstaste+V* aus der Zwischenablage ein. Die neue Ebene, die benötigt wird, legt Photoshop automatisch an. Für den gewünschten Effekt muss nur noch die Ebenenfüllmethode von *Normal* auf *Luminanz* geändert werden, die Sichtbarkeit der Hautstruktur wird über die Ebenendeckkraft reguliert. Soll der Grünkanal nur auf die Haut wirken, legen Sie eine entsprechende Ebenenmaske an.

Gesamte Arbeitsfläche auswählen:
Strg/⌘+A

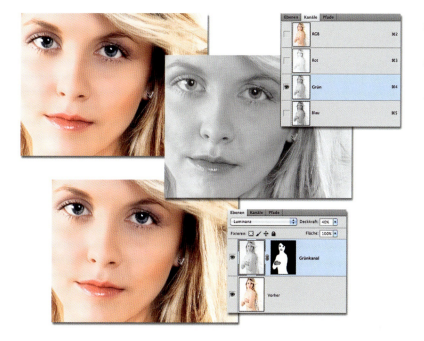

Abb. 10–25

Die Ebenenfüllmethode muss sich auf die Helligkeitsinformation des Grünkanals beschränken (Luminanz), die Ebenendeckkraft ist für die Effektstärke zuständig.

Das Wiederherstellen der Hautstruktur mit dem Grünkanal ist eine einfache und sehr schnelle Methode. Je nachdem, wie stark die Ebenendeckkraft für den Grünkanal eingestellt wird, ändert sich auch die Helligkeit im Bild. Sofern nötig, kann dies ohne Schwierigkeiten mit der Gradationskurve und einer Anpassung der betroffenen Tonwerte korrigiert werden.

10.6 Bildhintergrund verändern

Wenn bei einem Bild der Studiohintergrund verändert werden soll, ist es nicht immer nötig, die gesamte Person mühsam freizustellen. Dass dies viel einfacher zu realisieren ist und sich so Zeit und Mühe sparen lassen, vermitteln die folgenden Seiten. Alles, was Sie hierfür brauchen, sind Ebenenfüllmethoden und Ebenenmasken. Ein paar Erfahrungen mit den Auswahlwerkzeugen können die Arbeit zusätzlich erleichtern.

Abb. 10–26

Ein fertiges Bild nach dem Austauschen des Hintergrundes

In den meisten Fällen wird im Studio ein schwarzer oder weißer Hintergrund verwendet. Vorteil hierbei ist, dass beide farbneutral sind.

Im Idealfall sollten Sie sich bereits vor den Aufnahmen überlegt haben, wie das Bild weiterbearbeitet werden soll, und entsprechend das Studiolicht setzen. Auch gilt, dass es schwierig ist, einen schwarzen Hintergrund durch eine hellen ersetzen zu wollen oder auch umgekehrt. Wenn Sie mit der Grundstimmung des Bildes arbeiten, geht es viel leichter.

Die vielleicht bekannte Bluescreen- oder Greenscreentechnik mit Blau bzw. Grün als Hintergrund wird hingegen in der Film- und Fernsehtechnik verwendet (ein populäres Beispiel ist der ARD-Wetterbericht). Für unseren Zweck rate ich von Blau und Grün als Hintergrundfarbe ab.

Abb. 10–27

Das Originalbild und die beiden Bilder, die als Boden und als neuer Hintergrund verwendet werden

Das in Abbildung 10–26 gezeigte Bild besitzt im Original einen schwarzen Hintergrund, der ausgetauscht werden soll. Damit das Ergebnis stimmiger wirkt, wird der Boden ebenfalls ausgetauscht. Die Idee war, dass die Frau in einem düsteren Wald sitzt und vom Mondlicht beschienen wird.

Das Bild von dem Baumstamm wird der Hintergrund und von der Aufnahme mit der Bank wird lediglich der Rasen als Boden benötigt. Fügen Sie den neuen Hintergrund Ihrem Original hinzu, skalieren diesen auf die gewünschte Bildgröße und setzen die Ebenenfüllmethode auf *Weiches Licht*. Damit wir im Hintergrund etwas mehr Kontrast haben, erzeugen Sie eine Kopie der Ebene *Baumstamm* (diese besitzt als Kopie ebenfalls die

Legen Sie sich eine Sammlung von allerlei Bildern und Texturen an, die bei der Umsetzung Ihrer Ideen hilfreich sein können. Bilder, die Sie weiter verfremden, müssen auch nicht immer in perfekter Qualität vorliegen. Alternativ gibt es im Internet auch viele Seiten, auf denen kostenfrei und/oder kostenpflichtig Texturen heruntergeladen werden können.

Füllmethode *Weiches Licht*) und wenden den Hochpassfilter mit einem relativ hohen Radius an (im Beispielbild waren es 78 Pixel). Stellen Sie die Ebenendeckkraft der Hochpassebene entsprechend der gewünschten Effektstärke ein.

Abb. 10–28

Allein durch den Einsatz der Ebenenfüllmethode Weiches Licht wurde der Hintergrund überzeugend ausgetauscht.

Zum groben Anlegen einer Ebenenmaske ist das Schnellauswahlwerkzeug oftmals eine große Hilfe. Es befindet sich in dem Werkzeugbedienfeld bei dem Werkzeug Zauberstab. Das Schnellauswahlwerkzeug arbeitet genauer als der Zauberstab und durch Drücken der Alt-Taste können Sie wählen, ob Bereiche zur Auswahl hinzugefügt oder davon abgezogen werden.

Zauberstab bzw. Schnellauswahl: W
Damit wird das zuletzt verwendete Werkzeug, das in dem Werkzeugbedienfeld angezeigt wird, aufgerufen, das darunter liegende mit Shift+W.

Jetzt fehlt noch eine Ebenenmaske, welche die Frau und den Boden ausspart. Zur besseren Übersicht legen wir für die Ebenen *Baumstamm* und *Hochpass* eine Ebenengruppe an. Diese erhält die Bezeichnung *Hintergrund*.

Als Nächstes kümmern wir uns um den Boden. Hierfür wird als Erstes das Bild mit dem Rasen hinzugefügt. Dieser passt farblich überhaupt nicht und muss erst einmal unseren Vorstellungen angepasst werden. Nachts sieht Rasen nicht grün, sondern eher grau, vielleicht auch etwas bläulich aus. Mit einer Einstellungsebene vom Typ *Farbton/Sättigung* wird die Sättigung reduziert und der Farbton ins Bläuliche verschoben. Eine weitere Einstellungsebene, diesmal eine *Gradationskurve*, dunkelt den Rasen zusätzlich etwas ab. Durch den Einsatz von Schnittmasken wirken die Einstellungsebenen nur auf die Ebene *Boden*.

Die entstandenen Ebenen für den Boden werden ebenfalls wieder in eine Gruppe verschoben, um die Übersichtlichkeit in dem Ebenenstapel zu erhöhen. Das gesamte Bild wirkt in seinen Farben noch viel zu warm für eine Nachtaufnahme. Um hier einen realistischeren Effekt zu erzielen, folgen zwei weitere Einstellungsebenen: eine vom Typ *Farbton/Sättigung* (zum Entsättigen, Ebenenfüllmethode Farbe) und eine vom Typ *Farbfläche* (ein kühles Blau, Ebenenfüllmethode *Weiches Licht*).

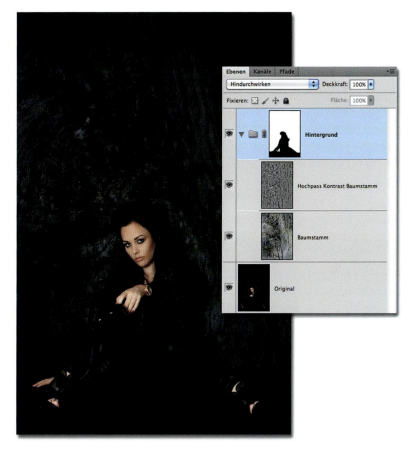

Um das Bild interessanter wirken zu lassen, werden im nächsten Schritt die Detailkontraste gesteigert. Hierfür kommt die Funktion *HDR-Tonung* zum Einsatz. Wichtig ist dabei zu beachten, dass diese Funktion ein Bild auf die Hintergrundebene reduziert und auch nicht als Smartfilter verfügbar ist. Deshalb sollte die Funktion auf eine Dokumentkopie angewendet und diese dann dem eigentlichen Bild wieder hinzugefügt werden (vgl. Kapitel 9).

    Nach dem Anwenden der *HDR-Tonung* ziehen Sie die Dokumentkopie bei gedrückter Shift-Taste zu Ihrem eigentlichen Bild. Dort wählen Sie als Ebenenfüllmethode *Luminanz*, wodurch Farbverschiebungen vermieden werden, und passen die Deckkraft an.

Für feinere Detailkontraste setzen Sie die Werte für den Radius deutlich unter den Vorgabewert (im Beispiel war der Vorgabewert 98, eingestellt wurde 23) und den Wert für die Stärke deutlich nach oben (im Beispiel 1,46 anstatt 0,52).

Abb. 10–30

Einfügen des Rasens als Boden und die farbliche Anpassung mittels Farbton/Sättigung und Gradationskurve

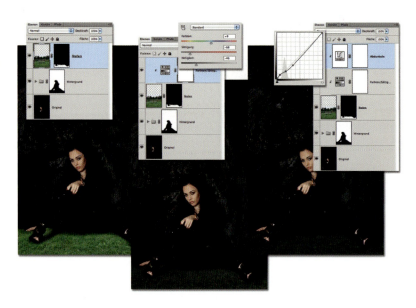

Abb. 10–31

Das Bild kommt einer nächtlichen Stimmung jetzt schon recht nahe.

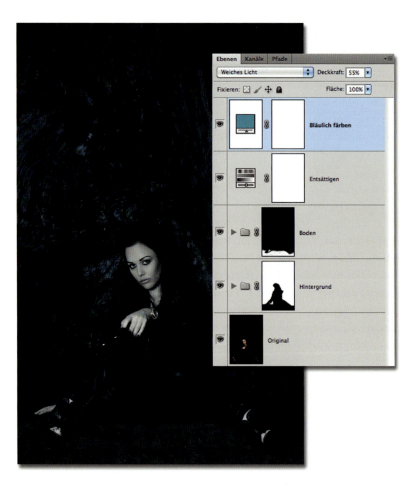

Abb. 10–32

Mehr Kontraste durch die Funktion HDR-Tonung

Prinzipiell könnte an dieser Stelle bereits die Bearbeitung beendet werden. Allerdings hat im Verlauf des Arbeitsprozesses die Hautfarbe stark an Sättigung verloren und wirkt extrem kühl. Dank Ebenenmasken ist das Problem schnell beseitigt: Für die Ebenen *Entsättigen* und *Bläulich färben* wird je eine Ebenenmaske für die Hautbereiche angelegt, welche mit dem Maskenbedienfeld in ihrer Dichte angepasst werden. Da mir das noch nicht ganz ausreicht, füge ich oben auf den Ebenenstapel noch eine Einstellungsebene *Farbfläche* mit der Füllmethode *Weiches Licht hinzu,* um den Hautton weiter meinen Wünschen anzugleichen und die Brillanz der Haut etwas zu verstärken (vgl. Abbildung 10–33).

Als weitere Optimierung soll der Mond auf die Frau herabscheinen. Also brauchen wir Mondstrahlen. Legen Sie eine neue leere Ebene an und benennen diese mit »Maske für Mondstrahlen«. Wählen Sie in der Werkzeugpalette das Verlaufswerkzeug aus. In der Optionsleiste für das Verlaufswerkzeug werden Ihnen fünf Optionen angeboten, die mittlere davon ist der *Verlaufswinkel*. Diese Verlaufsart wählen Sie aus und achten darauf, dass der Farbverlauf von Schwarz nach Weiß geht. In der leeren Ebene legen Sie jetzt den Verlauf an und öffnen im Anschluss daran die Gradationskurve. Diese verändern Sie derart, dass eine Wellenform entsteht. Wahrscheinlich werden Sie etwas probieren müssen, um ein gutes Ergebnis zu erhalten; hier ist einmal mehr etwas Geduld gefragt. Der anschließende Gaußsche Weichzeichner sorgt dafür, dass in dem Verlauf keine harten Kanten mehr erkennbar sind (vgl. Abbildung 10–34).

Erzeugen Sie im nächsten Schritt eine Einstellungsebene vom Typ *Farbfläche*, nennen diese »Mondstrahlen« und wählen einen helleren Blauton als zu Beginn der Bearbeitung für die Ebene *Bläulich färben* (vgl. Abbildung 10–31).

Abb. 10–33

Das Bild nach der Optimierung des Hauttons
mit Ebenenmasken und einer Einstellungsebene
Farbfläche

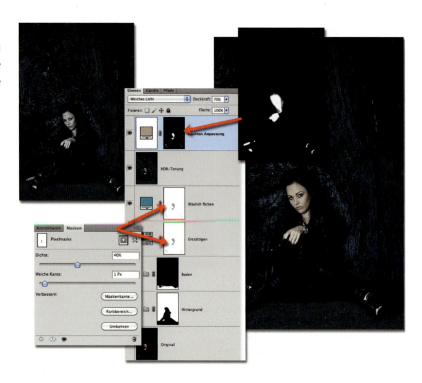

Wählen Sie die komplette Ebene *Maske für Mondstrahlen* aus (*Strg/Befehlstaste+A*) und kopieren Sie diese in die Zwischenablage (*Strg/Befehlstaste+C*).

Abb. 10–34

Mondstrahlen oder auch Sonnenstrahlen können
mit dem Verlaufswerkzeug und der Gradations-
kurve erstellt werden.

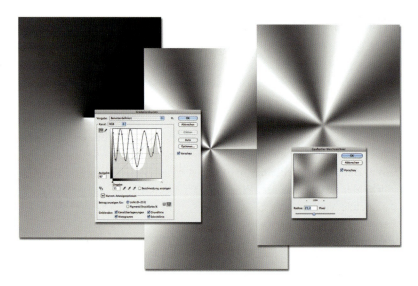

Schalten Sie die Sichtbarkeit der Ebene *Maske für Mondstrahlen* aus. Drücken Sie die Alt-Taste, halten diese gedrückt und klicken auf die Ebenenmaske der Ebene *Mondstrahlen*. Diese wird dadurch komplett angezeigt.

Fügen Sie nun den Inhalt der Ebene *Maske für die Mondstrahlen* aus der Zwischenablage ein (*Strg/Befehlstaste+V*).

Transformieren Sie den Verlauf so, dass der Mittelpunkt links oben in der Bildecke positioniert ist. Eventuell müssen Sie den Kontrast in Ihrem Verlauf noch einmal mit der Gradationskurve erhöhen, um ein kräftigeres Schwarz und Weiß im Verlauf zu haben.

Als Letztes ändern Sie die Ebenenfüllmethode auf *Ineinanderkopieren* oder *Weiches Licht* und passen die Ebenendeckkraft an.

Abb. 10–35

Der in Abbildung 10–34 erzeugte Verlauf wird als Ebenenmaske eingesetzt und sorgt dafür, dass die Einstellungsebene vom Typ Farbfläche strahlenförmig auf die darunter liegenden Ebenen wirkt.

Hierbei wird die Haut erneut blasser. Ist dies nicht gewünscht, kann man einfach die Hautbereiche in der Ebenenmaske *Mondstrahlen* wieder aussparen. Damit der Effekt nicht ganz von der Haut verdrängt wird, empfiehlt es sich, hier mit verringerter Pinseldeckkraft zu arbeiten.

Als letzte Verfeinerung entschied ich mich, noch einmal die Farbe der Ebene *Hauttonanpassung* zu verändern, sodass die Hautfarbe noch etwas kräftiger wurde. Der ganze Bearbeitungsstand wurde danach auf eine Ebene reduziert kopiert und darauf noch einmal kräftig der Hochpassfilter angewendet (Radius 98 Pixel). Damit diese Ebene den Blick noch etwas stärker auf die Frau fokussiert, legte ich als Ebenenmaske einen radialen Verlauf an.

Abb. 10–36

Reduzierung des Mondstrahleneffekts für die Haut
mittels Anpassung der Ebenenmaske

Abb. 10–37

Letzte Feinkorrekturen an
der Hautfarbe und mit dem
Hochpassfilter

Index

2. Quartal 2011, 642 Seiten,
komplett in Farbe, Festeinband
€ 49,90 (D)
ISBN 978-3-89864-741-0

Jürgen Gulbins · Uwe Steinmüller

Handbuch Digitale Dunkelkammer

Vom Kamera-File zum perfekten Print: Arbeitsschritte und Werkzeuge in der Digitalfotografie

2., überarbeitete Auflage

Gute Fotografie entsteht aus dem Zusammenspiel von Kreativität und handwerklichem Können. Ersteres hat mit Begabung zu tun, Letzteres mit praktischem Know-how. Insbesondere die Arbeit »nach der Aufnahme«, das Bearbeiten am Computer, das Verwalten oder die Aufbereitung für den Druck kommen häufig zu kurz oder werden ineffizient erledigt. Das Buch zeigt Schritt für Schritt den Weg von der Kamera bis hin zum fertigen Print.

Die Autoren führen durch die Bearbeitungssequenzen des Workflows und erklären, wie man sie mit den gängigen Programmen (Photoshop CS 5, Lightroom 3) effizient erledigt.

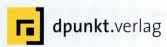 dpunkt.verlag

Ringstraße 19 · 69115 Heidelberg
fon 0 62 21/14 83 40
fax 0 62 21/14 83 99
e-mail hallo@dpunkt.de
http://www.dpunkt.de

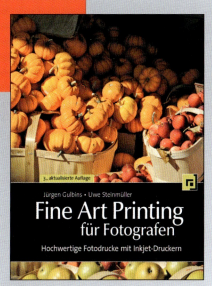

3., aktualisierte Auflage 2011, 390 Seiten,
Festeinband
€ 44,90 (D)
ISBN 978-3-89864-742-7

Jürgen Gulbins · Uwe Steinmüller

Fine Art Printing für Fotografen

Hochwertige Fotodrucke mit Inkjet-Druckern

3., aktualisierte Auflage

Wie man hochwertige Fotodrucke mit Inkjet-Druckern herstellt und den fotografischen Workflow zur optimalen Vorbereitung der Bilddaten anlegt, wird ausführlich in diesem Buch gezeigt. Die Autoren erklären, wie man diesen letzten Arbeitsschritt in der »digitalen Dunkelkammer« meistert, um perfekte, ausstellungsreife Drucke zu erzeugen.

Die nötigen Grundlagen des Farbmanagements und der Profilerstellung werden ebenso behandelt wie die Auswahl geeigneter Papiere und Tinten.

Die 3. Auflage wurde auf Adobe CS 5 und neue Druckertypen aktualisiert.

»Der Aufbau ist klar strukturiert, die Inhalte werden knapp, aber prägnant vermittelt – eine wirklich lohnenswerte Lektüre.«
(WCM, Juli 2006)

»Eine angenehm vielschichtige Vorstellung eines nicht ganz einfachen Themas, das im wachsenden Digitalfoto-Markt viele dankbare Leser finden dürfte.«
(PublishingPraxis Juli/August 2006)

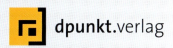

dpunkt.verlag

Ringstraße 19 · 69115 Heidelberg
fon 0 62 21/14 83 40
fax 0 62 21/14 83 99
e-mail hallo@dpunkt.de
http://www.dpunkt.de